植田 一三
ICHIZO UEDA
[編著]

Michy里中
MICHY SATONAKA

上田敏子
TOSHIKO UEDA

中坂あき子
AKIKO NAKASAKA

山下澄子
SUMIKO YAMASHITA
[著]

WRITING SUPER TRAINING
EIKEN GRADE 1

英検®1級
ライティング
大特訓

ask
PUBLISHING

　現在、世界では多くの人が貧困、紛争、心の病に苦しむという、広義での「格差社会」が広がっています。5人に1人が貧困にあえいでおり（日本円にして月2万円以下で生活）、日本でもシングルマザーの2人に1人、高齢者の4人に1人が、可処分所得月10万円以下の生活を余儀なくされています。また、20人に1人がうつ病をわずらい、グリーンランドでは20人に1人が自殺未遂という事態が起こっています。さらに、紛争によって難民が増大し、オーストリア、ギリシャ、スイスだけでなく、福祉国家としての印象が強いデンマーク、ノルウェー、スウェーデンなどでも徴兵制を採用し始めるという、世界平和とは程遠い情勢となっています。

　教育者のミッションは、このような社会を改善すべく、国際社会に貢献できる人間を1人でも多く育てることだと確信しています。そして、英検の英作文問題や2次面接の学習は、その第一歩であると思います。なぜなら、社会の改善に欠かせない社会問題への洞察（awareness）と見識、問題解決能力（critical thinking ability）を高めるのに非常に役に立つからです。

　そういった意味で、この分野の充実した教育・出版は、単なる試験対策を越えて、民主主義社会が繁栄するために非常に意義深いものです。

　幸い、アスク出版の『英検ライティング大特訓シリーズ』は、3級・準2級・2級・準1級とベストセラーとなり、とてもありがたく思っています。しかし、それ以上に心から感謝すべきことは、英検が、一段ずつ階段を上がり、スキルUPと自己実現への道へと導いてくれる、素晴らしいチャレンジであることです。

　私は英語との格闘・求道を約40年続けてきましたが、そのプロセスで得られた教訓は「常に2ランク上を目指して精進すれば、幸せで心豊かな人生が歩める」ということです。つまり「常に自分の今のレベルから努力する」ということなので、他人や過去との比較で落ち込んだり、優越感に浸ってあぐらをかいたり、人を蹴落とそうとするようなことにはなりません。学業、ビジネス、肉体、年齢で苦しむ人も、各分野の成功者も、みな頑張り続けて、よりよい社会の形成に貢献できる人間になれるのです。

　英語の場合、「2ランク上を目指す」というのは、英検2級に合格したら1級突破、準1級に合格したら国連英検特A突破、1級に合格したら工業英検1級・IELTS 8.5突破を目指すということです。そして、「たゆまぬ向上」を志すうえで、特にチャレン

ジングで意義深く、ライフワークにもなり得るのが「英文ライティングの道」です。

　本書は、その第一歩である英検1級突破を目指すための1冊として、次のような構成になっています。まずChapter 1で、英作文問題の概要と満点突破の攻略法を述べたあと、Chapter 2では、楽勝フォーマットを紹介しています。次に、Chapter 3で必須32トピックに関するエッセイライティングの実戦トレーニングを行い、Chapter 4では、総仕上げとして実践模擬試験5回を行います。そして最後に巻末付録として、重要35トピックのエッセイを書くためのキーセンテンスを記しました。

　Chapter 3では、まず各トピックの「背景知識」をInputします。それから、エッセイを書くための「キーアイデア」を考えるトレーニング、次にそれに基づいてエッセイを執筆。続けて、解答&解説を読んでレパートリーを増やし、最後に、2次面接にも対応できるように、その反対のスタンスのキーアイデアとそのサポートとしての解説を記しました。

　Chapter 4の総仕上げ問題では、5つのエッセイの添削&評価とモデルエッセイを通して、スコアUPのコツを習得できます。各問題の最後には「満点突破攻略法」の注意点を記しています。

　巻末付録では、英作文問題だけでなく、2次面接試験の応答レパートリーを増やしていただくために、重要35トピックの賛成と反対意見のキーアイデアと、賛成と反対どちらのスタンスが説得力あるアーギュメントになるのかを記しました。

　本書の制作にあたり、惜しみない努力をしてくれたアクエアリーズスタッフのMichy里中氏、上田敏子氏、中坂あき子氏、山下澄子氏（3章・4章・巻末付録担当）、田中秀樹氏（全体校正）、小谷延良氏（3章執筆協力）、西宮正太朗氏（3章翻訳）、および編集をしてくださったアスク出版の竹田直次郎氏に感謝の意を表したいと思います。それから何よりも、われわれの努力の結晶である著書をいつも愛読してくださる読者の皆さんには、心からお礼を申し上げます。それでは明日に向かって英悟の道を

　Let's enjoy the process!（陽は必ず昇る）

植田 一三

CONTENTS
目次

Chapter 4
総仕上げ
実践模試にチャレンジ!

Chapter 1

英検 1 級
ライティングの
概要と攻略法

英検とは「実用英語技能検定」の略称です。1963 年の第 1 回試験以降、英語の 4 技能（読む・聞く・話す・書く）を総合的に測る試験として全国規模で 56 年にわたって実施されてきました。

公益財団法人 日本英語検定協会によって年 3 回開催され、昨今の英語教育熱の高まりとともに受験者数も増加傾向にあります。2018 年度の志願者数は、対前年 5％増の 3,855,068 人（延べ人数）で、今後も増加が予想されています。

5 級、4 級、3 級、準 2 級、2 級、準 1 級、1 級の 7 レベルで実施され、5 級、4 級は筆記試験（リーディング、リスニング）のみ^{（※）}、その他の級は一次の筆記試験（リーディング、リスニング、ライティング）と二次の面接試験（スピーキング、ただし一次試験合格者のみ）によって合否が判定されます。

以前は合否が判定されるだけでしたが、2016 年度以降「英検 CSE スコア」という独自のスコアリングシステムが導入されました。これにより、英語力のレベルが 5 級から 1 級まで一貫したスコアでも示されるようになりました。

それぞれの級に合格基準スコアが設けられ、リーディング、リスニング、ライティング、スピーキング（二次試験）の技能ごとに均等にスコアが配分されています。

かつての 1 級一次試験では、リーディングのスコアが全体の 45％、リスニングが 30％、ライティングが 25％という配点だったのが、リニューアル後はそれぞれが均等の 33 パーセントになりました。つまり、ライティングの重要性が相対的に大幅に UP したのです。日頃から 4 技能をバランスよく鍛えることが合格の鍵となります。

※級認定に影響しないスピーキングテストも用意されています。5 級と 4 級の受験者全員を対象とし、パソコンやスマートフォンから受検できます。

英検資格取得には、以下のような様々なメリットがあります。

1 4 技能をバランスよく鍛えることができる！

近年、日本の英語教育においては 4 技能（読む・聞く・話す・書く）を総合的に鍛えることの重要性が高まっています。これに伴い英検でも 2016 年度から 2 級にライティング

（英作文）、4級と5級にスピーキング（面接）を導入。2017年度からは、準2級と3級にもライティング（英作文）が加わりました。よって、これまで以上に「書く力」と「話す力」、すなわち「発信力」が合格の鍵となります。これは、逆に言えば、英検対策を通じてライティング力とスピーキング力を向上させることが可能ということです。

2 大学入試に利用できる！

　近年、英検など民間の英語検定資格で特定の級やスコアを取得すると、大学入試に利用できる出願方法が広がっています。大学によっては級や英検CSEスコアに応じて、大学が実施する英語試験に加点できたり、満点などの得点換算の優遇を受けられたり、さらには推薦入試の出願要件になっているところもあります。英検は最も幅広く導入されている英語資格の1つであり、級に応じて点数換算を行う大学は今後も増加すると予想されます。例えば、一橋大学、早稲田大学、筑波大学の学部によっては英検1級が推薦入試の出願要件になっています。

3 学生・社会人の英語力証明資格として使える！

　英検1級を取得すると、全国通訳案内士や教員採用の英語試験が免除されます。高校や短大・大学で、在学中に英検資格を取得すると、級に応じて英語科目の単位として認められるところもあります。名古屋大学や法政大学、日本大学などでは学部により、2〜6単位が認められます（2019年現在）。

4 英語の世界が広がる！

　習得語彙数が増え、理解力が増します。BBCやCNNなどの英語ニュース、海外ドラマ、YouTubeをよりクリアに聞き取れるようになります。また、英字新聞・雑誌も読みやすくなるでしょう。その結果、環境・貧困・差別問題など、社会問題に敏感になり、思考の幅が広がり、話題も豊富になります。

　このように英検1級はメリットの多い、やりがいのある英語資格試験だと言えるでしょう（※データは変更される場合があります。入試での優遇措置の詳細は大学に直接お問い合わせください）。

　英検 1 級の概要を確認しておきましょう。英検 1 級受験者のレベルの目安は「大学卒業程度の英語力を有する者」です。社会生活で求められる英語を十分理解し、使用することができる上級者とされています。つまり英語の知識のみでなく、相手に伝える発信力と対応力を備えた、世界で活躍できる人材の英語力を証明するのが英検 1 級です。

　では次に CEFR（セファール：欧州を中心に広く活用されている語学力のレベルを示す国際標準規格）に照らし合わせて英検の世界的な位置づけを確認しておきましょう。

CEFR	英検	レベル
C2	—	ネイティブレベルに近い熟練者
C1	1 級	優れた運用能力を有する上級者
B2	準 1 級	実務ができる準上級者
B1	2 級	習得しつつある中級者
A2	準 2 級	初級者
A1	3 級、4 級、5 級	初学者

　英検 1 級は CEFR では C1 に該当します。その定義を引用します。

　「いろいろな種類の高度な内容のかなり長い文章を理解して、含意を把握できる」「言葉を探しているという印象を与えずに、流暢に、また自然に自己表現ができる」「社会生活を営むため、また学問上や職業上の目的で、言葉を柔軟かつ効果的に用いることができる」「複雑な話題について明確で、しっかりとした構成の詳細な文章を作ることができる」など。

　英検 1 級の合格者は、以上のことができる「熟達した言語使用者」とみなされます。つまり、英検 1 級を受験するということは、ノンネイティブとして最高のレベルを目指すことになります。

2016 年度の「英検 CSE スコア」導入と試験内容の変更により、ライティングテストの重要性が極めて高くなりました。一次試験の配点を見てみると、各技能（リーディング、ライティング、リスニング）の満点スコアはそれぞれ 850 点、よってトータルで 2550 点満点（850 × 3）。合格点は 2028 点です。

英検 CSE スコアは全答案採点後、統計的手法（※ Item Response Theory）を用いて算出されます。これは偏差値のようなものです。そのため、同じ正答数であっても受検回が違えば、スコアは違ってきます。ということは、素点での合否は受験生にはわかりません。ただ、これまでの推移を見ますと、リーディング、リスニング、ライティングそれぞれ均等に 7 割強を得点すれば、合格の可能性が高まり、英語学習の観点からも理想的であると言えるでしょう。

ところで、各セクションの問題数はリーディングが 41 問、リスニングは 27 問です。多くの人にとってハードルの高い語彙問題で素点が高得点であっても点数の比重が低く、比較的低い CSE スコアになることがあり、それ故、中にはリーディング、リスニングセクションで思うように得点できなかった受験生がライティングで得点を稼ぎ合格するケースがあります。ライティングの採点は甘く、たとえ少々のミスがあっても満点をねらえるからです。

リーディングやリスニングでスコアを上積みするのは難しいので、効率的な最短合格法は、ズバリ、英作文で点数を稼ぐことです。具体的には、リーディング、リスニングでそれぞれ 6 割の正答率で約 1330 点ゲットし、ライティングで素点 8 割をとり、CSE スコア 700 点以上を取ることです。英検 1 級合格には「ライティング力 UP が不可欠」なのです。

では、ここから英検 1 級の英作文問題の出題傾向、採点基準、そして対策を解説します。

英検 1 級では、2016 年春からの 3 年間、以下のトピックが出題されました。

▶ 世界平和は実現できるか？

Agree or disagree: World peace is an achievable goal （2016 年度第 1 回）

▶ 民主主義国家は他国に民主主義を勧めるべきか？

Should democratic nations actively promote the spread of democracy to nondemocratic nations? （2016 年度第 2 回）

▶ 日本で死刑制度を廃止すべきか？

Should the death penalty be banned in Japan? （2016 年度第 3 回）

▶ 言論の自由を規制することは正当化できるか？

Can restrictions on freedom of speech ever be justified? （2017 年度第 1 回）

▶ 先進国は移民を受け入れるべきか？

Should developed nations encourage immigration from other countries? （2017 年度第 2 回）

▶ 日本は米国との関係を再考すべきか？

Should Japan rethink its relationship with the United States?

（2017 年度第 3 回）

▶ 日本は 2020 年夏季オリンピックで恩恵があるか？

Agree or disagree: Japan will benefit overall from hosting the 2020 Summer Olympics （2018 年度第 1 回）

▶ 人文科学の学位が現代社会では役に立たなくなったか？

Has a university degree in the humanities lost its relevance in today's world? （2018 年度第 2 回）

▶ 大量破壊兵器の世界的禁止は実現できるか？

Is a worldwide ban on weapons of mass destruction an attainable goal? （2018 年度第 3 回）

▶ 伝染病は今後何十年かでより大きな問題となるか？

Agree or disagree: Infectious diseases will become a bigger problem in the coming decades （2019 年度第 1 回）

▶ **宇宙開発はコストに見合うか?**

Is space exploration worth the cost? (2019年度第2回)

このように国際関係、政治、平和・人権に関するトピックから出題されています。ただ、2016年以前の英作文問題では教育、環境、テクノロジーなどの分野からも出題されています。二次の面接試験対策も兼ねて、それらの分野にもテーマを広げて意見が書けるようにトレーニングしておきましょう。

エッセイの評価方法とは?

英検1級の英作文問題は、2004年度から社会問題について3つのキーアイデアを用いて自分の意見を述べるエッセイ形式になりました。2015年度までは、キーワードが提示されていたのですが、2016年度から提示されなくなり、難易度が一気に上がりました。出題されたトピックに関する意見を、自ら考えた3つの理由に基づいて、論理的に書くことが求められます。語数も200語程度から200〜240語程度と長くなりました。

エッセイは次の4つの評価項目に基づいて評価されます。

① 内容 [課題で求められている内容が含まれているか]	8点満点
② 構成 [英文の構成や流れがわかりやすく論理的であるか]	8点満点
③ 語彙 [課題にふさわい語彙を正しく使えているか]	8点満点
④ 文法 [文構造のバリエーションやそれらを正しく使えているか]	8点満点

合格を確かなものにするには、4項目で計26点以上得点する必要があります。しかし、前述のように採点が甘いので、文法、語法、論理性で多少のミスがあっても高得点をねらえます。ぜひ英作文問題で英検CSEスコア850点満点を目指しましょう。

満点ゲットの極意!

ライティング(英作文)は他と比較すると、最も短期間でスコアアップが期待できます。攻略法を学び、パラグラフの構成パターンを熟知し、トレーニングをこなすことで満点も

夢ではありません。

　では、具体的にどのような対策をすればよいのでしょうか。英作文（二次面接の Q&A も同様）で欠かせないのが、社会情勢に関する問題意識と logical thinking ability（論理的思考能力）です。自分の意見を英語ですぐに述べられるようになるには、日頃から社会問題へのアンテナを張っておくことが大切です。例えば、社会問題に関するテレビ番組を見て情報をインプットしたあとで、その問題を分析しコメントを述べる練習をするなどです。

　攻略法としては次の 6 つがあります。

1 賛成か反対か？ 書きやすい立場を選ぶ

　本音に忠実になる必要はありません。出題されたトピックに対して、自分の意見が賛成であっても、反対意見のほうが書きやすい場合や一般的に見て説得力のある場合は、反対のスタンスでエッセイを書きます。この判断力と背景知識の有無もテストされています。

2 5 つ以上のパラグラフで書く

　エッセイを理由から始めてはいけません。必ず、一般論と自分の意見を述べるイントロダクションからスタート。次に、その理由を述べるボディへと進み、最後にもう一度、自分の意見（結論）を書きましょう。

　イントロと結論の代表的な「フォーマット」を Chapter 2 で解説しています。それらの中から 1 つを決め、練習しておくと作成時間を大幅に短縮でき、ボディにより多くの時間をかけることができます。

3 ポイントから始めて、サポートを続ける

　日本語のエッセイでは、つれづれなるままに書いて話が横道にそれてしまっても良しとされることがあります。そのため、日本語の文章と同じように英文を書く人もいますが、英語のエッセイでは、まずポイントを述べて、それをサポートする内容を続ける流れにした方が読みやすく、好印象です。

　注意したいのはミスマッチな内容、つまりポイントとは関係のない新情報を書かないことです。英語では 1 つのパラグラフで 1 つのポイント（キーアイディア）を述べ、その証明をするというのが基本ルールです。

　日本語の「段落」の考え方は、そこまで厳格でないので、多くの日本人がつまずく点です。事実、1 つのパラグラフ内でポイントからずれた情報を述べてしまうことで一貫性を失い、結局何を主張したいのかからわからなくなるケースが非常に多く見られます。

　例えば「リサイクルが日常生活に浸透しているか？」という質問に対して、賛成の立

場で書いている場合には、リサイクルの浸透を証明する情報を記述しなければいけません。にもかかわらず、途中から「しかし、まだまだリサイクル用に分別されていない家庭ごみをよく見かける」といった、自分の立場を弱めることを書いてしまう人が多く見られるので注意が必要です。

4 文法力・運用語彙力を UP させる

文法・語法に関して採点は甘いと言いましたが、冠詞、時制、3人称単数の s、単数形・複数形、前置詞のミスが重なると点数は下がります。これは非常にもったいない。できるだけ正確な英文を書けるように、添削を受けながらトレーニングをするのに越したことはありません。また高校の英文法の知識が欠けている人は、今一度基本に立ち返り、英文法・語法問題練習や構文の復習を通して基礎を揺るぎないものにしておきましょう。

5 210 ～ 230 語にまとめる

字数は 200 ～ 240 語と規定されていますが、長く書くとそれだけ時間がかかり、他の問題に割ける時間が減ってしまいます。

フォーマット（Chapter 2 で解説）を活用して、イントロと結論をそれぞれ 20 語前後、計 50 語程度。後はボディを 50 ～ 60 語のパラグラフ 3 つで構成して、230 語以内にまとめるのが理想的です。

自分の字の大きさで 1 行に何語ぐらい書けるかを把握しておき、数えなくても 210 ～ 230 語に収められるようにしておきましょう。

6 見直し含めて 30 分以内に仕上げる

感じたままを殴り書いてそのまま提出すると、ほとんどの場合、ミスだらけのエッセイになります。ですから、時間に追われていても、必ず見直しをしてください。

5 分でアイデア構築、15 ～ 22 分で記述、残りの 3 分で校正できるようにトレーニングすればスコアは大幅に伸びます。

7 ふだんから論理的思考を意識する

エッセイ・ライティングに重要な「論理的思考（クリティカル・シンキング）」をふだんの生活においても意識しましょう。物事を客観的に見てその長所・短所を考えたり、ニュースを見聞きした際にその事件に関わったそれぞれの人の立場でものごとを考えてみるなど。クリティカル・シンキングを日ごろから習慣づけましょう。そして論理の飛躍のない、数学の模範解答のような文章を書くように心がけましょう。

日本語は多元論的であるために、グレーゾーン・シンキング＆スピーキング（中間的思考と発話）をする傾向があります。物事をいろいろな立場から全体的に考えて答えを出

そうとするのです。

　これに対し英語は二元論的。シロかクロかをはっきり切り分けて思考し、答えを導き出そうとする言語です。日本人が英語を使用する場合は、この違いを理解し、あいまいさを捨てることです。英語の土俵で、そのオキテに従うことで、相手に伝わる英語を書く・話すことができるようになります。

　さていかがでしたか。それでは次は英検1級のエッセイをすばやく書くためのテンプレートをご紹介しましょう。

Chapter 2

英作文問題の
楽勝フォーマット

エッセイの正しい構成はこれだ！

英検1級の英作文問題では「論理的なエッセイの正しい構成」が非常に重要です。まずは1級エッセイに求められる正しい構成をご紹介します。

第1段落（Introduction）

| 第1文 | 一般論 |
| 第2文 | 立論（トピックに対する自分の立場を述べる！） |

第2段落（Body 1）

| 第1文 | 1つ目のキーアイディア（理由） |
| 第2文目以降 | 1つ目のキーアイディアのサポート |

第3段落（Body 2）

| 第1文 | 2つ目のキーアイディア（理由） |
| 第2文目以降 | 2つ目のキーアイディアのサポート |

第4段落（Body 3）

| 第1文 | 3つ目のキーアイディア（理由） |
| 第2文目以降 | 3つ目のキーアイディアのサポート |

第5段落（Conclusion）

ボディで述べた3つのキーアイディアをフレーズ（句）で再提示し、イントロで述べた自分の立論をくり返す。

本章では、イントロ、コンクルージョン（結論）で使うひな形をマスターします。まずは、覚えるだけですぐに書けてしまうイントロの作り方からスタート！

イントロ・楽勝フォーマットはこれだ！

エッセイのイントロダクション（序文）をすばやく書くために効果的な定型表現（フォーマット）を紹介しましょう。これらの表現の活用は、英検の英作文問題のような時間制限のある場合に非常に便利です。これをマスターしておけばイントロ部分を考える必要がないので、ボディの内容をいっそう充実させることができます。

具体的には、イントロは2文構成とします。1文目で一般論を、2文目で自分の意見（賛成か反対か）を述べるようにしましょう。

2ステップでマスター！

Step 1 ▸ イントロ第1文の作り方

まず、イントロ1文目の作り方です。出題されるトピックの賛否両論（controversial）の程度によっていくつかのパターンが考えられますが、楽勝フォーマットを1〜2つ覚えておけば、ほとんどの場合OKです！

イントロ第1文・楽勝フォーマット①

《It is a (highly) controversial issue whether or not 型》

It is a highly controversial issue whether or not S＋V（トピック文の言い換え）.

〜かどうかについてはよく議論の的となっています。

これは、トピックの注目度が普通以上の場合に使うフォーマットです。英検1級でよく使うことのできる、大変便利な必勝ひな形です。〈S＋V〉の部分にトピック文（問題文）をパラフレーズした文を当てはめます。

次の例で試してみましょう。

■ 例1 「原子力発電を推進すべきか?」というトピックに対して

TOPIC ***Should nuclear power generation be promoted?***

It is a highly controversial issue whether or not we ought to advance nuclear power generation.
（原子力発電を推進すべきかどうかについてはよく議論の的となります。）

　トピック文のパラフレーズですが、nuclear power generation should be promoted を能動態にし、should を ought to に、promote を advance に変えています。

イントロ第1文・楽勝フォーマット②

《There have been a lot of discussions and debates about 型》

There have been a lot of discussions and debates about whether or not S + V（トピック文の言い換え）.

〜について多くの議論があります。

　これも、論争度の高いトピックに使えるひな形です。about 以下の目的語は句にすることもできます。先述のようにトピック文をパラフレーズしましょう。以下の例をご覧ください。

■ 例2 「テクノロジーは教育によい変化をもたらしたか?」というトピックに対して

TOPIC ***Has technology changed education for the better?***

There have been a lot of discussions and debates about whether or not education has improved thanks to technology.
（テクノロジーにより教育が進歩したかどうかについて多くの議論があります。）

　さらに次のようなフォーマットもあります。

イントロ第1文・楽勝フォーマット③

《There is a growing tendency[awareness] toward 句 in the world. 型》

There is a growing tendency[awareness] toward 句（among 〜）in the world.

世界中（の〜の間）で、…の傾向 [意識] が強くなっています。

　このフォーマットに、問題のトピックを当てはめてみましょう。

■ 例 3 「これから留学する若者の数は増えるか?」というトピックに対して

TOPIC ***Will the number of young people who study abroad increase in the future?***

There is a growing tendency toward studying abroad among young people in the world.

（世界中の若い人々の間で、留学する傾向が強くなっています。）

その他にもよく使われるフォーマットをご紹介します。

イントロ第1文・楽勝フォーマット④

《It is often pointed out that 型》

| It is often[sometimes] pointed out that
It is generally believed that
It is widely known that | S＋V（トピック文の言い換え）. |

〜とよく指摘されて [一般的に信じられて／広く知られて] います。

　これは、トピックが一般的に論じられている場合に、幅広く用いることができるフォーマットです。that 以降にトピック文をパラフレーズして当てはめましょう。

■ 例 4 「現代の人々は倫理観を失いつつあるか?」というトピックに対して

TOPIC ***Are people in modern society losing their moral values?***

It is often pointed out that people today are lacking moral values.

（現代の人々はモラルに欠けてきているとよく指摘されています。）

■ 例 5 「紙の本は将来、電子書籍に取って代わられるか?」というトピックに対して

TOPIC ***Will paper books be replaced by e-books in the future?***

It is generally believed that paper books will give way to e-books in the future.

（将来、紙の書籍が電子書籍に取って代わられると一般的に信じられています。）

■ 例 6 「社会においてマスメディアが重要な役割を果たしているか?」というトピックに対して

TOPIC ***Does mass media play an important role in society?***

It is widely known that mass media serves as a key factor in society.

（マスメディアが社会で重要な役割を果たしていることは広く知られています。）

次に「～の利点は欠点を上回るか」などを検証する outweigh 型のトピックによく使えるフォーマットです！

《There are both advantages and disadvantages to 型》

There are both advantages and disadvantages to 句 (トピックの事柄), but ...

～には利点と欠点があるが、…

これもトピック文をパラフレーズして当てはめてみましょう。

■ 例 7 「自由貿易の利点は欠点を上回っているか?」というトピックに対して

TOPIC ***Do the benefits of free trade outweigh the disadvantages?***

There are both advantages and disadvantages to free trade, but ...

（自由貿易には利点と欠点があるが、…）

Step 2 ▸ イントロ 2 文目の作り方

イントロ第 1 文で一般論を述べた後、第 2 文では賛成・反対など自分のスタンスを表明します。第 2 文のひな形は、以下の通りです。「以下の 3 つの理由から」と明示することで、次のボディにつなげます。

《一般型》

Personally, I (do not) believe[think] that S + V (トピック文) for the following three reasons.

私は個人的に、以下の 3 つの理由から～と思います (～でないと思います)。

〈S + V〉部分には、パラフレーズせずにトピック文をそのまま当てはめます。

→ **賛成の場合**: that 以下にトピック文を当てはめましょう。

□ Personally, I believe that capital punishment should be abolished for the following three reasons.

（私は個人的に、以下の 3 つの理由から死刑は廃止すべきだと思います。）

□ Personally, I think it is a good idea that Japanese companies improve their treatment of female employees for the following three reasons.

（私は個人的に、以下の3つの理由から日本の会社が女性従業員の待遇を改善することはよい考えだと思います。）

→ 反対の場合：賛成の場合と同様、that 以下にトピック文を当てはめましょう。

□ Personally, I do not believe that the government should further develop nuclear power generation for the following three reasons.

（私は個人的に、以下の3つの理由により政府が原子力発電を推進すべきだとは思いません。）

□ Personally, I (strongly) disagree[do not agree] (with the idea) that Japan should reduce its dependence on oil for the following three reasons.

（私は個人的に、以下の3つの理由により日本が石油依存を減らすべきだとは（強く）思いません。）

トピックが outweigh 型の場合は次の通りです。

イントロ第2文・楽勝フォーマット②

《outweigh 型》

I think that the advantages outweigh the disadvantages for the following three reasons.

私は以下の3つの理由で、利点の方が欠点よりも優っていると考えます。

※逆の意見の時は the advantages と the disadvantages の位置を入れ替える。

前述のイントロ第1文と第2文を合体した完成形は以下のようになります。

■ 例 「原子力発電を推進すべきか？」というトピックに対して

TOPIC *Should nuclear power generation be promoted?*

It is a highly controversial issue whether or not we ought to advance nuclear power generation. Personally, I do not believe that nuclear power generation should be promoted for the following three reasons.

（原子力発電を推進するかどうかについてはよく議論の的となります。私は個人的に、以下の3つの理由により原子力発電は推進するべきではないと思います。）

いかがでしたか。では次に、結論のフォーマットにまいりましょう！

02 結論の楽勝フォーマットはこれだ！

　次に、最も簡単にできるコンクルージョン（結論）の書き方を紹介しましょう。コンクルージョンでの注意点は、それ以前に書かれていないポイントの新情報は決して入れないことです。あとは、ボディ（本論）で書いた各段落の冒頭の3つのキーアイデアA、B、Cを句の形で再提示し、イントロで述べた立論をくり返すだけです。以下の結論のフォーマットを頭に入れておきましょう！

結論の楽勝フォーマット

> In conclusion, for the above-mentioned three reasons[for these three reasons], A, B, and C, I (do not) believe[think] that S + V（トピック文）.
>
> 結論として、上述のA、B、Cという3つの理由から、私は〜と思います（思いません）。

　では賛成、反対それぞれの結論の例を見てみましょう。

→ 賛成の場合

☐ In conclusion, for the above-mentioned three reasons, increasing companies' productivity, contributing to economic growth, and giving workers a sense of fulfillment, I believe that job promotion should be based on performance.

（結論として、会社の生産性を上げ、経済成長に貢献し、社員に達成感を与えるという上述の3つの理由から、昇進制度は成果主義に基づくべきだと思います。）

→ 反対の場合

☐ In conclusion, for these three reasons, undermining team spirits among workers, widening income disparity, and undermining the economy, I do not believe that a performance-based pay system should be promoted.

（結論として、従業員の協力する精神を損ね、所得格差を広げ、経済を悪化させるという3つの理由から、能力給制度は促進されるべきでないと思います。）

Chapter 3

エッセイ・ライティング力UP トレーニング問題！

ここからは今後も出題されやすい、さまざまな社会問題の背景知識と、エッセイ・ライティング力をグーンッとアップする「論理性」と「英語発信力」のトレーニングを行なっていきましょう。

　この章では、よく出題される最重要トピックの中から 32 問出題しています。社会問題について論じるための「基礎知識と語彙力」、論理的なエッセイを書くために必要な「ロジカルシンキング力（論理的思考力）」と「英語発信力（ライティング力）」を鍛えていきます。

　この章から本格的に取り組む「ロジカルシンキング」とは、ある事柄に対して「関連した具体例が提示された、論理的で首尾一貫した主張（アーギュメント）」を意味します。日本のほとんどの学校で、国語、英語ともに論理的思考を鍛える指導をしていないため、多くの学習者が日本語的発想で話を展開してしまい、一貫性、論理性の欠ける文章を書いてしまいがちです。

　また、日本人はグレーゾーンシンキング & スピーキング（中間的思考 & 発話）をする傾向があります。話し手のスタンスが Yes（賛成）なのか No（反対）なのか聞き手に伝わらないことがよくあり、これが論理的コミュニケーションの障害になっているのです。

　例えば、ある問題について、賛成の気持ちが 80% で、反対が 20% ならば、明解に Yes（賛成）と言えるでしょう。ところが、賛成だけど、その気持ちは 60% くらいで、反対の気持ちも 40% あるという微妙な場合はどうでしょうか。このような場合、日本人はよく「賛成」の主張を弱めてしまう「反対」意見にも言及してしまいます。そして、結局何が言いたいのか（どちらのスタンスなのか）つかみ所のない印象を与えがちです。英作文問題ではこのような「あいまい」なスタンスにならないよう、立場を明確にすることに努めてください。

では、まずエッセイ・ライティングで陥りやすい6つの問題点を確認しておきましょう。

1 論点がずれている

これは「問われている内容に適切に答えていない」ことを意味します。例えば「日本がオリンピックを主催するメリットはあるか?」という問いに対して、「スポーツ観戦が好きだから」「一生に一度のイベントだから」のような論点がずれた応答をしてしまうことです。これを防ぐには、必ず自分の書いた内容が問題に適切に答えているかをチェックすることが重要です。

2 ポイントがパラグラフの最後に書かれている

このミスも非常に多いのですが、ポイントはパラグラフの1文目に書かなくてはいけません。これは、大事なことを最後に述べたがる日本人の悪いクセです。英語で発信する際は、重要なことは最初に述べる。これが鉄則です。

3 サポート(具体例)がずれている

キーアイデアに対してサポート(具体例)が関連性のない情報になっているミスです。例えば、移民受け入れのメリットとして「労働力の確保」というキーアイデアを提示したとします。それに対して、「外国人による不法就労が増えている」のような、直接的なつながりのない情報でサポートしてしまうケースです。このようなミスを防ぐために、キーアイデアとサポートにつながりがあるかを毎回チェックするようにしましょう。

4 論理が飛躍している

アーギュメントが適切な段階を踏まずに急に結論に至ってしまうことを言います。例えば「アジア諸国との関係を重視すべきか?」という問いに対する話の展開が、「経済的な結びつきが強まっている」→「人々の幸せにつながる」といった形を言います。正確には「経済的な結びつきが強まっている」→「アジア諸国に日本企業が進出している」→「日本だけでなく現地の雇用増加や経済発展につながる」→「人々の収入が増え幸せにつながる」のように適切な順序を追って述べることが重要です。

5 キーアイデアが重複している

これもよく見られるミスで、理由を3点述べていても、それらの内容が重複しているミスです。例えば「SNSのメリットは?」という問いに対して、1点目で「世界中の情報がわかる」、2点目で「世界中の人々と交流できる」、3点目で「最新ニュースをすばやく入手できる」と説明しているようなケースです。3点目は1点目に完全に含まれますし、1点目と2点目も重なる部分がありそうです。

6 個人的な経験で論証しようとしている

説得力のある強いアーギュメントを提示するには、個人的な体験は説得力がないので、一般的に認識されている事例を提示することがポイントです。そのためにはふだんからさまざまな分野に関する教養とアイデア力を高めておくことが重要です。

以上の6点がアーギュメントの展開で注意すべきミスです。慣れないうちはこれらを毎回チェックすることを心がけ、少しずつ論理性の高い一貫したエッセイが書けるようにしていきましょう!

それでは、さっそく論理的なエッセイを書くためのトレーニングをはじめましょう! 用意はいいですか。

01

移民規制の利点は欠点を上回るか？

■ ワンポイントレクチャー

　移民（immigrant）とは、国際連合（the UN）の定義では「外国に移住してその国に1年以上住む人」（a person who comes to live for more than a year in a foreign country）を指します。移民の種類は目的によってさまざまですが、大別すると自分の意思で（on their own will）移住した人と、意思とは関係なく移住させられた人に分けられます。前者は、より豊かな生活を求める経済移民（economic migrants）、異文化を求める文化移民、留学生、そして宣教師などです。また後者は、移民と一緒に来る家族、弾圧や戦争を逃れた政治難民（political refugees displaced by oppression or war）、自然災害を逃れた移民（people displaced by natural disasters）などです。

　移民の受け入れ国（host countries）に関して、経済協力開発機構（OECD）によると、加盟35カ国への外国人移住者のトップ10は右表のとおりでした（2015年時点）。

　日本は、少子高齢化（dwindling birthrate and an aging population）による労働力不足（labor shortage）を背景に、2018年11月、出入国管理法改正案（revision of the Immigration Control Law）を閣議決定（approval by the Cabinet）しました。それまでは高度な専門人材（highly talented specialists）に限って外国人を受け入れてきましたが、単純労働（unskilled labor）に従事する労働者にまで受け入れを拡大します。すでに世界で4番目の移民受け入れ国ですが、その順位はますます上がるでしょう。

■ 移住者の多い国トップ10	
1位	ドイツ
2位	アメリカ
3位	イギリス
4位	日本
5位	韓国
6位	スペイン
7位	カナダ
8位	フランス
9位	イタリア
10位	オーストラリア

　これとは逆に欧米では、移民の受け入れ規制（immigration controls）の声が高まっています。事の発端は、2017年に米国のトランプ大統領が命じたイスラム圏7カ国を対象にした入国規制（travel restrictions on seven majority-Muslim nations）です。これに対してEU主要国の首脳（the leaders of core members of the EU）やメディアは批判しましたが、ヨーロッパの民衆の多くはイスラム移民の流入（an influx of Muslim immigrants）に否定的であることが調査で明らかになりました。

ドイツでは移民排斥の極右デモ (anti-immigrant demonstrations by far-right protesters) で、移民の犯罪や移民排斥の感情 (anti-immigrant sentiment) が強調されています。

キーアイディアを考えてみよう！

問題 1

Agree or disagree: The benefits of immigration control outweigh its disadvantages

［訳］移民規制の利点は欠点を上回る、という意見に賛成か反対か？

「移民規制」に対する賛成意見と反対意見のどちらに説得力があり、エッセイが書きやすいかを決めていきましょう。次の 6 つのポイントから 3 つを選んで、キーアイディアを考えてみてください。

POINTS

① security　　　　　④ innovative growth
② financial burden　⑤ demographic problems
③ cultural identity　⑥ world peace

いかがでしょうか。①〜③は移民規制に賛成、④〜⑥は反対のポイントです。「安全性の確保」「財政負担の軽減」「文化的アイデンティティー」といったメリットと、「革新的成長の阻止」「人口問題の悪化」「世界平和の停滞」といったデメリットが明確に分かれており、どちらの立場であっても、説得力のあるエッセイを書くことができそうです。

ここでは、反対意見でのキーアイディア文を考えてみましょう！

→ 反対意見！

1. Immigration control hampers innovative growth.

▶ 移民規制は、移民による「革新的成長」を阻むという強い主張です。

2. Immigration control worsens demographic problems.

▶ 移民規制は、先進国の少子高齢化によって生じる問題を悪化させるという、こちらも説得力のある反対意見です。

3. Immigration control hampers global efforts for world peace.

▶ 移民規制は、世界平和のための国際的努力の妨げになるという重要な反対意見です。

次に、キーアイデアに対するサポートを考え、反対意見のエッセイを完成させましょう。

サンプルエッセイ

Nowadays, there seems to be a global trend toward curbing an influx of immigrants. Although some argue that immigration control can prevent potential security threats and lessen financial burden on the country, I disagree with the idea that the benefits of immigration control outweigh its disadvantages for the following three reasons.

Firstly, immigration control will hinder the innovative growth of the country. Countries with an open-door immigration policy can greatly benefit from global human resources with a creative talent. For example, the founders of innovative American companies like Facebook and Google are immigrants, who have brought prosperity to the country.

Secondly, immigration control will exacerbate social problems caused by demographic changes in developed countries. A declining birthrate and an aging population engender various economic problems such as labor shortages and a decline in tax revenue. Thus an open immigration policy is a socioeconomic imperative for countries with a shrinking working-age population.

Finally, immigrant control will encourage insularism, which can hamper the efforts to achieve world peace. Lack of cultural diversity undermines the development of tolerance for other cultures. This situation will lead to parochial nationalism, which can increase tensions with other countries.

In conclusion, for these three reasons, hampering the country's innovative growth, exacerbating the problems with an aging society, and undermining the efforts to achieve world peace, I strongly believe that the downsides of immigration control outweigh its advantages.

230 words

- □ **curb an influx of immigrants** 移民の流入を制限する、〜に歯止めをかける
  - ※ ほかに curb CO₂ emissions（二酸化炭素の排出を制限する）、curb high inflation（高インフレを抑制する）など。
- □ **open-door immigration policy** 移民開放政策
  - ※ open-door policy は「開放政策、自由貿易政策」
- □ **exacerbate problems** 問題を悪化させる
  - ※ exacerbate は、すでに悪い状況や問題、負の感情をさらに悪化させる場合に使う。類語に worsen、aggravate、compound などがある。
- □ **engender various economic problems** さまざまな経済問題を引き起こす
  - ※ engender の類語に cause、generate、lead to などがある。
- □ **a socioeconomic imperative** 社会経済的必要性
- □ **insularism** 島国根性の考え方、偏狭な物の見方
  - ※ insular の類語に parochial（偏狭な、教会区の）、provincial（偏狭な、州の）などがある。

[訳]　最近、世界の各地域で移民の流入に歯止めをかける動きが強まっている。移民規制は、安全性への潜在的な脅威を予防し、国の財政負担を軽減すると主張する人もいるが、私は以下の 3 つの理由から、移民規制の利点が欠点に優っているという意見に反対である。

　　第一に、移民規制は国の革新的成長の妨げとなる。移民の受け入れに開放的な政策を採っている国は、世界中のクリエイティブな人材からの恩恵を大いに受けている。例えば Facebook や Google のような革新的企業の創始者は移民であり、アメリカに繁栄をもたらした。

　　第二に、移民規制は、人口構造の変動により先進国で生じた社会問題をさらに悪化させる。（先進国では）少子高齢化により、労働者不足や税収の落ち込みなど、さまざまな経済問題が起きている。ゆえに、オープンな移民政策は、労働者人口が減少する国にとっては、社会経済的に必要である。

　　最後に、移民規制は、世界平和実現への努力を阻む偏狭な考え方（島国根性）を助長する。文化的多様性が欠如すると、他文化への寛容さがなくなり、国家間の緊張を高める偏狭なナショナリズムへ至るだろう。

　　結論として、国の経済成長を妨げ、高齢化の問題を悪化させ、そして世界平和への努力の足かせになるという 3 つの理由により、移民規制はマイナス面の方がプラス面を上回ると私は確信している。

解説

　1 つ目の理由「国の革新的成長の妨げになる」について、移民の受け入れに開放的な国（ここではアメリカ）が、どのように移民の恩恵を受けているのか、具体例を挙げてサポートしています。イノベーティブな会社の例として Facebook や Google を挙げることは、非常に効果的です。

　2 つ目の理由「人口構造の変動による問題の悪化」のサポートには、少子高齢化によって起こる問題（「労働者不足」と「税収の落ち込み」）を挙げ、移民の受け入れなしにはそうし

た問題の解決は難しいと主張しています。

　3つ目の理由「(偏狭な考えで) 世界平和への妨げとなる」に対しては、文化の多様性がなくなることで異文化・他民族への寛容さが育たず、国家間の対立を深めるナショナリズムへ至るとサポート。

逆の立場はこう書こう！

賛成意見は、次のようにキーアイデアを構築するとよいでしょう。

→ 賛成意見！

1. Immigration control can counter potential security threats such as terrorist attacks.

（移民規制は、テロなどの安全性への潜在的脅威を予防する。）

　▶ 犯罪歴 (criminal backgrounds) のある移民が入ってくる可能性があります。テロリスト (terrorists) が潜んでいるかもしれません。そうした潜在的脅威を、移民規制によって排除できます。

2. Immigration control can lessen financial burden on the government.

（移民規制は、政府の財政負担を軽くする。）

　▶ 移民が増えると、社会保障、福祉、教育、健康保険など (such as social security, welfare, education, and healthcare)、政府の財政に負担がかかります。移民規制によりその負担を軽減できます。

3. Immigration control can preserve the cultural identity of a country.

（移民規制により国の文化的アイデンティティーが保たれる。）

　▶ 移民が多くなると、受け入れ国独自の国民性や文化が薄まる危険性があります。それを食い止めるためにも移民規制は必要です。

02

人工知能（AI）の利点は欠点を上回るか？

■ ワンポイントレクチャー

　人工知能（artificial intelligence ／略称 AI）とは、一般的には人間のように「考える」コンピュータシステムを指します。初めて人工知能という言葉が発表されたのは 1956 年にアメリカで開催されたダートマス会議（The Dartmouth Summer Research Project on Artificial Intelligence）という研究発表会でした。その後コンピュータの性能が向上すると共に AI 研究も発展し、これまでに 3 度のブームを経験しています。

　1960 年代の第 1 次ブーム（the first AI boom）では、推論・探索によってチェスなど特定の問題を解く AI が誕生。次に 1980 年代の第 2 次ブーム（the second AI boom）では、エキスパートシステム（expert system）という、コンピュータに知識を取り込んだ AI が登場。そして 2000 年代に入ってからの第 3 次ブーム（the third AI boom）では、コンピュータが自ら学習するディープラーニング（deep learning）が取り入れられました。段階的に AI は賢く（smart）なっています。

　AI には、大きく分けて特定の作業しかできない特化型 AI（narrow AI）と、自ら考え、問題解決ができる汎用 AI（artificial general intelligence）の 2 種類があります。汎用 AI は人間の能力を超えてしまうのではないかと懸念されているのですが、まだ開発の中途段階です。ドラえもんのような AI の実現は、まだまだ遠い道のりのようです。

　特化型 AI は将棋ロボットや、自動運転車（autonomous cars）、センサー機能付きエアコン、ロボット掃除機、ウェブ検索、そして飲食店で接客するロボットなどです。おなじみの Pepper 君も発達した特化型 AI の仲間です。これらの AI は人間の代わりとして働くことができます。実際に AI の導入によって、必要のなくなった仕事が増えてきました。ますます発達することで、失業率が上昇するのではないかと言われています。

　また、AI に提供されるビッグデータがプライバシーの侵害（privacy invasion）につながる懸念や、AI への過度の依存（excessive dependence on AI）が人間の能力開発を妨げる可能性も懸念されています。一方、大量のデータを短時間で正確に処理できる AI は、交通、医療、自然観測など、さまざまな分野で人類に貢献すると予測されています。現代生活に欠かせない AI と人間の共存方法を考える必要があります。

問題 2

Agree or disagree: The benefits of AI outweigh its disadvantages

［訳］人工知能（AI）の利点は欠点を上回る、という意見に賛成か反対か？

「AI の利点は欠点を上回るか？」に対して、賛成意見と反対意見のどちらに説得力があり、エッセイが書きやすいかを決めていきましょう。次の 6 つのポイントから 3 つを選んで、キーアイディアを考えてみてください。

POINTS

① traffic safety　　④ human workers
② medicine　　　　⑤ misuse
③ aging society　　⑥ uncontrollable

いかがでしょうか。①〜③は賛成意見、④〜⑥は反対意見に使えるポイントです。このトピックは「交通安全」「医療」「高齢化社会」での貢献といったメリットと、「人間の仕事」「悪用」「制御不能」といったデメリットが明確に分かれています。どちらの立場であっても、説得力のあるエッセイを書くことができそうです。

ここでは、前向きで、具体例を挙げやすい賛成意見でのキーアイディア文を考えてみましょう！

→ 賛成意見！

1. AI contributes to road **traffic safety.**

▶ AI は人の運転をアシストすることで「交通の安全性」に多大なメリットをもたらす、という賛成意見です。

2. AI brings substantial benefits to **medicine**.

▶ AI は早期の病気診断を可能とするなど「医療」に大きなメリットをもたらす、という主張です。

3. AI will alleviate the problems with an **aging society**.

▶ AI は高齢者のケアにも活用されています。「高齢化社会」の問題に対してメリットをもたらす、という重要な賛成意見と言えるでしょう。

次に、キーアイディアに対するサポートを考え、賛成意見のエッセイを完成させましょう。

Over the past decade, artificial intelligence (AI) has made rapid advancements and played an integral part in our daily lives. Some people are concerned about the possibility that AI will replace human workers, but I think that the benefits of AI outweigh its disadvantages for the following three reasons.

Firstly, AI contributes to road traffic safety. AI-equipped autonomous cars can greatly decrease the number of traffic accidents by detecting and avoiding dangers. They are capable of making accurate safety decisions, which will greatly decrease the possibility of traffic fatalities.

Secondly, AI contributes greatly to medicine, which saves human lives. AI provides accurate diagnoses and early detection of patients' diseases based on a huge amount of medical data. With the help of AI, doctors can treat diseases in their early stages and increase the possibility of saving patients' lives.

Finally, AI will alleviate the problems with an aging society. For example, AI-equipped robots will help decrease shortage of nursing-care workers by providing elderly people with mobility assistance. They can also serve as companions that relieve the loneliness of elderly people living alone by communicating with them.

In conclusion, for these three reasons, contribution to road traffic safety and medicine and alleviation of aging society-related problems, I think that the benefits of AI outweigh its disadvantages.

214 words

□ **AI-equipped autonomous cars** AI搭載自動運転車

※第4パラグラフの AI-equipped robots（AI搭載ロボット）も同様の表現。air-bag equipped vehicle（エアバッグ装備車両）、GPS-equipped phone（GPS付電話）など

□ **alleviate the problem** 問題を和らげる

※ alleviate labor shortages（労働力不足を和らげる）、pain alleviation（苦痛の緩和）など。

□ **serve as ~** ~としての役割を果たす

※ serve as a deterrent to warfare（戦争抑止力として機能する）など

[訳]　ここ10年で人工知能（AI）は急速に発達し、私たちの日常生活で重要な役割を果たしている。AIが人間の労働者にとって代わるのではないかと懸念する人もいるが、私は次の3つの理由でAIの利点は欠点を上回ると思う。

　　第一に、AIは道路交通の安全性に貢献する。AI搭載の自動運転車は危険を感知し回避することで、交通事故の数を大幅に減らすことができる。また、AI搭載車は正確で安全な判断ができるので交通事故死の可能性を大幅に減らすことになる。

　　第二に、AIは医療に大きく貢献し、人の命を救う。AIが膨大な医療データに基づいて、病気の正確な診断、早期発見ができる。AIの助けを借りて、医師は病気の早期治療ができ、患者の命を救う可能性が高まるのだ。

　　最後に、AIは高齢化社会の問題を緩和する。例えば、AI搭載ロボットは高齢者の移動補助をすることで、介護職の人手不足を減らす。また、AI搭載ロボットは、コンパニオンとして独居老人とコミュニケーションをとり、寂しさを和らげることもできる。

　　結論として、これらの3つの理由、つまり道路交通安全と医療への貢献、高齢化社会問題の緩和により、私はAIの利点は欠点を上回ると思う。

解説

　1つ目の理由「道路交通の安全性」のサポートは、車の安全性と自動運転についてです。高齢者ドライバーが増えている昨今、状況判断能力を持つAI搭載車が安全運転をアシストすることが注目されています。言及した点のほかに、AIが交通状況を把握し「救急車の移動を手助けする（AI facilitates the mobility of ambulances）」ことや、電車の運転管理システムに使用され、その運行、整備に貢献していることも有効なサポートになります。

　2つ目の理由「医療への貢献」のサポートには、AIの特徴であるビッグデータを高速処理できる、というポイントを含めています。大量データ処理による病気の早期発見、正確な診断、そして、それに基づく医師による的確な治療が特徴です。

　3つ目の理由「高齢化社会の問題への貢献」については、AIが介護中に人とコミュニケーションを図ることができる点を挙げて、サポートしています。このほかにAI搭載機器が独居の高齢者を見守ることができることもサポートになります。

反対意見を書く場合は、次のようなキーアイデアが考えられます。

→ 反対意見！

1. AI can replace **human workers**, thus leading to a rise in unemployment.

（AI が人間の労働者に取って代わり、失業者の増加を招く。）

▸ AI でもできる仕事については、雇用者は人件費削減のために従業員を減らし、AI を活用すると考えられます。

2. If **misused** by offenders, AI can increase the number of hard-to-solve crimes.

（AI が犯罪者に悪用されると解決困難な犯罪が増える。）

▸ AI が高度に発達すればするほど、それだけ悪用された場合に危険度が増します。

3. Uncontrollable AI can pose a threat to humans.

（制御不能となった AI は、人類にとって脅威となる。）

▸ 自ら考える AI が発達しすぎると、社会システムが混乱して AI に管理される可能性すらあります。

資本主義の利点は欠点を上回るか?

■ ワンポイントレクチャー

　資本主義経済体制 (capitalist economic system) とは、自由に経済活動を行なうことができる、つまり労働に応じて報酬が得られる体制のことです。18世紀後半のイギリスでおきた産業革命 (the Industrial Revolution) をきっかけに誕生しました。企業や個人が自由競争 (free competition) により利益を追求し (pursue their interests)、経済活動を行えば、基本的に国家は関与しなくても (the absence of government intervention)、社会全体の利益は増大していくという考えを基本にしています。

　資本主義経済体制の特徴として、市場の競争により価格やサービスが変動する市場主義 (free market)、個人や企業が自由に土地、工場を所有できる私有財産制 (private property system)、生産手段がない者が労働力を提供して資本家から賃金をもらう労働力の商品化などが挙げられます。成功すれば巨万の富を得られますが、逆に失業や生活苦のリスクもあります。今日の世界のほとんどの国は、さまざまな形態でこの資本主義経済体制をとっています。

　資本主義に対して社会主義体制の国 (socialist countries) では、財産は国家が所有します。資源や労働力も国が管理し、国民は労働量に関係なく一律の対価が支給されます。中国、北朝鮮、ベトナム、ラオス、キューバが社会主義経済体制 (socialist economic system) をとっています。

　第二次世界大戦後、社会主義諸国は良好な発展を遂げていましたが、大国であったソビエト連邦が崩壊 (the collapse of the Soviet Union) し、中国が市場経済へと改革開放路線 (China's economic reform and open-door policy) をとったことによって、欧米型資本主義が経済発展の要となりました。日本も欧米先進諸国をモデルとして、資本主義をベースに1960年代以降、高度経済成長を経験。1980年代には、アメリカと肩を並べる経済大国 (an economic power) に成長しました。世界中の国々が欧米型資本主義に移行していくように思われました。

　しかし、米国のリーマンショックに続く世界金融危機 (the global financial crisis) で、政府の関与を最小限にして (limited government intervention)、民間企業の自由な経済活動に任せる欧米型資本主義への信頼は大きく揺らぎます。一方で急成長を遂げた中国は、習近平国家主席の就任以来、共産党による民間経済活動のコントロー

ルを強化しています。現在、経済の視点からは、欧米諸国を中心とする欧米型資本主義（Western capitalism）と、中国やロシアなどの国家資本主義（state capitalism）という資本主義同士の対立が見られます。

キーアイディアを考えてみよう！

問題3

> ## Agree or disagree: The benefits of capitalism outweigh its disadvantages
> ［訳］資本主義の利点は欠点を上回る、という意見に賛成か反対か？

「資本主義の利点は欠点を上回るか？」に対して、賛成意見と反対意見のどちらに説得力があり、エッセイが書きやすいかを決めていきましょう。次の6つのポイントから3つを選んで、キーアイディアを考えてみてください。

POINTS

① economic wealth   ④ social inequality
② efficiency   ⑤ economic instability
③ innovation   ⑥ social irresponsibility

いかがでしょうか。①〜③は賛成意見、④〜⑥は反対意見に使えるポイントです。このトピックは「経済的豊かさ」「効率のよさ」「技術革新」といったメリットと、「社会的不平等」「経済的不平等」「社会的無責任」といったデメリットが明確に分かれており、どちらの立場であっても、説得力のあるエッセイを書くことができそうです。
　ここでは賛成意見でのキーアイディア文を考えてみましょう！

→ 賛成意見！

1. Capitalism characterized by free markets creates **economic wealth** for the world.

　▸ 自由市場を特徴とする資本主義は、世界規模でのビジネスや投資を促すので、経済的繁栄をもたらします。

2. Capitalism will bring benefits to both consumers and businesses by promoting **efficiency** in business operations and resource allocation.

　▸ 資本主義は効率的なシステムであり、消費者と企業の両方に恩恵をもたらすという主張です。

3. Capitalism contributes to the development of new technologies and products.

> ▶ 資本主義は、競争や成功報酬によって人の意欲を刺激し、新技術や新製品の開発といった技術革新に貢献します。

次に、キーアイデアに対するサポートを考え、賛成意見のエッセイを完成させましょう。

サンプルエッセイ

Nowadays, almost all countries in the world have capitalist economic systems in various forms. Although capitalism is criticized for its downsides, such as polarization of rich and poor, I think that the benefits of capitalism outweigh its disadvantages for the following three reasons.

Firstly, capitalism characterized by free markets creates economic wealth for the world. It stimulates global trade and investment through free trade for business expansion on the organizational level, and workers' motivation for hard work on the individual level. It will consequently benefit the international community by creating huge job opportunities and wealth.

Secondly, capitalism will bring benefits to both consumers and businesses by promoting efficiency in business operations and resource allocation. Unlike in the centrally planned economy, the distribution of goods and services is determined by the market forces of supply, demand, and competition. This mechanism leads to a steady supply of products at reasonable prices to meet the market and consumer demands.

Finally, capitalism contributes to the development of new technologies and products. Rewards and incentives in the competitive business environment enhance workers' motivation for product development, while fewer government regulations encourage companies to make research-and-development investment.

In conclusion, I think that the advantages of capitalism dwarf its drawbacks for the above-mentioned three reasons: promotion of economic growth, benefits to consumers and companies, and contribution to technological innovation and product development.

225 words

- □ **capitalist economic system** 資本主義経済体制
- □ **polarization of rich and poor** 貧富の二極化
- □ **characterized by ~** ~が特徴である
  ※ 同義語は distinguished by ~
- □ **create job opportunities** 雇用機会を生み出す
- □ **efficiency in resource allocation** 資源配分の効率
- □ **a centrally planned economy** 中央計画経済
  ※ 市場経済（a market economy）に対して、政府の計画に従い資源配分を行う経済体制のこと
- □ **rewards and incentives** 報酬や見返り
  ※ ほかに tax incentives for stimulating private investment（民間投資活性化のための税制）、
  offering financial incentives to have children（子育てのための経済支援）のように使う
- □ **research-and-development investment** 研究開発への投資

[訳]　今日、世界のほとんどの国は、さまざまな形で資本主義経済体制をとっている。資本主義は、貧富の分極化など、否定的側面から批判もされるが、私は以下の3つの理由から、資本主義の利点は欠点を上回ると考える。

　　　第一に、自由市場を特徴とする資本主義は、世界の経済的繁栄をもたらす。組織レベルでは、自由貿易により世界規模の貿易や事業拡大のための投資を奨励する。個人レベルにおいては、従業員の勤労意欲をかき立てる。その結果、多くの雇用機会と富を創出し、国際社会にも有益である。

　　　第二に、資本主義は企業活動と資源配分の効率化を促すことで、消費者と企業の両方に恩恵をもたらす。中央計画経済とは違い、物品やサービスの分配は需要と供給、競争などの市場原理によって決定される。このメカニズムにより、市場と消費者の需要を満たす価格設定で商品を安定して供給できるのである。

　　　最後に、資本主義は新しい技術や商品開発に貢献する。競争の激しいビジネス環境での報酬や見返りが、従業員に新しい商品開発の意欲を起こさせる。また政府の規制が少ないことは、企業に研究開発への投資を促す。

　　　結論として、経済成長の促進、消費者と企業への恩恵、そして技術革新と商品開発という上記の3つの理由により、私は資本主義の利点に比べると欠点は取るに足らないものであると考える。

解説

　1つ目の理由「経済的繁栄をもたらす」に対するサポートとして、商取引が個人の意志で行われる自由市場のメリットを挙げています。企業レベルでは貿易が盛んになり、事業がグローバルに拡大します。また個人レベルでは、働けばそれだけ豊かになるので、勤労意欲が掻き立てられます。そしてそれらの結果、雇用が増え、人々も豊かになるので、社会全体の利益になると主張しています。

　2つ目の理由としては、「市場経済のシステムは効率がよく、消費者にも企業にも利益に

なる」点を主張しています。モノの価格やサービスは、市場の競争によって変動します。競争により消費者はより安価で高品質なサービスを得られます。一方で、需要が多ければ価格が上がることもあり、企業にとってもポジティブに働きます。そうした点で、このシステムは効率的であるとサポートしています。

　3つ目の理由は「技術革新や商品開発への貢献」です。サポートとしては、競争の激しいビジネスの世界で生き残るためには、次々と新しい技術や製品を開発することが必要である点、政府の規制が少ないので自由に研究開発が行われる点を挙げています。

逆の立場はこう書こう！

反対意見を書く場合は、次のようにキーアイデアを構築するとよいでしょう。

→ **反対意見！**

1. The capitalist economy leads to **social polarization** between the affluent and the impoverished.
（資本主義経済は、富裕層と貧困層の社会的分極化につながる。）
> ▶ 自由市場主義は、成功すればたくさんの富を手にすることができます。その反面、事業の失敗や失業、生活苦のリスクがあり、所得格差や不公平性を生み出します。

2. The capitalist economy is an unstable economic system, which can cause global **financial instability**.
（資本主義経済は、不安定な経済システムで、世界的な金融不安を引き起こすこともある。）
> ▶ リーマンショックに続く世界金融危機は、アメリカの資本主義体制が世界経済に残した傷跡と見る人も多いです。

3. There is a tendency for capitalist firms to become **socially irresponsible** in pursuit of profits.
（資本主義の企業は、利益を追求するあまり、社会的に無責任になりがちである。）
> ▶ 利益優先やコスト削減のために、環境への配慮を怠ったり、従業員を搾取したりする企業が問題になっています。

環境保護を経済発展よりも優先すべきか？

■ ワンポイントレクチャー

　近年、世界中で環境汚染が深刻化 (becoming a grave concern) しています。地球温暖化や砂漠化 (desertification)、生物多様性の喪失 (a loss of biodiversity)、PM2.5、プラスチックごみ (plastic trash) など、多くの問題がメディアに取り上げられています。これらの環境問題に共通しているのは、人間の活動が原因で引き起こされているということです。

　1980 年代に経済活動のグローバル化 (globalization of economic activities) が進み、人間の産業活動は環境破壊を引き起こす (industrial activities of humans cause environmental destruction) と認識されるようになりました。

　なかでも地球温暖化が加速度的に進行しているのは、化石燃料の大量消費と、それに伴う温室効果ガス (greenhouse gases) の増加によるものだとも言われています。洪水、干ばつ (drought)、猛暑 (fierce heat)、熱波 (heat wave) といった異常気象 (abnormal weather) が多発。凍土層の溶解 (melting of permafrost) による海水面の上昇 (rise in sea levels)、砂漠化が引き起こす生活可能領域の減少、生態系 (ecosystem) への悪影響も起きています。その被害は多岐にわたり、地球環境に多大な影響を及ぼしています。

　具体的には、2100 年までに世界気温は約 4 度上昇すると言われています。そうなれば、グリーンランドや南極の氷床 (ice sheet)、氷河 (glacier) が溶け、地球の海水面が上昇 (increase the global sea levels) します。世界中の湾岸地域に大きな被害をもたらすでしょう。また、大規模な森林破壊や産業開発 (massive deforestation and industrial development) は地球の砂漠化を加速させ、30 年後には、熱帯地方の鳥類や植物の約 25％が絶滅する (die out/go extinct) とも予測されています。

　天然資源の搾取 (exploitation of natural resources) や水不足問題 (a water shortage problem) も深刻です。2025 年までに世界の約 3 分の 2 の地域が飲料水へのアクセスを失う (lose access to clean drinking water) との懸念があります。

　今後は、環境保護を最優先しながら、再生可能エネルギーを実用化しなければなりません。そして、循環型社会 (a recycling-oriented society) を確立し、持続可能な発展 (sustainable development) を目指すことが急務であると言えるでしょう。

問題 4

> ## Should environmental protection be prioritized over economic growth?
> ［訳］環境保護を経済発展よりも優先すべきか？

「環境保護を経済発展よりも優先すべきか？」に対する賛成意見と反対意見、どちらに説得力があり、エッセイが書きやすいかを決めていきましょう。次の6つのポイントから3つを選んで、キーアイディアを考えてみてください。

POINTS

① global warming
② biodiversity
③ natural resources
④ contamination
⑤ desertification
⑥ abnormal weather

いかがでしょうか。①～⑥すべてが賛成意見に使えます。「地球温暖化の影響」や「生物多様性の喪失」などを考えると、環境保護を優先する立場の方に説得力があると言えるでしょう。

賛成意見でのキーアイディア文を考えてみましょう！

→ 賛成意見！

1. Global warming caused mainly by industrial activities is becoming an increasingly serious problem.

> ▶ 産業活動に起因する地球温暖化は、深刻な問題を引き起こしている、という主張です。

2. Rapid industrialization in developing countries has led to a significant decline in **biodiversity** in the world.

> ▶ 経済発展に伴う環境汚染によって、多くの動植物が絶滅の危機に瀕しています。

3. Vigorous industrial activities have contributed greatly to the depletion of **natural resources**.

> ▶ 活発な産業活動は、化石燃料や水を大量に消費します。そうした天然資源の枯渇が懸念されています。

次に、キーアイデアに対するサポートを考え、賛成意見のエッセイを完成させましょう。

With rapid industrialization in developing countries, there has been a grave concern that their economic activities will cause irreparable damage to our planet. Under these circumstances, I think that environment protection takes precedence over economic growth for the following three reasons.

First, global warming caused mainly by industrial activities is becoming an increasingly serious problem that is damaging the global environment. According to the latest research, rising temperatures are causing thermal expansion of the ocean and glacier melt in Greenland and Antarctica. This will lead to a dramatic rise in global sea levels, which will make coastal flooding more frequent around the world.

Second, rapid industrialization in developing countries has led to a significant decline in biodiversity in the world, bringing many plants and animals to the brink of extinction. The rapid industrial development has seriously undermined the entire ecosystem through human invasion into their natural habitats. Under the circumstances, maintaining a well-balanced ecosystem is crucial for creating a sustainable natural environment for all living creatures dependent on each other for survival.

Finally, vigorous industrial activities have contributed greatly to the depletion of natural resources in the relentless pursuit of economic growth. For example, the construction industry, the manufacturing industry, and the agricultural industry are major contributors to deforestation, the depletion of fossil fuels, and water shortage respectively.

In conclusion, for these three reasons, global warming, a decline in biodiversity, and depletion of natural resources, I think that environment protection should be prioritized over economic growth.

246 words

□ **a grave concern** 深刻な懸念
□ **irreparable damage** 取り返しのつかない損害
□ **take precedence over ～** ～に優先する、～の上に立つ
□ **thermal expansion of the ocean** 海洋の熱膨張
□ **glacier melt** 氷河融解
□ **Antarctica** 南極大陸
□ **global sea level** 地球の海抜
□ **coastal flooding** 沿岸の洪水
□ **bring ～ to the brink of extinction** ～を絶滅寸前にまで陥れる
□ **human invasion** 人間の侵略
□ **natural habitat** 自然の生息地
□ **vigorous industrial activities** 活発な産業活動
□ **a major contributor to ～** ～を引き起こす主な原因
□ **respectively** (述べられた順に) それぞれ

[訳]　発展途上国の急速な産業化に伴い、その経済活動がわれわれの惑星に取り返しのつかない悪影響を及ぼすのではないかという深刻な懸念がある。このような状況において、私は次の3つの理由から、環境保護は経済成長より優先されるべきだと考える。

　　第一に、主に産業活動に起因する地球温暖化は、地球環境を荒廃させるますます深刻な問題となっている。最新の研究によれば、上昇する気温が海洋の熱膨張と、グリーンランドや南極大陸の氷解を引き起こしているとのことだ。これにより地球の海抜が著しく上昇し、世界中の湾岸地域で洪水が頻発するだろう。

　　第二に、途上国における急速な工業化が世界の生物多様性の著しい低下を招き、多くの動植物を絶滅の危機に陥れている。急速な産業発展により人間が彼らの生息地に侵入し、全生態系を蝕んでいる。このような状況において、生存を相互依存するすべての生物のために、バランスのとれた生態系の維持は、持続的な自然環境を生成するのに必要不可欠である。

　　最後に、絶え間なく経済成長を求めるあまり、活発な産業活動は天然資源の枯渇を招いている。例えば、建設業、製造業、農業は、それぞれ森林破壊、化石燃料の枯渇、水不足の最大の要因である。

　　結論として、地球温暖化、生物多様性の低下、天然資源の枯渇という3つの理由により、私は環境保護が経済成長より優先されるべきだと考える。

解説

　1つ目の理由「地球温暖化の深刻な影響」のサポートは、人間の産業活動によって生じる温室効果ガスを原因とする世界気温の上昇です。具体的な影響として「氷床や氷河が溶け、海抜の上昇による洪水の増加」を挙げるのが効果的です。

2つ目の理由「生物多様性の喪失」については、急速な産業発展が動植物の生息地を奪っているとサポート。人間の経済活動による環境破壊は、生態系に取り返しのつかない損害を与えていると説明します。

　3つ目の理由「天然資源の枯渇」に関しては、大規模な資源消費によって生じている森林破壊、化石燃料の枯渇、水不足問題を挙げることで、説得力のあるサポートとなっています。

✎ 逆の立場はこう書こう！

　環境保護は世界的潮流となっています。先に挙げた6つのポイントがすべて賛成意見のものであったことからもわかる通り、このトピックについては反対の立場でエッセイを書くのは難しいでしょう。

05

核抑止の利点は欠点を上回るか？

■ ワンポイントレクチャー

　核抑止論（a nuclear deterrence theory）とは、冷戦期に活用された理論です。核保有国に核攻撃を行った場合、核兵器による同等の反撃（a retaliatory counterstrike）を受け、自国も破滅的な損害（catastrophic damage）を被るため、攻撃を踏みとどまる——つまり、核兵器の保有は核戦争を抑止する力になる（Nuclear capability is a deterrent against nuclear war.）という考えです。これは、イギリスのチャーチル首相の「恐怖の均衡」（balance of terror）という考えに基づいています。

　20世紀後半の冷戦期（during the Cold War）に、アメリカとソ連は、相互確証破壊（mutually assured destruction／略称MAD）という抑止力の概念を打ち立てました。相手から核先制攻撃（pre-emptive nuclear attacks）を受けても、相手方に壊滅的な損害を与えるだけの核報復（nuclear retaliation）能力を持ち続ける核抑止論を主張し、核開発競争（a nuclear arms race）が激化しました。

　1949年、ソ連の原爆実験の成功に始まり、1952年にアメリカは水爆実験に成功しました。しかし、1962年のキューバ危機以降、両国は核実験の抑制に向かいます。1963年、部分的核実験停止条約（the PTBT）に調印。1970年代のデタント（緊張緩和）時代（the period of detente）に、核保有国は米ソ英仏中の5大国となりました。

■ 核保有国と保有数

ロシア	7,000 基	パキスタン	約 135 基
アメリカ	6,800 基	インド	約 125 基
フランス	300 基	イスラエル	80 基
中国	270 基	北朝鮮	60 基
イギリス	215 基		

　しかし1990年代の冷戦終結以降、インド、パキスタンなどそれ以外の国も核開発を主張し、現在、核兵器の保有国とその保有数は左表のようになっています（2017年時点）。

　日本は核兵器を持っていませんが、日米安保条約（the Japan-U.S. Security Treaty）により、「日本が攻撃を受けた場合、アメリカは自国への攻撃と同様にみなし報復する」、いわゆる「アメリカの核の傘」（under the nuclear umbrella of the United States）に守られています。

　相互確証破壊（MAD）は冷戦を象徴するものとして非難されていますが、少なくとも現在まで核戦争（nuclear wars）は起きていません。その点で、上手く機能している

とも言えます。しかしながら、核兵器は、長く続く放射能被害（extensive long-term radioactive damage）を引き起こす、非人道的な大量破壊兵器（an inhumane weapon of mass destruction）です。2017 年には国連で核兵器禁止条約（the Treaty on the Non-proliferation of Nuclear Weapons）が採択されましたが、賛成する国と反対する国との間には、依然として立場に大きな隔たりがあります。

キーアイディアを考えてみよう！

問題 5

> ## Agree or disagree: The benefits of nuclear deterrence outweigh its disadvantages
> ［訳］核抑止の利点は欠点を上回る、という意見に賛成か反対か？

「核抑止の利点は欠点を上回るか？」に対する賛成意見と反対意見のどちらに説得力があり、エッセイが書きやすいかを決めていきましょう。次の 6 つのポイントから 3 つを選んで、キーアイディアを考えてみてください。

POINTS

① prevent wars　　　　④ arms race
② power of nation　　　⑤ a waste of money
③ threats to global peace　⑥ environmental degradation

いかがでしょうか。①②は核抑止に賛成、③〜⑥は反対意見に使えるポイントです。「世界平和への脅威」「軍拡競争」「お金の無駄」「環境悪化」といったデメリットが多いため、反対意見の方に説得力があるでしょう。賛成のエッセイは、力強さに欠けるか、内容が重複する可能性があります。反対意見でのキーアイディア文を考えてみましょう！

→ 反対意見！

1. Nuclear deterrence leads to a nuclear **arms race**.
  ▶ 核抑止は、敵対国に負けない核兵器を揃えようと「軍拡競争」を引き起こします。これは世界平和にとっての脅威となります。事実に基づいた力強い反対意見です。

2. Stockpiling nuclear weapons is a sheer **waste of money**.
  ▶ 使用する可能性の低い核兵器を保有するのは「金の浪費」である、という主張です。

3. The presence of nuclear weapons leads to **environmental degradation**.

> ▶ 核兵器開発は核実験を伴います。そして、それは「環境悪化」につながる、という重要な反対意見です。

次に、キーアイデアに対するサポートを考え、反対意見のエッセイを完成させましょう。

サンプルエッセイ

The theory of nuclear deterrence is a concept based on the belief that world peace can be maintained by the fear of mutually assured destruction (MAD). However, I disagree that the benefits of nuclear deterrence outweigh its disadvantages for the following three reasons.

Firstly, nuclear deterrence can lead to a nuclear arms race, thus threatening global peace and security. During the Cold War, there was an escalation of U.S.-Soviet confrontation with each nation competing for nuclear superiority. This showdown brought the number of nuclear weapons to an apocalyptically staggering 64,099 in 1986.

Secondly, it is a sheer waste of money to stockpile nuclear weapons. It is extremely costly to create and maintain nuclear weapons with the remote possibility of using them in actual combat. Nuclear weapon development becomes a huge burden on countries in financial difficulty in particular. Resources used for the development can be better spent for useful purposes such as social welfare and education.

Thirdly, the presence of nuclear weapons leads to environmental degradation. The testing and disposal of nuclear weapons cause extensive long-term damage to the environment. Nuclear testing conducted since the Cold War era has caused serious radioactive contamination to humans as well as the natural environment.

In conclusion, for these three reasons, the possibility of a nuclear arms race, an utter waste of money on nuclear weapons, and damage to the environment, I strongly believe that the drawbacks to nuclear deterrence far outweigh its often-talked-about benefits of MAD.

> 246 words

- ☐ **threaten global peace and security** 世界の平和と安全を脅かす
  - ※ ほかに threaten human health（人の健康を脅かす）、threaten social stability（社会の安定を脅かす）など。

- ☐ **this showdown brings ~ to...** この対決は～を…（という結果）に導く
  - ※ ほかに bring ~ to a conclusion（～を結論に導く）など。

- ☐ **the remote possibility of ~** ～の可能性は極めて低い（ゼロに近い）
- ☐ **an utter waste of money** 完全なお金の浪費
- ☐ **often-talked-about benefits of MAD** よく話題に上るMADの利点
  - ※ ハイフンを使って形容詞にし、引き締めた表現。ほかにも a help-the-needy campaign（貧困者を助けよう運動）、a deep-rooted custom（深く根付いた習慣）などがある。

[訳]　核抑止論とは、相互確証破壊（MAD）の恐れから世界平和は保たれるという考えに基づいた概念である。しかしながら、私は以下の3つの理由から、核抑止の利点が欠点を上回るという意見に反対である。

第一に、核抑止は核軍備競争につながり、世界の平和と安全が脅かされる。冷戦時代、核兵器の優越をめぐる競争によって、アメリカとソ連の対立はエスカレートした。この対立により1986年には、64,099基という世界の終末を思わせるような驚異的な数の核兵器が存在することとなった。

第二に、核兵器の保有は完全な金の浪費である。核兵器を作り、維持するには莫大な費用がかかる。実際の戦争で使う可能性が低いにも関わらずだ。特に財政難に苦しむ国にとって核兵器開発は大きな負担である。その開発に使われる資源を、社会保障や教育といった、もっと有益な目的に使うことができるだろう。

第三に、核兵器が存在することは環境悪化につながる。核実験や核廃棄物は広範囲に、そして長期にわたって環境を傷つける。冷戦以降に行われた核実験は、自然環境ばかりでなく、人間に対する深刻な放射能汚染を引き起こしている。

結論として、核軍備競争の可能性、完全な金の浪費であること、そして環境への悪影響という3つの理由から、核抑止は欠点の方が、よく話題にのぼる相互確証破壊の利点をはるかに上回ると、私は確信している。

解説

outweigh型トピックに対するエッセイの書き方のひとつとして、イントロで核抑止論の基本となる相互確証破壊（MAD）のメリット（自分とは逆の立場）に軽く触れてから、自分の主張を述べています。こうする事で逆の主張も上手く取り入れることができます。

1つ目の理由「核軍備競争になる」に対するサポートとして、歴史的事実を述べています。ただ、このエッセイのように細かなデータ（核兵器数）を記述することは、実際の試験では難しいでしょう。その場合は、理由を「核兵器の存在そのものが全世界の脅威である」とし、サポートで「テロリストなどの過激派に使われる可能性がある」ことを挙げる方法もあります。

Firstly, the very existence of nuclear weapons threatens the security of the whole world. There is a danger that rogue nations or radical extremists may misuse or abuse nuclear weapons, which presents a serious menace to global peace and stability.

（核兵器の存在そのものが全世界の安全を脅かす。ならず者国家や過激派によって誤用、または悪用される危険性があり、それは全世界の平和と安定にとって重大な脅威である。）

2つ目の理由「金の浪費」のサポートは、実際の戦争で使う可能性が低いにも関わらず、核兵器の保有には莫大な費用がかかることを述べています。そして、その資源をもっと重要な社会保障や教育に当てるべきである、という力強い主張につなげています。

3つ目の理由「環境破壊」のサポートでは、核兵器を所有することは、必ず核実験を伴う点を強調しています。ここが原子力発電所の核エネルギー開発とは大きく違う点です。核実験による環境被害や人的被害はよく知られている事実なので、説得力があります。

✏ 逆の立場はこう書こう！

核兵器廃絶国際キャンペーン（ICAN）のノーベル平和賞受賞からもわかるように、世界の動向は核軍縮・不拡散（nuclear disarmament and non-proliferation）に向かっています。したがって、このトピックで、多くの人に納得してもらえる賛成のエッセイを書くのは、かなり難しいでしょう。

06

人文科学教育は今日の社会でも重要か？

◢ ワンポイントレクチャー

21世紀に入ってからの日本は、長引く不況（a prolonged recession）と急速なテクノロジーの進化の影響から、経済と効率優先（efficiency first principle）の社会へと変容してきました。無駄を排除し、すぐに目に見える成果（immediately tangible results）を出すことばかりをよしとする風潮が広がりました。

例えば、2015年6月、文部科学省（the Ministry of Education, Culture, Sports, Science and Technology）が「社会が必要としている人材育成と地域貢献」を掲げて、全国86の国立大学に対し、文学部や法学部、教員養成系学部の教育内容の徹底見直しを通知しました。これは、技術革新（technological innovation）のような目に見える成果をすぐに出せない文系学部の改革を目的としており、その裏には、財政難（national financial difficulties）のため、税金を効率的に使いたいという「経済と効率」を優先する政府のねらいが透けて見えます。

しかし、学問とは、幅広い教養（broad liberal arts）と専門知識（expertise）を備えた人材を育てるためにあります。それらは一朝一夕に達成できるものではなく、経済と効率優先の考えとは相容れません。さらに「社会が必要としている人材の育成（human resource development）」、「地域への貢献」、「技術革新」が理系学部でしか実現できないという考えは、あまりにも近視眼的で短絡的（myopic and simplistic）です。例えば、ハイテク製品を作り出す技術は確かに理系学部の領域ですが、それを世に出すにはデザイン、リサーチ、広告などが不可欠で、人の心を掴むためには、行動心理学（behavior psychology）や社会心理学（social psychology）などを学ぶ必要があり、文系学部の出番です。

「教育は国家百年の大計（far-sighted state policy）」と言います。人文科学を大学で勉強するメリットは何か。人文科学教育はどうあるべきか。日本の国家像（vision for the nation）を描きながら、議論すべき時が来ているのです。

問題 6

> ## Is humanities education still important in today's society?
> [訳] 人文科学教育は今日の社会でも重要か？

「人文科学教育は今日の社会でも重要か？」に対する賛成意見と反対意見、どちらに説得力があり、エッセイが書きやすいかを決めていきましょう。次の 6 つのポイントから 3 つを選んで、キーアイディアを考えてみてください。

POINTS

① moral compass　　　④ resource shortage
② social problems　　　⑤ medical problems
③ cultural heritage　　　⑥ food shortage

いかがでしょうか。①～③は賛成意見、④～⑥は反対意見に使えるポイントです。「道徳上の指針」「社会問題」「文化の継承」といった人文科学を重視するポイントと、「資源不足」「医療問題」「食糧不足」といった反対のポイントに分かれており、どちらの立場であっても、説得力のあるエッセイを書くことができそうです。

　ここでは賛成意見でのキーアイディア文を考えてみましょう！

→ 賛成意見！

1. Humanities education provides a **moral compass**, which is essential for human society.

    ▶ 人文科学教育は、社会に不可欠な道徳の指針を与えるという説得力のある理由です。

2. Humanities education promotes people's awareness about **social problems** and their causes.

    ▶ 人文科学教育は、社会問題とその要因に関する意識を高めます。これも重要な賛成意見です。

3. Humanities education contributes to nations' **cultural heritage** and integrity.

    ▶ 人文科学教育は、国の文化遺産の継承と高度な文化維持に寄与する、という力強い主張です。

次に、キーアイデアに対するサポートを考え、賛成意見のエッセイを完成させましょう。

サンプルエッセイ

With an increasing need for economic and technological development in the world, many people tend to undervalue humanities education. However, I strongly believe in the value of humanities education for the following three reasons.

First, humanities education provides a moral compass, which is essential for human society. The study of philosophy and history can help people find meaning in life and develop a sense of morality. Without moral principles, humankind can misuse or abuse science and technology. The worst-case scenario is the annihilation of the human race by their own creations, namely, nuclear weapon technologies.

Second, humanities education promotes awareness about social problems and their causes. The study of fundamental social problems such as poverty, unemployment, and discrimination will help people come up with countermeasures for those problems to level the playing field for all citizens in the world.

Third, humanities education contributes to nations' preservation of cultural heritage and integrity. The study and practice of art, music, and literature allow students to appreciate, create, and preserve superb masterpieces and immortal works of art, which are the quintessence of human civilization.

In conclusion, for these three reasons, the creation of moral values, awareness of social problems, and its contribution to nations' cultural heritage and integrity, I strongly believe in the critical importance of humanities education.

215 words

英語発信力を UP しよう！

- □ **moral compass[principles]** 道徳上の指針 [原則]
- □ **develop a sense of morality** 道徳観を育む
- □ **the worst-case scenario** 最悪のシナリオ
- □ **annihilation of the human race** 人類の絶滅
- □ **level the playing field** 等しい機会を与える
- □ **cultural heritage and integrity** 文化遺産継承と高度な文化維持
  ※ integrity は日本語に訳しにくい単語で、もとは「高潔さ、完全性」の意
- □ **quintessence of human civilization** 人類文明の本質

[訳]　世界中で経済や科学技術の発展の必要性がますます高まる中、多くの人が人文科学教育を過小評価しがちである。しかし、以下の３つの理由から、私は人文科学教育に価値があると確信している。

　　第一に、人文科学教育は人間社会に不可欠な道徳上の指針を与えてくれる。哲学や歴史の研究は、人生の意味を見いだし、道徳観を高めるのに役立つ。道徳的原則がなければ、人間は科学技術を誤用または乱用する可能性がある。最悪のシナリオは、自ら創り出したもの、すなわち核兵器の技術による人類の滅亡である。

　　第二に、人文科学教育は社会問題とその要因に関する意識を高める。貧困、失業、差別などの基本的な社会問題の研究は、世界の人々に等しい機会を与えるための解決策を考えつく助けとなる。

　　第三に、人文科学教育は、国の文化遺産保護と高度な文化維持に寄与する。芸術、音楽、文学の研究や実践により、学生たちは素晴らしい傑作や不朽の芸術品を鑑賞し、創造し、保全することができ、そのことは人類の文明の本質なのである。

　　結論として、道徳観の形成、社会問題への意識向上、国の文化の継承と高度な文化維持への寄与という３つの理由で、人文科学教育が非常に重要であると私は信じている。

解説

　１つ目の理由「人文科学は道徳の指針を与える」については、道徳の指針が欠けると、科学技術の誤用・乱用につながると説明。極端な例ながらも、核兵器による人類滅亡の可能性があると述べることで、力強いサポートとしています。

　２つ目の理由「社会問題意識の向上」については、より平等な社会を築くために、貧困や差別などの社会問題を研究し、解決策を考える、と強い主張を展開しています。

　３つ目の理由「文化遺産の継承」は、芸術、音楽、文学を学ぶことで、学生達は人類の文明の本質である不朽の芸術品を鑑賞、創造、保全できるとサポートしています。

反対意見を書く場合は、次のようにキーアイデアを構築するとよいでしょう。

→ 反対意見！

1. The study of science and technology is far more important than that of humanities in dealing with **resource shortage** problems.

（科学技術の研究のほうが、資源不足問題に対処する際に、人文科学の研究よりはるかに重要である。）

▸ 枯渇する化石燃料や温暖化対策として脚光をあびる再生可能エネルギーなど、資源不足問題に対しては、人文科学ではなく、科学技術の研究が必須です。

2. The study of science and technology is far more important than that of humanities in dealing with **medical problems**.

（科学技術の研究のほうが、医療問題に対処する際に、人文科学の研究よりはるかに重要である。）

▸ iPS 細胞による再生医療や臓器移植、感染症対策のワクチン開発などは、人文科学ではできません。

3. The study of science and technology is far more important than that of humanities in dealing with **food shortage** problems.

（科学技術の研究のほうが、食糧不足問題に対処する際に、人文科学の研究よりはるかに重要である。）

▸ 世界の食糧難を軽減するには、遺伝子組み換え作物（GMO）など最新の科学技術を駆使する必要があり、人文科学では解決できません。

07

クローン技術は発展させるべきか？

■ ワンポイントレクチャー

クローン（clone）とは、ひとつの生物や細胞から増殖した、同じ遺伝情報（genetic information）をもつ個体同士や生物集団を指します。SF 映画などでよくコピー人間が描かれ、最新技術のように感じますが、自然界にもクローンは存在します。無性生殖（asexual reproduction）するミドリムシ（euglena）やアメーバ（ameba）、サツマイモやシダ植物（pteridophyte）などがそうですし、人工的なことで言えば挿し木（cutting）も実はクローンなのです。

クローンという言葉が一般の人々にも広く認識されるようになったのは、1996 年にクローン羊のドリー（Dolly）が誕生してからでしょう。しかし、実はドリーが最初の動物クローンではありません。1952 年に作られたカエルのクローンが最初で、その後、コイ（carp）、羊などのクローンが作られました。ではなぜドリーが注目されたのでしょうか。

それまでの動物クローンは、受精卵の核（genoblast）を使って作られたものでした。しかし、ドリーは体細胞の核（somatic nucleus）から作ることに成功した初めてのクローンだったのです。

体細胞を使ったクローンは、元の個体と何から何までそっくりな個体を、理論上は大量生産（mass production）できます。つまり、完成した姿が初めからわかっている点が受精卵クローン（artificial embryo twinning）とは異なります。この体細胞クローン（a somatic cell clone）は作成困難だとされていたので、ドリーの誕生は世界中から脚光を浴びました。

クローン技術（cloning）は日進月歩です。受精卵クローン牛については、日本を含む先進諸国で市場に流通しています。その一方で、人間のエゴで動物のコピーを作ってもよいのか、果ては人間のクローンまで作ってしまうのではないか、という懸念があります。日本では 2000 年に、クローン人間（human clone）の作成を禁じる「ヒトクローン技術規制法」が公布されました。発達を続けるこのバイオテクノロジーに、法律や人々の意識が取り残されないようにしなければいけません。今後はよりいっそう安全性、倫理面、社会への影響を考慮すべきでしょう。

問題7

Should cloning technology be promoted?

［訳］クローン技術は発展させるべきか？

「クローン技術は発展させるべきか？」に対する賛成意見と反対意見、どちらに説得力があり、エッセイが書きやすいかを決めていきましょう。次の6つのポイントから3つを選んで、キーアイディアを考えてみてください。

POINTS

① save lives
② food shortage
③ endangered species
④ dignity of life
⑤ misuse
⑥ biological diversity

いかがでしょうか。①〜③は賛成意見、④〜⑥は反対意見に使えるポイントです。「人や絶滅危惧種を救う」「食糧不足解消」といった賛成意見と、「生命の尊厳」「悪用」「生物多様性」といった反対意見になっています。

どちらの立場にも明確な理由がある論争度の高いトピックです。しかし、④「生命の尊厳」は、読者を説得しなければならないエッセイでは、話が抽象的になりがちです。どちらかといえば、科学的根拠を挙げられる賛成意見の方に説得力があるでしょう。

賛成意見でのキーアイディア文を考えてみましょう！

→ 賛成意見！

1. Cloning can help **save human lives** through therapeutic cloning technology.

▶ 治療目的のクローン技術を用いて「人の命を救う」ことができる、という説得力のある賛成意見です。

2. Cloning can help alleviate **food shortages** by producing desired livestock and crops.

▶ クローン技術で理想的な家畜や作物を作って「食糧不足」の緩和に役立つという、こちらも強い主張です。

3. Cloning technology can save **endangered species** or even revive extinct species.

   ▶ クローン技術により「絶滅危惧種」を救うだけでなく、絶滅した種を復活させることもできるというのは重要な賛成意見になるでしょう。

次に、キーアイデアに対するサポートを考え、賛成意見のエッセイを完成させましょう。

サンプルエッセイ

Since the successful cloning of Dolly the sheep in 1996, cloning technology has become a highly controversial issue, attracting a lot of attention around the world. Personally, I think that cloning technology should be promoted for the following three reasons.

Firstly, cloning helps save human lives through therapeutic cloning technology. For example, it can provide patients with organ transplants without rejection of patients. Unlike conventional organ transplants, cloning technology produces organs from patients' genetically identified stem cells, which will increase the possibility of saving lives.

Secondly, cloning helps alleviate food shortages by efficiently producing a large amount of desired livestock and crops. Desired animals that provide high-quality meat and milk can be produced from test tubes in large quantities without a huge farm. Unlike conventional livestock, these cloned animals help provide a stable supply of food for the global population.

Finally, cloning technology can save endangered species or even revive extinct species. The number of endangered species has been increasing due mainly to overhunting by humans and global warming that seriously undermines the habitats of those animals. Cloning technology will make de-extinction of those species possible.

In conclusion, for these three reasons, saving human lives, alleviating food shortages, and saving endangered species and reviving extinct species, I think that cloning technology should be promoted.

214 words

□ **attract a lot of attention** 注目を浴びる

　　※ 類似の表現はほかに come into[under] the spotlight など。

□ **therapeutic cloning** 治療目的のクローン

　　※ 体細胞核移植とも呼ばれる。自身の体細胞を用いて必要な臓器に分化させられる。羊のドリー
　　　が作られた reproductive cloning（生殖目的クローン）と途中まで過程は同じ。

□ **stem cells** 幹細胞

　　※ 分化する能力を保ったまま自己増殖する一群の特別な細胞。多能性幹細胞が iPS 細胞。

□ **test tube** 試験管

　　※ test-tube baby は「試験管ベビー」。test tube culture は「試験管培養」。

□ **de-extinction** 絶滅種の復活

　　※ resurrection biology とも言う。絶滅した動物の対立遺伝子を、それに似た種の動物へ組み込
　　　んで復活させる技術。

[訳]　　1996 年に羊のドリーのクローンが成功して以来、クローン技術は世界中で注目を浴び、論争の的
となっている。私は個人的に以下の 3 つの理由からクローン技術は促進されるべきだと思う。

　　第一に、クローンは治療的クローニング技術によって人の命を救うことができる。例えば、拒絶反
応のない臓器移植を患者に提供できる。従来の臓器移植と異なり、クローン技術によって患者の遺
伝子と同じ幹細胞を用いて臓器を作ることができるのだ。これで人の命を救う可能性が高まる。

　　第二に、理想的な家畜と作物を効率よく大量に作ることで、クローン技術は食糧不足の緩和に役
立つ。大きな牧場がなくとも、良質の肉やミルクを備えた理想的な家畜を試験管から作ることがで
きるのだ。従来型の家畜とは異なり、これらのクローン家畜は、世界の人々に安定した食料を与える
ことにつながる。

　　最後に、クローン技術により絶滅危惧種に加えて、絶滅した種をも救うことができる可能性があ
る。主に乱獲や、生息地を悪化させる地球温暖化によって、絶滅危惧種の数が増加している。環境の
状態にかかわらず、クローン技術は、そうした絶滅種を復活させる可能性があるのだ。

　　結論として、人命を救う、食糧不足の緩和、絶滅危惧種を救い絶滅した種をよみがえらせる、とい
う 3 つの理由から、私はクローン技術は発展させるべきだと思う。

解説

　1 つ目の理由「人の命を救う」については、治療的クローニングで例証しています。拒絶
反応なしで臓器移植ができるという点が重要なポイントになります。従来型の他人からや、
稀ですが動物からの移植では拒絶反応がネックになっているからです。

　2 つ目の理由「食糧不足の緩和」のサポートは、牧場などの大きな設備を必要とせずに、
効率よく肉やミルクを得られるというものです。

　3 つ目の理由は、生殖目的のクローン技術を用いた「絶滅危惧種の救済」ですが、絶滅
危惧種を人工的に増やすことが出来るというサポートになっています。食糧不足や地球温

暖化、乱獲といった大きな社会問題と絡めて例証しているので非常に説得力のある内容となっています。さらに、絶滅種の復活は、映画の世界の夢物語に聞こえるかもしれませんが、将来的には不可能とは言い切れないものです。

✏ 逆の立場はこう書こう！

反対意見を書く場合は、次のようにキーアイデアを構築するとよいでしょう。

→ 反対意見！

1. Cloning violates the **dignity of life**.

（クローン技術は生命の尊厳を損なう。）

▶ そもそも生命を操作するのは神への冒涜 (blasphemy) である、という主張です。細胞レベルでどの段階から「生命」と呼べるのかが明確でないという問題もあります。

2. Cloning technology can be **misused**.

（クローン技術は悪用される可能性がある。）

▶ 例えば禁止されている人間のクローンを作成し、犯罪などに利用する可能性があります。

3. Cloning undermines **biological diversity**.

（クローン技術は生物の多様性を損なう。）

▶ ある特定の生物を人間の都合で増やすことは、生態系のバランスを崩すことになります。

08

死刑は正当化できるか?

■ ワンポイントレクチャー

1989 年に国連総会 (the United Nations General Assembly) で死刑廃止条約 (the Second Optional Protocol to the International Covenant on Civil and Political Rights, aiming at the abolition of the death penalty) が採択されて以来、法律上または事実上、死刑廃止国 (countries that abolished death penalty) は増加しています。死刑全廃を求めている人権擁護団体 (a human-rights organization) アムネスティ・インターナショナル (the Amnesty International) によると、2018 年末時点で、死刑という刑罰 (punitive sanction) を持たない国、および、事実上廃止した国は 142 カ国となっています。

世界の大多数の国が死刑を廃止しているものの、世界人口の 60% が、中国・インド・米国・インドネシア・パキスタン・バングラデシュ・エジプト・サウジアラビア・イラン・日本・韓国・台湾など死刑容認国 (pro-death penalty countries) で暮らしています。アムネスティ・インターナショナルが確認している 2018 年の世界の死刑執行数 (the number of executions) は 690 件で、前年比 31% 減、過去 10 年間で最少となりました。減少傾向を示してはいますが、ここには死刑執行情報が国家機密 (state secret information) となっている中国 (数千人規模と推測されている) の数は含まれていません。中国を除く、世界の死刑執行数の第 1 位はイランで、全体の 3 分の 1 強を占めています。続くサウジアラビア、ベトナム、イラクを含む 4 カ国で、全死刑執行数の 78% を占めています。

死刑制度の論点としては、人権 (human rights)、冤罪の可能性 (the possibility of false accusation)、犯罪抑止力 (a deterrence effect on crime)、犯罪者の更生 (rehabilitation of criminals)、被害者家族の心情 (a sentiment of victims' families)、政府の財政負担 (government's financial burden) などがあるでしょう。国によっては、麻薬密売 (drug trafficking) や人身売買 (human trafficking) といった直接的な殺人ではない犯罪への適用や、政治的抑圧の手段 (a means of political oppression) としても死刑が適用されることがあり、国際的な議論が続いています。

問題 8

[Can the death penalty be justified?
[訳] 死刑は正当化できるか？]

「死刑は正当化できるか？」に対して、賛成意見と反対意見のどちらに説得力があり、エッセイが書きやすいかを決めていきましょう。次の 6 つのポイントから 3 つを選んで、キーアイディアを考えてみてください。

POINTS
① wrongful executions ④ deterrence effect
② the right to life   ⑤ government's financial burden
③ rehabilitation   ⑥ victims' family

いかがでしょうか。①〜③は反対意見（正当化できない）、④〜⑥は賛成意見（正当化できる）に使えるポイントです。このトピックは「冤罪の可能性」「生存権の侵害」「犯罪者の更生」といった死刑反対派のポイントと、「犯罪の抑止効果」「政府の財政負担」「被害者家族の心情」といった賛成派のポイントが考えられます。

両方の立場でエッセイが書けますが、ここでは世界的な潮流を考慮し、反対意見でのキーアイディア文を考えてみましょう！

→ 反対意見！

1. Capital punishment carries **the risk of executing innocent people**.

▶ 無実の人々に執行される危険性がある、という説得力のある反対意見です。

2. Capital punishment violates **the right to life,** one of the fundamental human rights that all human beings including vicious criminals are entitled to.

▶ 死刑は、生存権（凶悪犯罪者を含む全人類に与えられる基本的人権のひとつ）を侵害する、という強い主張です。

3. The death penalty deprives criminals of **a chance to reform themselves**.

▶ 死刑は犯罪者の更生の機会を奪う、という重要な反対意見です。

次に、キーアイデアに対するサポートを考え、反対意見のエッセイを完成させましょう。

サンプルエッセイ

Nowadays, capital punishment is conducted in about 30% of countries worldwide, and more than 60% of the world's population lives in pro-death penalty countries. Although some people believe in its advantages, including its deterrence effect, I personally believe that capital punishment is unjustifiable for the following three reasons.

Firstly, capital punishment carries the risk of executing innocent people. Wrongful executions cannot be tolerated because it causes an irreparable loss of valuable human lives. In 2017, 159 death-row inmates were exonerated by DNA analysis. However, it has been conducted in only a handful of countries, which indicates that there are still many cases of misexecution in the world.

Secondly, it violates the right to life, one of the fundamental human rights that all human beings including vicious criminals are entitled to. Capital punishment is the most inhumane, barbaric form of punishment that degrades the human dignity, as the legalization of the death penalty inflicts an extreme form of violence on humanity.

Thirdly, the death penalty deprives criminals of a chance to reform themselves and compensate for the crimes they have committed. Criminals with the potential for rehabilitation should be given a chance for spiritual growth. It is more beneficial to society to rehabilitate criminals through a disciplined life in imprisonment and make them compensate for their wrongdoings through social contributions.

In conclusion, for these three reasons, the risk of misexecution, a blatant violation of fundamental human rights, and loss of chance for criminals' rehabilitation, I believe that the death penalty is unjustifiable.

251 words

- □ unjustifiable 正当化できない
  ※「道徳的にみて正当と認められない」は morally unjustifiable
- □ wrongful execution 誤った死刑執行
- □ cause an irreparable loss 取り返しのつかない損失を引き起こす
- □ be exonerated 無罪になる
- □ DNA analysis DNA 鑑定
- □ misexecution 誤執行
- □ be entitled to ~ (権利など) を与えられる
- □ inhumane, barbaric form of punishment 非人道的で野蛮な罰
- □ degrade the human dignity 人間の尊厳を傷つける
  ※ degrade は debase [demean] に言い換え可能。「女性蔑視の映画」は a movie that degrades women
- □ inflict violence on ~ ～に暴力をふるう
- □ rehabilitation 更生
- □ wrongdoings 犯罪、悪事
- □ a blatant violation はなはだしい違反

[訳]　今日、死刑は世界の約 30％の国で執行されており、世界人口の 60％以上が死刑容認の国に住んでいる。抑止効果などの利点があると信じる人々もいるが、個人的には、以下の 3 つの理由から、死刑は正当化できないと思う。

第一に、死刑は無実の人に執行される危険性がある。不当な執行は、尊い人命を失うという取り返しのつかない結果を引き起こすため、容認することはできない。2017 年、159 名の死刑囚がDNA 鑑定により無実となった。しかし、DNA 鑑定はほんの一握りの国でしか行われていない。それは世界では未だに多くの誤執行が行われていることを示唆している。

第二に、死刑は、生存権——凶悪犯罪者を含むすべての人間に与えられる基本的人権のひとつ——を侵害している。死刑の合法化は、究極の暴力を人類に課すことになる。死刑とは人間の尊厳を奪う、最も非人道的で野蛮な刑罰の形である。

第三に、死刑は犯罪者から更生と罪の償いの機会を奪う。更生の可能性のある犯罪者には、精神的な成長の機会が与えられるべきである。禁固刑による規律ある生活で犯罪者を更生させ、社会貢献によって罪を償わせる方が社会にとってより有益である。

結論として、誤執行の危険性、基本的人権のはなはだしい侵害、そして犯罪者の更生機会の喪失という 3 つの理由から、私は死刑は正当化できないと思う。

解説

1 つ目の理由「冤罪の可能性」については、近年 DNA 鑑定で死刑囚が無罪となるケースが多いが、DNA 鑑定は少数の国でしか実施されていないと説明。冤罪の可能性を強くサポートしています。

2つ目の理由「生存権の侵害」に関しては、死刑は最も残虐な罰で、人間の尊厳を貶<ruby>貶<rt>おとし</rt></ruby>める
と述べており、効果的です。

　3つ目の理由「更生機会の喪失」について、犯罪者に刑務所で更生を促し、精神的成長の
機会を与え、社会に貢献させることは、社会にとって利点となると締めくくると、力強いエッ
セイになります。

✎ 逆の立場はこう書こう！

　賛成意見を書く場合は、次のようにキーアイデアを構築するとよいでしょう。

→ 賛成意見！

1. Capital punishment **deters** criminals from committing atrocious crimes such as murder.

（死刑は殺人のような凶悪犯罪を抑止する。）

　▸ 死刑という極刑には、凶悪犯罪を思いとどまらせる抑止効果があります。

2. Capital punishment can alleviate the **government's financial burden** by removing horrendous criminals from society.

（死刑は社会から恐ろしい犯罪者を取り除き、政府の財政負担を軽減する。）

　▸ 死刑の代わりに終身刑を導入したとして、終身刑で犯罪者を 50 年収監しておくには、死刑囚の倍の費用がかかるというデータがあります。

3. Capital punishment can alleviate the pain of the victims or the **victims' family**.

（死刑は、被害者または、その家族の苦しみを軽減する。）

　▸ 犯罪被害者の家族にとっては、犯人の死刑により、精神的に少しは癒される、とサポートします。

09

民主主義の利点は欠点を上回るか？

■ ワンポイントレクチャー

民主主義（democracy）とは、人民 demos と権力 kratia とを結びつけたギリシア語の demokratia が語源です。人民が権力を持ち、行使する政治形態です。権力が単独の人間に属する君主政治（monarchy）や、少数者に属する貴族政治（aristocracy）と異なり、人民多数の意志が政治を決定します。そして、それを保障する政治制度や運営の方式、つまり人民が政治参加できる選挙制度（election system）が民主主義の根幹と言えるでしょう。さらに基本的人権（fundamental human rights）が保障されていることに加え、法の支配（the rule of law）、権力の分立（the separation of powers）も民主主義の特徴です。

近代民主主義は産業のめざましい発展と共に芽生えました。産業の発達によって生まれた、裕福で教養の高い中産階級（bourgeoisie）が、政治的自由の獲得を望むようになります。その傾向は 17 世紀のイギリス革命、18 世紀のアメリカ合衆国建国として現れ、決定打となったのが 1789 年に起ったフランス革命（the French Revolution）です。その後の産業革命（the Industrial Revolution）と並んで民主化の出発点に立つ最も重要な出来事だと言われています。

では日本の民主主義が始まったのはいつでしょうか。それは第二次世界大戦の敗戦によりポツダム宣言（the Potsdam Declaration）を受諾したことに端を発します。日本は、基本的人権の尊重、民主的政府の設立、国家主義・軍国主義の棄却による平和国家の確立を連合国（the Allies）から要求されます。それを受け、国民主権主義、平和主義、基本的人権の尊重の二原則を基調とする日本国憲法（the Constitution of Japan）を 1946 年に制定。そこから民主主義国家への道を歩むことになりました。

少数の政策決定者の間違った判断による暴走を阻止（prevention of abuse）できるのが民主主義です。その一方で、多数派の暴走を止めることは難しく、少数派の排除や弾圧（exclusion and oppression）につながる危険性を秘めています。健全な民主主義は、国民世論の多数派が正しい判断能力を備えていてこそ成り立つものであるので、国民が賢く（sagacious）なる必要があります。

問題 9

Agree or disagree: The benefits of democracy outweigh its disadvantages

[訳] 民主主義の利点は欠点を上回る、という意見に賛成か反対か？

「民主主義の利点は欠点を上回るか？」に対する賛成意見と反対意見、どちらに説得力があり、エッセイが書きやすいかを決めていきましょう。次の 6 つのポイントから 3 つを選んで、キーアイディアを考えてみてください。

POINTS
① human rights   ④ decision making
② political reforms   ⑤ minority
③ technological development   ⑥ wrong choices

いかがでしょうか。①〜③は賛成意見、④〜⑥は反対意見に使えるポイントです。このトピックは「人権の保護」「政治改革」「技術発展」といった賛成ポイントと、「意志決定」「少数派（の抑圧）」「間違った選択」といった反対ポイントが明確に分かれており、どちらの立場であっても、説得力のあるエッセイを書くことができそうです。

ここでは「人権」という、強力な理由が挙げられる賛成意見でのキーアイディア文を考えてみましょう！

→ 賛成意見！

1. Democracy protects people from violations of their fundamental **human rights**.

▶ 民主主義は、基本的人権の侵害を防ぎます。

2. Democracy can facilitate **political reforms** without having to resort to any form of violence.

▶ 民主主義は、暴力に訴えることなく政治を改革可能である、という強い主張です。

3. Democracy contributes to the promotion of **technological development**.

▶ 民主主義は、技術の発展を促進する、というこちらも重要な賛成意見と言えるでしょう。

次に、キーアイデアに対するサポートを考え、賛成意見のエッセイを完成させましょう。

サンプルエッセイ

Today, about half of the countries in the world are purely or mostly democratic countries. Although there are some disadvantages to democracy, such as populism and time-consuming decision making, I think that the benefits of democracy outweigh its disadvantages for the following three reasons.

Firstly, democracy protects people from violations of their fundamental human rights. Unlike a dictatorship or totalitarianism, democracy prevents prolonged cruel or unjust abuse of power, and guarantees every citizen the right to freedom of speech and religion.

Secondly, democracy can facilitate political reform without having to resort to any form of violence. In a democracy, if a leader is not able to perform well while in office, citizens can select more effective government leaders in elections. By giving people the freedom to vote and a sense of involvement in politics, democracy allows citizens to make a difference in the country they live in.

Finally, democracy contributes to the promotion of technological development. Under democracy, people have chances to exchange opinions freely on anything, which is more likely to generate new ideas and discoveries. On the other hand, non-democratic countries often restrict how people think or behave, thus hampering technological innovations.

In conclusion, for the above-mentioned three reasons, the protection of fundamental human rights, the facilitation of political reforms, and the promotion of technological development, I think that the benefits of democracy outweigh its disadvantages.

228 words

□ **totalitarianism** 全体主義

※ 1 人または 1 つの党が支配する政治体制。ほかに dictatorship（独裁主義）、militarism（軍国主義）などがある。

□ **resort to ～** ～に訴える

※ resort to arms（武力に訴える）、resort to drink（お酒に頼る）など。

□ **hamper innovation** 革新を妨げる

［訳］　今日、世界の約半数は、完全なあるいはほとんど民主主義の国家である。民主主義には大衆迎合や決定に時間がかかるといった欠点があるが、私は次の 3 つの理由から、民主主義の利点は欠点を上回ると思う。

　　第一に、民主主義は基本的人権の侵害を防止する。独裁主義や全体主義と異なり、民主主義は長期にわたる残酷で不当な権力の悪用を防ぎ、すべての国民の表現や宗教の自由を保障する。

　　第二に、民主主義は暴力に訴えることなく政府を変えることができる。民主主義では、もしリーダーが在任中、仕事をうまく遂行できなければ、一般市民は選挙によってより有能なリーダーを選ぶことができる。民主主義は、人々に選挙の自由と政治への参加意識を与え、投票によって自分たちが住む国を変化させられる。

　　最後に、民主主義は技術の発展を進める一助となる。民主主義では人々は自由に意見交換するチャンスがあるので、そこから新しい考えや発見が生まれやすい。その一方で、民主主義でない国は、しばしば国民の考えや行動を規制するので、技術革新が遠のいてしまう。

　　結論として、基本的人権の保護、政治改革の促進、そして技術発展の促進という上述の 3 つの理由から、私は民主主義の利点は欠点を上回ると考える。

解説

　1 つ目の理由「基本的人権の保護」については、独裁政治では権力の乱用が起き、個人の自由と基本的人権が侵害されるが、民主主義ではそれを防止できるとサポート。さらに表現や宗教の自由が保障されることも述べています。

　2 つ目の理由「政治改革」については、民主主義の根幹である選挙による意思決定で、政治家の過ちを平和的に正すことができるとサポートしています。国民一人ひとりが政治に関わりを持ち、声を上げることができる、というメリットです。

　3 つ目の理由「技術の発展」に対しては、自由が保障されるがゆえにイノベーションが起きやすく、それが技術革新につながるというサポートです。自由が制限されている国家の状況（意見交換もままならず、新しい考えが生まれにくい）と対比させて、民主主義のメリットを浮き彫りにしています。

反対意見を書く場合は、次のようにキーアイデアを構築するとよいでしょう。

→ 反対意見！

1. Democracy takes a long time in **decision making**.

（民主政治は、意思決定に時間がかかりすぎる。）

▸ 民主主義では広く意見を取り入れて多数決で決めるため、独裁政治よりも意思決定に時間がかかります。

2. Democracy does not reflect **minority** opinions.

（民主政治は少数派を抑圧しがちである。）

▸ 声の大きな多数派の意見が優遇されるので、多数決は必ずしも平等ではない点を指摘します。

3. Democracy can lead people to make **wrong choices** of political leaders.

（民主主義はリーダーを選ぶ際に誤った選択をしかねない。）

▸ 選挙をするとはいえ、国民が誤った判断をすれば、健全な民主主義は実現できません。

10　ポリティカル・コレクトネス（PC）は社会にとって有益か？

■ ワンポイントレクチャー

　ポリティカル・コレクトネス（political correctness／略称 PC）とは、1980 年代に多民族国家（multiracial country）のアメリカで広まった言葉です。他者の人種や性別、宗教、容姿、身分（social status）、職業、性的指向（sexual orientation）、身体障害、婚姻状況（marital status）などへの配慮と寛容を示す姿勢のことです。中立的な表現や用語（neutral expressions）を用いて、差別表現を「政治的に（politically）、妥当（correct)なもの」に改めるべきとする考え方を意味します。

　具体例として、人種的には Indian（インディアン）と呼ばれていたアメリカ先住民を Native American（ネイティブ・アメリカン）、black（黒人）と呼ばれていたアフリカ系アメリカ人を Afro[African] American（アフロ・アメリカン）と呼ぶようになりました。ほかにも、伝統的に男性であることを示唆する -man がつく職業名が性的偏りのないものに変わりました。例えば「消防士」は fireman → firefighter、「警察官」は policeman → police officer、「販売員」は salesman → sales representative となりました。宗教の例では、Merry Christmas はクリスチャン同士で交わす挨拶なので、民族的多様化が進むアメリカの都市部では、代わりに Happy Holidays が定着しています。

　日本の場合は、長年親しまれてきた「保母さん」を、男女の区別なく用いることが可能な「保育士」(childcare worker）に、「ビジネスマン」を「ビジネスパーソン」に、「女優」も近年では男女に関係なく用いられる「俳優」(actor）に改められています。

　PC が差別是正活動の一部として広まる一方で、その行き過ぎた追求のせいで逆差別（reverse discrimination）や、言葉狩り（word-hunting）のような事態も生まれています。表現の自主規制（self-imposed control on expressions)を引き起こすことも指摘され、ひいては言論の自由を脅かしかねないという批判もあります。ほかにも、古い時代に制作された映画や小説に含まれる差別的な表現が PC で置き換えられた場合、その作品の持ち味（distinctive taste）が損なわれかねないとの懸念もあります。

問題 10

Should political correctness be promoted in society?

[訳] ポリティカル・コレクトネス (PC) は社会で奨励されるべきか？

「PC は奨励されるべきか？」に対する賛成意見と反対意見、どちらに説得力があり、エッセイが書きやすいかを決めていきましょう。次の 6 つのポイントから 3 つを選んで、キーアイディアを考えてみてください。

POINTS

① human rights   ④ LGBT
② social stability   ⑤ freedom of expression
③ female empowerment   ⑥ diminish appeals

いかがでしょうか。①〜④は賛成意見、⑤⑥は反対意見に使えるポイントです。このトピックは「人権尊重」「社会の安定」「女性の社会進出」「性的マイノリティ」といった賛成ポイントの方に説得力がありそうです。

賛成意見でのキーアイディア文を考えてみましょう！

→ 賛成意見！

1. Promotion of political correctness raises public awareness about the importance of protecting **human rights** and dignity.

▷ PC の広まりは公共の意識を向上させ、人権を敬う社会の構築が実現するでしょう。

2. Promotion of political correctness contributes to **social stability**.

▷ PC は、文化的多様性に寛容な社会を築くので、民族的な衝突を減少させ、社会の安定を生みます。

3. Promotion of political correctness contributes to **female empowerment**.

▷ PC の普及によって女性の社会進出が促進され、社会的地位の向上に貢献します。

次に、キーアイディアに対するサポートを考え、賛成意見のエッセイを完成させましょう。

Political correctness is one of the most contentious issues in modern society. Although some people claim that this concept can violate freedom of speech, I believe that it is important to promote political correctness for the following three reasons.

Firstly, promotion of political correctness raises public awareness about the importance of protecting human rights and dignity. The use of politically correct expressions can help protect the human rights of socially disadvantaged people including LGBTs and physically and mentally challenged people. This has a ripple effect of eradicating social prejudice and discrimination against minorities.

Secondly, promotion of political correctness contributes to social stability by reducing racial prejudice and discrimination in multicultural societies. The use of politically correct expressions can encourage people to embrace cultural differences, thus alleviating tensions between groups with different values. Otherwise, an influx of foreigners with different cultures would generate cross-cultural conflicts including hate crimes.

Thirdly, promotion of political correctness contributes to female empowerment by expanding job options for women. For example, the use of gender-neutral expressions such as "legislator" and "chair or chairperson" in place of gender-specific expressions like "congressman" and "chairman" will enlighten the general public that there is no connection between gender and job performance, thus encouraging women's broader participation in the workforce.

In conclusion, for the above-mentioned three reasons, the protection of the human rights of socially disadvantaged people as well as contribution to female empowerment and social stability, I strongly believe in the promotion of political correctness.

244 words

- □ a contentious issue 議論を呼ぶ問題
- □ violate freedom of speech 言論の自由を侵害する
- □ socially disadvantaged people 社会的に不利な立場の人々
- □ have a ripple effect of ~ ~の波及効果をもたらす
- □ multicultural society 文化的に多様な社会
- □ alleviate tension 緊張を和らげる
- □ generate cross-cultural conflicts 異文化間衝突を生む
- □ female empowerment 女性の社会進出
- □ gender-neutral 性別に中立的な
- □ gender-specific 性別を特定する
- □ enlighten the general public about ~ 一般社会に~を啓発する
- □ encourage women's participation in ~ ~の女性参加を促す

[訳]　ポリティカル・コレクトネスは、現代社会において最も議論がなされている問題の１つだ。それは言論の自由を侵害すると言う人もいるが、私は以下の３つの理由により、ポリティカル・コレクトネスを奨励することは重要だと考える。

　　　第一に、ポリティカル・コレクトネスの促進は、人としての権利や尊厳保護の重要性について公共の意識を向上させる。政治的に正しい表現の使用は、LGBT や身体障害者といった社会的に不利な立場の人々の人権保護に役立つ。このことは少数派に対する社会的偏見や差別をなくす波及効果をもたらす。

　　　第二に、ポリティカル・コレクトネスの奨励は、多文化社会における人種的偏見や差別を減らすことで、社会の安定につながる。政治的に正しい表現を使うことで、人は文化的相違を受け入れ、その結果、価値観の異なる集団同士の緊張を緩和する。さもなければ、文化の異なる外国人の流入が、ヘイトクライムのような異文化間の衝突を生むことになるだろう。

　　　第三に、ポリティカル・コレクトネスを広めることは、女性に対して職業の選択肢を広げ、その社会進出に貢献する。例えば、性別を特定する表現 congressman や chairman の代わりに、性別に中立な表現 legislator（議員）や chair/chairperson（議長）を使用することは、性別と職務成績に関連性がないことを一般の人に啓発する。それにより、より多くの仕事への女性参加を促す。

　　　結論として、社会的に不利な立場の人々の人権保護、社会の安定と女性の社会進出への貢献という上記の３つの理由から、私はポリティカル・コレクトネスは推進されるべきだと考える。

解説

　１つ目の理由「人権の尊重」に対しては、LGBT や身体障害者に対する差別をなくし、それがきっかけで社会的マイノリティーと呼ばれるすべての人々の尊厳を尊重する社会を構築するきっかけになるとサポートしています。

　２つ目の理由「社会の安定への貢献」のサポートには、差別表現の抑制により異文化への寛容性が高まり、民族衝突が減ることを挙げています。

3つ目の理由「女性の社会進出への貢献」については、性別に中立な職業名を使用することが、女性の就労機会の増大につながるとサポートしています。

✐ 逆の立場はこう書こう！

　反対意見を書く場合は、次のようにキーアイデアを構築するとよいでしょう。

→ 反対意見！

1. Political correctness can violate **freedom of expression**.

（PC は言論の自由を侵害する。）

　▶ 表現者が PC を使うことを半ば強制されるので、表現の自由を奪うという主張です。

2. The promotion of politically correct expressions will hamper the release of historically significant old movies and novels.

（政治的に正しい表現は歴史的に重要な昔の映画や小説が世に出ることを妨げる。）

　▶ 映画や小説などはその時代に特有の趣がありますが、もし PC で言い換えられた場合にその作品の持ち味が損なわれるという懸念があります。

11

先進国は発展途上国への政府開発援助（ODA）を行うべきか？

■ ワンポイントレクチャー

今日、世界の7～8割もの国や地域が、飢えや貧困に苦しみ、飲み水、教育、医療を満足に得られない人々を抱えています。そのほとんどは発展途上国です。実に12億もの人々が1日1ドル未満で暮らす絶対貧困（absolute poverty）に、約8億人が飢餓に苦しんでいると言われています。

グローバル化が進むにつれ、貧富の差の拡大、民族的対立（conflict between ethnic groups）、頻発するテロ、地球環境悪化など、ますます多くの問題が生まれてきました。こういった問題を解決するために、政府をはじめ、国際機関、NGO、民間企業など、さまざまな組織や団体が経済協力を行っています。これらのうち、政府が開発途上国に行う協力が政府開発援助（Official Development Assistance／略称ODA）です。具体的には平和構築（peace building）や基本的人権の推進、人道支援（humanitarian aid）など。開発途上国の安定や繁栄確保のために、資金提供や技術訓練（technical training）といった支援を行ないます。その種類は多岐にわたり、医療、難民、教育、テロ対策から、道路や鉄道、橋、水道、電話、インターネットなどのインフラ整備もあります。

現在のグローバル化した国際社会では、相互依存（interdependence）がますます深まっています。そのため、互いに協力して、平和で安定した国際社会を作ることは、自国民の生活を守り、繁栄を実現することにつながります。故に、発展途上国が抱える問題は、決してローカルな問題ではないのです。地球規模で解決しなければ、将来の世代に負の遺産（negative assets）を残すことになるでしょう。

その一方で、ODAを「なるべく少なくすべきだ」との意見もあります。これは主に、援助金の横領（embezzlement of aid funds）の可能性や、援助が必ずしも発展につながるとは限らない、自国経済の改善を優先すべき、という理由からです。「情けは人のためならず」（He who gives to the poor, lends to God.）ともいえる開発協力のためには、国民の理解と支持を促進していくことが極めて重要であり、ODAのあり方を常に見直していく必要があります。

問題 11

Should developed countries extend ODA (Official Development Assistance) to developing countries?

[訳] 先進国は発展途上国への政府開発援助（ODA）を行うべきか？

「発展途上国への ODA を行うべきか？」に対する賛成意見と反対意見、どちらに説得力があり、エッセイが書きやすいかを決めていきましょう。次の 6 つのポイントから 3 つを選んで、キーアイディアを考えてみてください。

POINTS
① world peace　　　　④ corruption
② economic growth　　⑤ ineffectiveness
③ exploitation　　　　⑥ dependency

いかがでしょうか。①～③は賛成意見、④～⑥は反対意見に使えるポイントです。このトピックは「世界平和につながる」「経済成長を促す」「先進国による過去の搾取」といった賛成ポイントと、「汚職」「効果のなさ」「援助への依存」といった反対ポイントが挙げられます。両方の立場でエッセイが書けますが、反対理由は予測的な部分があるのに対し、賛成理由にはエヴィデンスも存在し、強い主張になると考えられます。

賛成意見でのキーアイディア文を考えてみましょう！

→ 賛成意見！

1. ODA contributes to **world peace** and stability.

▶ 発展途上国の貧困が国際紛争につながることがあるため、ODA による支援が、「世界の平和と安定」の一助となるという説得力のある賛成意見です。

2. ODA contributes to **economic growth** in the world.

▶ 途上国の発展は、先進国との貿易拡大につながるため、ODA は世界全体の経済成長の助けになるという主張です。

3. Developed countries have the moral obligation to compensate for the past **exploitation** of people and natural resources of the Third World.

▶ 先進国は、過去の途上国搾取の埋め合わせをする義務がある、という主張です。

次に、キーアイデアに対するサポートを考え、賛成意見のエッセイを完成させましょう。

According to the UNICEF, about one-tenth of the world population is suffering from chronic hunger and about one-third has no access to clean water. Under these circumstances, I think that developed countries should extend ODA to developing countries for the following three reasons.

Firstly, ODA contributes to world peace and stability. Poverty and income disparities between developed and developing countries often lead to international conflicts. ODA provisions will improve relations between the have and have-not countries, alleviating social instability in the recipient countries.

Secondly, ODA contributes to economic growth in the world. ODA will improve infrastructure and promote industrial development in developing countries. Their growth will bring investment benefits to developed countries and additional benefits to developed countries when they become trading partners. This win-win situation will surely boost the global economy.

Thirdly, developed countries that previously colonized developing countries have the moral obligation to compensate for their exploitation of people and natural resources of the Third World. Since their past oppression of those countries is one of the reasons the Third World is in the state of poverty today, developed countries must help them overcome the problem.

In conclusion, for the above-mentioned three reasons, contribution to global peace and economy as well as compensation for the past exploitation, I think that it is important for developed countries to provide ODA to developing countries.

224 words

□ **chronic hunger** 慢性的な飢餓

　※chronic disease（慢性病）、chronic depression（長引く不況）。対義語はacute（急性の）。

□ **have no access to ～** ～が手に入らない

　※have access to a computer（コンピュータを利用できる）など。

□ **an income disparity** 所得格差

　※disparityは「格差、不均衡」。racial disparity（人種的格差）など。

□ **have and have-not** 持てるものと持たざるものの

　※格差社会について語る際に使用される表現。名詞はhaves and have-nots。

□ **win-win situation** 相互に利益のある状況

□ **a moral obligation** 道徳的責任

□ **exploitation** 搾取

[訳]　ユニセフによると、世界人口の10人に1人が飢餓に苦しみ、3分の1がきれいな水を入手できない。このような状況の下、私は次の3つの理由から先進国が発展途上国にODA（政府開発援助）を行うことに賛成である。

　第一に、ODAは世界の平和と安定の一助となる。貧困や、先進国と途上国間の所得格差は国際紛争につながることが多い。ODAは被支援国の社会の不安定さを是正し、持てる国と持たざる国の関係を改善できる。

　第二に、ODAは世界の経済成長に寄与する。ODAにより、途上国のインフラが改善され、産業が発達する。途上国の成長は、先進国に投資益をもたらし、貿易相手国ともなればさらにメリットがある。このように互いにプラスになるwin-winの状況は、間違いなく世界経済を成長させる。

　第三に、過去に発展途上国を植民地にしていた先進国には、第三世界の人材や天然資源を搾取していたことを償う道徳的義務がある。過去の先進国による圧制は、今日の第三世界の貧困状態の原因の1つとなったので、先進国はその問題の解決を援助すべきである。

　結論として、世界平和と世界経済への貢献、過去の搾取の償いという上述の3つの理由から、私は先進国が発展途上国にODA（政府開発援助）を行うことに賛成である。

解説

　1つ目の理由「世界平和と安定」については、世界の貧困や所得格差をODAによって是正することが社会の安定を促し、やがては平和をもたらすとサポートしています。国家間の関係は、人と人との繋がりと同じです。「貧すれば鈍する」（Poverty dulls the wit.）と言うように、人は不安定な環境（ailing environment）に置かれると精神的にギスギスし、争いが増える傾向にあります。それを是正し平和に繋げるという人間の精神面に注目しています。

　2つ目の理由「経済発展」では、ODAは受領国だけでなく、支援国にとっても経済的なメリットがあるとサポート。ODAの受領国の産業が発達し豊かになると、先進国の経済活

動のいわば「仲間」に入ることができます。貿易相手国（trade counterpart）が増え、世界全体の経済活動が盛んになる、という主張です。

　3つ目の理由「搾取に対する償いの義務」は、先進国の搾取によって途上国の貧困は起きていると主張。先進国は、その罪ほろぼしが必要とサポートしています。

✏ 逆の立場はこう書こう！

　反対意見を書く場合は、次のようにキーアイデアを構築するとよいでしょう。

→ **反対意見！**

1. ODA often encourages **corruption** in the recipient country.

（ODA が援助受領国の汚職を助長する。）

　▶ 特に独裁政権では、支援金が、政府関係者などが私腹を肥やすために使われることがあります。

2. ODA is **ineffective** because of its strings attached.

（ODA は付帯条件つきなので効果はない。）

　▶ ODA は、被支援国に支援国の高価な商品やサービスの利用を求める、いわゆる「ひも付き」であることも。必ずしも効果的とは言えません。

3. ODA will discourage economic development in developing countries by increasing their **dependence** on donor countries.

（ODA により、援助国への依存が生まれ、受領国は経済改革ができなくなる。）

　▶ 支援を受けることに甘んじて、自立できなくなる、という考えです。

12

創造力は育成可能か？

■ ワンポイントレクチャー

　一般的に日本は、欧米諸国やほかの国々と比べた場合、クリエイティブな人材の数が少ないと言われています。そもそも創造性とは天性の能力 (innate talent) なのでしょうか。それとも学校教育やある種の活動を通じて育成が可能なのでしょうか。

　創造性とは「既存の発想にとらわれずに (be unbound by existing ideas)、新しいものを独自に作り出す力」などと定義されており、チームワークや批判的思考力 (critical thinking ability)、問題処理能力 (problem-solving ability / resourcefulness) などと並び、競争が激化する現代社会において重要視されている能力のひとつです。

　日本において個性や創造力 (individuality and creativity) が育成されにくい要因として、まず高校・大学受験に偏向した、いわゆる入試重視教育 (entrance-examination-oriented education) が挙げられます。そこでは丸暗記 (rote memorization) などの詰め込み教育 (cramming education) が重視されています。ほかにも、ディスカッションやプレゼンテーションをする機会が少なく、受け身で思考能力を育成しない講義型授業 (lecture-oriented class) も一因でしょう。自分の意見をあまり主張し過ぎず (not to be so assertive)、集団の和を重んじる社会文化 (group-harmony-oriented culture) も大きく影響しているとされます。

　しかしながら、創造力は育成可能なスキルであるとする研究者が多くいます。その方法として、学校の授業をもっと参加型授業 (action-oriented class) にして、子供にほかの生徒と意見交換するチャンス (opportunities to exchange ideas and opinions with other students) を多く与えることや、制服を廃止して服装やヘアスタイルを自由に決めさせること、美術や音楽などの創造的な活動に参加させる (participate in creative activities such as painting and playing musical instruments) ことなどがあるようです。ほかにも、異文化交流 (cross-cultural interactions) や、リラックスして考える時間をもつ、慣れ親しんだ慣習に疑問をもつこともよいとされています。

問題 12

Agree or disagree: Creativity can be developed

[訳] 創造力は育成可能である、という意見に賛成か反対か？

「創造力は育成可能かどうか？」に関して、賛成意見と反対意見のどちらに説得力があり、エッセイが書きやすいかを決めていきましょう。次の6つのポイントから3つを選んで、キーアイディアを考えてみてください。

POINTS

① cross-cultural experience ④ student-oriented class
② discussion ⑤ natural ability
③ meditation ⑥ training

いかがでしょうか。①〜④は賛成意見、⑤⑥は反対意見に使えるキーワードです。このトピックは「異なるバックグラウンドをもつ人との交流」や「生徒中心のディスカッションを重んじる授業」「瞑想」などを通して創造力の育成は可能だとする立場の方が説得力がありそうです。

賛成意見でのキーアイディア文を考えてみましょう！

→ **賛成意見！**

1. Cross-cultural experiences can develop people's creativity.

▶ さまざまな文化的背景を持つ人との交流は、視野を広げ、創造力の育成に貢献するでしょう。

2. Student-oriented classes encourage individual students or a group of students to come up with new ideas.

▶ プレゼンやディスカッションを行う参加型授業によって、自由な発想を生むベースが養われます。

3. Practicing mindfulness meditation can develop people's creativity.

▶ リラックスした状態での熟考は斬新なアイディアを生むベースになります。

次に、キーアイディアに対するサポートを考え、賛成意見のエッセイを完成させましょう。

There is a growing awareness about the importance of creativity in private companies, schools, and government agencies. While most people find it difficult to develop creativity, I personally believe that creativity can be developed for the following three reasons.

Firstly, cross-cultural experiences can develop people's creativity. Exposure to different cultures will give people new perspectives and make them more open-minded about new ideas, which will stimulate their imagination and creative juices. Staying in foreign countries will broaden their cultural horizons, which can lead to the creation of new ideas.

Secondly, unlike classrooms based on lectures and rote memorization, student-oriented classes encourage individual students or a group of students to come up with new ideas. This is because they can exchange ideas and opinions through interactions with their classmates, which can develop creative thinking through exposure to different perspectives.

Thirdly, practicing mindfulness meditation can develop people's creativity. According to researchers on mindfulness, a ten-minute meditation can create a calm and clear mental state, which can allow people to conjure up new ideas and solutions to problems. This is evidenced by the fact that many big American companies including creative juggernauts like Google and Apple have promoted mindfulness meditation for their workers to generate huge creative benefits.

In conclusion, I think that the above-mentioned three approaches, cross-cultural experiences, student-oriented classes, and mindfulness meditation, can surely develop creativity.

225 words

英語発信力を UP しよう！

- □ **cross-cultural experience** 異文化体験
- □ **exposure to different cultures** 異文化に身を置くこと
- □ **creative juices** 創造力
- □ **broaden one's cultural horizons** 文化的視野を広げる
- □ **student-oriented class** 生徒中心の授業
- □ **mindfulness meditation** マインドフル瞑想

  ※ mindfulness（マインドフルネス）：いまこの瞬間に起きていることにのみ意識を集中させ、あるがまま受け入れること

- □ **a mental state** 精神状態
- □ **conjure up new ideas** 新しい考えをひらめく
- □ **juggernaut** 巨大な組織・存在
- □ **generate benefits** 利益を生む

［訳］　企業や学校、政府機関において創造力の重要性に対する意識が高まっている。ほとんどの人が創造力を育てることは難しいと考えているが、私は以下の3つの理由により、創造力は育成可能だと思う。

　　　第一に、異文化体験は創造力を育成する。異なる文化に触れると、人には物事に対する新しい見方が芽生え、新しい考えに寛容になる。そして、それにより想像力や創作意欲が刺激される。外国に滞在することは文化的視野を広げ、新しいアイディアを生む。

　　　第二に、講義型の授業や暗記中心のクラスと異なり、生徒中心の授業は、個々の生徒やそのグループが新しいアイデアを生み出しやすくする。それは、生徒たちがお互いに交流を通して、アイデアや意見を交換でき、異なる物の見方に触れることで創造的な考え方を育むことができるからだ。

　　　第三に、瞑想が創造力を育成する。「マインドフルネス」の研究者によると、10分間の瞑想は穏やかで明敏な精神状態を作り出し、それにより問題に対する新しいアイデアや解決策が生まれるそうである。このことは、クリエイティブな巨大組織であるグーグルやアップルを含むアメリカの多くの大企業が、多大な創造性利益を生むために、社員にマインドフル瞑想を奨励していることからも明らかである。

　　　結論として、異文化体験、生徒中心の授業、マインドフル瞑想という上記の3つの方法により、私は創造力は間違いなく育成が可能であると考える。

解説

　1つ目の理由「異文化体験」については、国際交流を通して世界的視野や文化的理解を深めることが、想像力や創造性を発達させるとサポートしています。

　2つ目の理由「生徒中心の授業」のサポートは、プレゼンテーションをしたり、生徒同士で議論を交わしたり、生徒が積極的にレッスンに関わることで、「新しいアイデアを生みやすくする」がよいでしょう。

　3つ目の理由「瞑想」に対しては、怒りや憎しみ、不安、悲しみといった感情を静めるこ

とが、クリエイティブなアイディアを生み出すことにつながるとサポート。その証左として、アップルやグーグルなど、実際にマインドフル瞑想を活用しているクリエイティブ企業を挙げて、説得力を高めています。

✎ 逆の立場はこう書こう！

　「暗記中心」、「講義型授業」のような教育システムの現状を述べて、反対の立場でエッセイを書くことも可能ですが、このトピックについては、それは避けた方がよいでしょう。というのも、英検のような資格試験では後ろ向きな切り口よりも「可能性は十分にある」と前向きな展開でエッセイを書くほうが好印象だからです。

13

地方分権の利点は欠点を上回るか？

■ ワンポイントレクチャー

　地方分権化（decentralization of government）とは、中央政府（the central government）が地方政府（a local government）に政策決定権限と自由な財源を移して、行財政の制度面、運営面で大幅に自律性を認める仕組みを言います。アメリカやドイツなどの連邦国家に多くみられる体制です。各州が強力な自治権を持ち、産業政策も国と関係なく個別に行なうので、独自の産業が発展し、自由にグローバルなビジネスを展開（expand their businesses freely on a global level）できます。しかし、人口や資源に恵まれた地域とそうでない地域との格差が広がるという難点もあります。

　これに対して、中央政府が権限と財源を握り、地方政府の運営に統制を加える仕組みを中央集権（centralization）と言います。日本は中央集権国家（a centralized government）です。近代国家形成以来、中央政府に権力、財源、人材を集中させて発展してきました。戦前の富国強兵（policy of increasing national prosperity and military power）に中央集権制は効果的でしたが、戦後は憲法や地方自治法（the Local Autonomy Law）により地方分権化が進められてきました。しかし、実際は中央政府に権限と財源が集中した三割自治と呼ばれ、現状はかなり改善されて四割自治になりましたが、効率のよい地方分権にはほど遠い状況です。

　地方分権が推進される理由として、経済発展のほかに民主主義の推進（enhancement of democracy）が挙げられます。福祉国家（a welfare state）として知られるスウェーデンの地方分権がその例です。国は県・市の自治に強制力を持たず、自立したよりよい地方自治の実現（realization of better self-sufficient local governments）のために、「民主主義」を国ぐるみの理念（their philosophy as a state）として掲げています。自治体の歳入（tax revenues for local municipalities）の多くが地方税（local tax）です。そのため、市民は自分たちの納めた税金の使い道に大きな関心を持ち、行政サービスに意見を言いやすい状況になっているのです。高い税率（a high tax rate）で国民負担（public financial burden）は大きいですが、それを人々が納得して受け入れているのは、政府が自分たちに近い存在で、透明性を持ち、説明責任を果たしているから（due to its transparency and accountability）です。

問題 13

Agree or disagree: The benefits of decentralization outweigh its disadvantages

[訳] 地方分権の利点は欠点を上回る、という意見に賛成か反対か？

「地方分権化」に対する賛成意見と反対意見、どちらに説得力があり、エッセイが書きやすいかを決めていきましょう。次の 6 つのポイントから 3 つを選んで、キーアイディアを考えてみてください。

POINTS

① local economy
② government efficiency
③ democracy
④ regional inequalities
⑤ decision-making
⑥ national disunity

いかがでしょうか。①～③は賛成意見、④～⑥は反対意見に使えるポイントです。地方分権には「地方経済の発展」「政府の効率性」「民主主義の促進」といったメリットが強く、賛成の立場の方に説得力がありそうです。

反対意見のエッセイを作成しようとしても、④と⑥の内容が重複するので、パラグラフを分けるのに時間がかかり過ぎる可能性があります。賛成意見でのキーアイディア文を考えてみましょう！

→ 賛成意見！

1. Decentralization contributes to local economic growth.

▶ 地方分権は地方の経済発展に資する、という説得力のある賛成意見です。

2. Decentralization enhances local government efficiency.

▶ 地方分権は政府の効率性を高める、という主張です。

3. Decentralization promotes democracy by encouraging citizens to participate more in local politics.

▶ 国民が政治に参加しやすくなるため、地方分権は民主主義の促進に繋がります。

次に、キーアイディアに対するサポートを考え、賛成意見のエッセイを完成させましょう。

サンプルエッセイ

Decentralization refers to the system of delegating some of the responsibilities of the central government to local governments. Although some argue that it may lead to national disunity and regional inequalities, I think that the benefits of decentralization outweigh its disadvantages for the following three reasons.

Firstly, decentralization contributes to local economic growth. It allows regional governments to take the initiative in developing their industries by giving them control over the use of their resources and taxes. Local government officials can also implement various projects to attract investment in local businesses.

Secondly, decentralization enhances local government efficiency by allowing local governments to expedite their decision-making. If each region is empowered to manage its own affairs, it will be able to implement programs to address local problems without complicated red tape. This local autonomy allows local governments to respond quickly to emergency situations such as natural disasters.

Finally, it promotes democracy by encouraging citizens to participate more in decision-making processes on the local level. Since decentralization brings the local government closer to the people, it is more likely to reflect public interests and opinions in local government policies, making the governments more accountable and responsive to people's needs.

In conclusion, for these three reasons, its contribution to local economic growth, the enhancement of local government efficiency, and the promotion of democracy, I strongly believe that the advantages of decentralization outweigh its drawbacks.

231 words

Chapter 3　エッセイ・ライティング力UPトレーニング問題！

091

□ **take the initiative in ~** ~においてイニシアチブ [主導権] を取る
　　※ ほかの使用例は Japan should take the initiative in promoting the abolition of nuclear weapons. (日本は核廃絶を率先して推進すべきだ) など。

□ **give one control over the use of ~** ~を使う権限を与える
　　※ 同じ意味を持つ表現に be empowered to do (~する権限を持つ) がある。

□ **expedite one's decision-making** 意思決定を円滑に行う、早める
　　※ ほかに expedite delivery (出荷を早める) など。

□ **without complicated red tape** 煩雑なお役所的手続きを踏まずに
　　※ red tape は「形式的な官僚主義的手続き」。Foreign students coming to Japan have to get through a lot of bureaucratic red tape. (日本に来る留学生はたくさんのお役所仕事的手続きをクリアしなければならない) など。

□ **accountable and responsive to people's needs** 人々の要求に、説明責任を果たして対応する
　　※ ほかに accountability for his involvement in the financial scandal (金銭スキャンダルの関与についての説明責任) など。

[訳]　地方分権化とは、中央政府の責任の一端を地方行政に分担する仕組みのことである。それにより国の分断や地域格差が生まれると主張する人もいるが、以下の 3 つの理由から、地方分権化の利点は欠点を上回ると私は思う。

　　第一に、地方分権化は地方の経済成長に貢献する。地方政府は自分たちの地域の資源や税金を自由に使用する権限が与えられるので、地元産業を発展させる主導権を握ることができる。また、地元ビジネスへの投資を呼び込むためのいろいろなプロジェクトを実行できる。

　　第二に、地方分権化により地方政府が意思決定を円滑に行えるので、政府の効率性を高める。各地域が独自の政治を運営する権限を与えられたなら、地元の問題に対処する計画を、煩雑なお役所的手続きを踏まずに実行できる。さらに、自然災害などの緊急事態にも迅速に対応できる。

　　最後に、地域レベルの政策の決定過程に市民がより参加しやすくなるので、民主主義の促進に繋がる。地方分権化で地方政府は市民により近い存在になるので、人々の関心や意見が地方政策で反映されやすくなる。それと同時に、政府はより説明責任を果たし人々の要求に対応するようになる。

　　結論として、地元の経済成長に貢献し、地方政府の効率を高め、民主主義を促進するという 3 つの理由から、地方分権化は欠点よりも利点の方が多いと私は確信している。

解説

　地方分権賛成派として押さえておくべき大切なことは、地方政府が地域に密着しているという事です。その地域の資源や税金を使う権限があり、状況を正確に把握できるため、問題が起こってもすぐに対処できます。さらに市民の声を的確に反映することもできます。

　1 つ目の理由「経済成長に貢献する」については、地方政府が地方分権により地域の資源や税金を自由に使えるようになるため、地場産業の発展や投資を呼び込みやすくなると

サポートしています。

　２つ目の理由「地方政府の効率性を高める」のサポートとしては、地方政府が国を通さずに政策を実行できるので、地元の問題や緊急事態により迅速に対処できると主張しています。

　３つ目の理由「民主主義の促進」については、市民と地方政府の距離が近くなるとサポート。市民が政治に関わりやすくなり、民主主義の促進に最適な環境が整うと説明しています。

✏ 逆の立場はこう書こう！

反対意見は、次のようにキーアイデアを構築するとよいでしょう。

→ 反対意見！

1. Decentralization will widen **regional inequalities**.
（地方分権化により地域格差が拡大する。）
  ▶ 地域によって資源や人口の差があるので、発展する地域とそうでない地域の格差が広がります。

2. Decentralization can undermine **decision-making** at the national level.
（地方分権化は、国家レベルの意思決定を弱める。）
  ▶ 中央政府と地方政府間の意見の食い違いや、地方政府同士の利害関係により、統制が難しくなります。その結果、国家レベルでの計画が進みにくくなります。

3. Decentralization can lead to **national disunity**, weakening the national strength.
（地方分権化が国内の分断を招き、国力を弱体化させる。）
  ▶ 特に人種や宗教、文化が多様な国では、中央政府からの独立へと発展する可能性もあり、国力が弱体化する事も考えられます。

14

宇宙開発を推進すべきか？

■ ワンポイントレクチャー

　太古の昔から、人類は果てしなく広がる宇宙に思いを馳せてきました。その宇宙へのあくなき探究心（insatiable desire）は、20世紀に入るとアメリカ合衆国と旧ソ連の宇宙開発競争（space race）に利用されます。1957年に世界初の人工衛星スプートニクが打ち上げられ、1961年にはガガーリンによる初の有人宇宙飛行が実現。いずれも旧ソ連が世界初を勝ち取りましたが、1969年にはアメリカが人類初の月面着陸（the first landing on the moon）に成功しました。国力アピールのための競争は、宇宙開発の進展に繋がります。

　1975年に米ソ間の開発競争は終焉を迎え、その後は国際的な共同開発の様相を呈します。1998年にはアメリカ、ロシア、日本、カナダ、そして欧州宇宙機関（European Space Agency）に加盟の15カ国が手を取り合い、宇宙開発のために国際宇宙ステーション（the International Space Station）を打ち上げました。実に40数回に分けて打ち上げられたパーツは宇宙空間で組み立てられ、2011年7月に完成。宇宙での動植物実験、新薬開発実験、天体観測などがなされています。

　一方、日本の宇宙開発は、1955年に糸川英夫博士が手掛けた長さ23センチのペンシルロケット水平発射（horizontal launch）実験の成功から出発しました。1970年には日本初の人工衛星（artificial satellite）「おおすみ」を打ち上げましたが、1990年の日米衛星調達合意により、宇宙産業の発展が阻まれ、その後の宇宙開発は世界から遅れをとってしまいます。

　日本の宇宙関係予算は約3,000億円です。アメリカ合衆国はその約15倍、EUは約2倍となっており、各国よりも予算が少ないのが現状です（2018年）。膨大なコストのかかる宇宙開発に、政府が予算を割くメリット、デメリットはどこにあるのか。宇宙へのロマンを求めつつ、地に足を着けて現状を分析（realistic analysis）し、その是非を考えてみましょう。

問題 14

> ## Agree or disagree: Space exploration should be promoted
> ［訳］宇宙開発を推進すべきである、という意見に賛成か反対か？

「宇宙開発を推進すべきか？」に対する賛成意見と反対意見、どちらに説得力があり、エッセイが書きやすいかを決めていきましょう。次の6つのポイントから3つを選んで、キーアイディアを考えてみてください。

POINTS

① science and technology
② world peace
③ economic development
④ cost
⑤ urgent problems
⑥ dangers

いかがでしょうか。①〜③は賛成意見、④〜⑥は反対意見に使えるポイントです。宇宙開発には「科学技術の発達」「世界平和への貢献」「経済発展」といったメリットと、「費用」「緊急の問題」「危険」といったデメリットの両方があります。

説得力の強さから判断し、ここでは賛成意見でのキーアイディア文を考えてみましょう！

→ 賛成意見！

1. Space exploration leads to the advancement of **science and technology**.

　▶ 宇宙開発は「科学技術」の発展につながる、という賛成意見です。

2. Space exploration contributes to **world peace** through international cooperation.

　▶ 宇宙開発では国際協力が必要なので「世界平和」の一助となる、という力強い主張です。

3. Space exploration contributes to **economic development** in the world.

　▶ 宇宙開発は世界の「経済発展」に役立つ、という重要な賛成意見です。

次に、キーアイディアに対するサポートを考え、賛成意見のエッセイを完成させましょう。

Space exploration used to be the sole domain of the public sector, but recently, increasing numbers of private companies have launched space business. Though some people argue that space exploration is not worth the cost, I think that the space exploration should be promoted for the following three reasons.

First, space exploration contributes greatly to the advancement of science and technology. The spin-off technologies of space exploration include satellite communications, GPS, climate monitoring systems, and water treatment systems. These developments have led to a great improvement in information technology, transportation, public safety, and industrial productivity.

Second, space exploration contributes to world peace by promoting international cooperation. The International Space Station (ISS), for example, involves many countries in the large-scale joint venture. This endeavor can serve as a catalyst for mutual understanding among many nations aiming to achieve their common goals in space.

Finally, space exploration contributes to economic development in the world. As it has a great potential for creating new markets and technologies, it can become a substantial investment and stimulate economic growth. Since there is a huge economic benefit of each dollar spent on the space program, the public and private sectors should spend more money on space exploration.

In conclusion, for these three reasons, the contribution to the advancement of science and technology, world peace, and economic growth, I support the promotion of space exploration.

228 words

□ **launch space business** 宇宙ビジネスを立ち上げる

　※ ほかに launch a rocket（ロケットを発射する）など。launch の語源は「やりを投げる」。勢いよく投げる、新しいことを始めるなどに使われる。

□ **spin-off** 派生、副産物

　※ spin-off effects（波及効果）など。回転し（spin）、遠心力で振り落とされた（off）もの、の意。

□ **catalyst** 触媒

　※ 本文では比喩的に使用。catalyst action（触媒作用）、catalyst for change（変化を促すもの）など。

□ **have a great potential for ~** ~への可能性が高い

［訳］　かつては公的機関が宇宙開発を独占していたが、近年は宇宙ビジネスを立ち上げる民間企業が増えてきた。宇宙開発にはコストに見合う価値がないという人もいるが、私は次の3つの理由から宇宙開発は促進されるべきだと思う。

　　第一に、宇宙開発は科学技術の発展に大いに貢献する。宇宙開発から応用された技術に、衛星通信や GPS、気象観測システム、水処理システムなどがある。これらの開発は情報処理や交通、公共の安全、工業の生産性を著しく向上させた。

　　第二に、宇宙開発は国際協力を促進するので世界平和につながる。例えば国際宇宙ステーション（ISS）は、たくさんの国が協力し合う巨大事業だ。このような試みは、宇宙における共通の目標達成を目指しながら、多国家間の相互理解を促す。

　　最後に、宇宙開発は世界の経済発展に貢献する。宇宙開発は、新しい市場やテクノロジーの創出に大きな可能性を持つので、相当な投資になり、経済成長を刺激する。宇宙プログラムに費やされた1ドルの経済的利益は莫大なものなので、官民ともに宇宙開発にもっと資金を投入すべきである。

　　結論として、科学技術の発展、世界平和、そして経済発展への貢献という3つの理由から、私は宇宙開発の推進を支持する。

解説

　1つ目の理由「科学技術の発展」のサポートでは、宇宙開発のための技術から、人々の生活に役立つものが誕生した実例を挙げています。本文に挙げられたもののほかに、空気洗浄機（air cleaner）、断熱材（thermal insulation）、形状記憶合金（shape memory alloy）などもあります。

　2つ目の理由「世界平和」については、国際協力の代表例である ISS を挙げてのサポートです。争いは往々にして、相互「不」理解から生まれます。他国との共同作業を通して、お互いを理解し合うことが平和につながるという内容です。

　3つ目の理由「経済発展」に関するサポートは、宇宙開発の過程で生まれる新商品が新しい市場拡大につながり、経済効果があるというサポートです。

反対意見を書く場合は、次のようにキーアイデアを構築するとよいでしょう。

→ 反対意見！

1. Space exploration will involve enormous **costs**.

（宇宙開発は膨大な費用がかかる。）

▶ 少子高齢化により国家予算の増額が望めないなか、今以上に巨額予算をかけるべきではありません。

2. Solving **urgent problems** in the world should be prioritized over space exploration.

（宇宙開発よりも差し迫った世界の問題の解決を優先すべきだ。）

▶ 生活に直結する目の前の問題、例えば貧困や少子高齢化などを先に解決すべきだ、という主張です。

3. Manned space flights pose great **dangers** to the lives of astronauts, as shown by previous missions.

（過去の事例が示す通り、有人宇宙飛行は宇宙飛行士の命を危険にさらす。）

▶ アポロやソユーズ、スペースシャトルなど、過去に宇宙飛行士の死亡事故が数多く起こっていることを例にあげるとよいでしょう。

15 多文化主義は社会にとって有益か？

◢ ワンポイントレクチャー

多文化主義 (multiculturalism) とは、国や社会の中に多様な人種・民族・集団の共存 (coexistence / living together in harmony) を認め、文化の多様性こそが国家の成長と繁栄 (national prosperity) につながるとする考えのことです。多文化主義は1970年代にカナダ、オーストラリアで国家の方針として政策に取り入れられ始め、その後イギリスやフランス、アメリカ、スウェーデンなどに広まりました。

多文化共存は、特に1990年代以降に急速に広まりました。その要因はいくつか考えられます。東西冷戦の象徴であったベルリンの壁が崩壊し、ソ連が解体されたこと。それにより、資本主義が有利な状況になり、自由競争が推し進められた (promote free competition) こと。さらに、国境を越えてヒトやモノを運ぶ輸送費が安くなり、インターネットによる高速な情報通信 (high-speed information and communications) が可能になったことなどです。日本でも、さまざまな文化的背景を持つ人 (people from many different cultural backgrounds) が混じり合い、共存する多文化主義が浸透しつつあります。

多文化主義のメリットとしては、ビジネスのグローバル化を加速し、生産活動や貿易活動を活性化する (stimulate trade activities) こと、ひいては経済成長を促進することが挙げられます。世界中の人材や知識、技術を活用するので、さらなる技術革新と新しい文化の創造にも貢献するでしょう。また、異文化交流 (cross-cultural interactions) を通じて、文化的理解が深まることも期待できるでしょう。

しかしその一方で、流入してきた異文化 (influx of different cultures) が自国の文化を浸食し、国民性を蝕む (undermine national identity) といった懸念もあります。人種差別による異文化間の衝突 (cross-cultural conflicts) や暴動、ヘイトクライムといったデメリットも指摘されています。

問題 15

Do the benefits of multiculturalism outweigh its disadvantages?

[訳] 多文化主義の利点は欠点を上回るか？

「多文化主義の利点は欠点を上回るか？」に対する賛成意見と反対意見、どちらに説得力があり、エッセイが書きやすいかを決めていきましょう。次の 6 つのポイントから 3 つを選んで、キーアイディアを考えてみてください。

POINTS

① economy
② mutual understanding
③ cultural enrichment
④ national identity
⑤ conflicts
⑥ traditional industry

いかがでしょうか。①〜③は賛成意見、④〜⑥は反対意見に使えるポイントです。多文化主義には「経済発展」「相互理解」「文化的豊かさ」といったメリットと、「国民性の喪失」「衝突」「伝統産業の衰退」といったデメリットがあり、両方の立場でエッセイを書くことができそうです。

しかし、異文化間の相互理解や経済的恩恵を主張するポジティブな立場の方が、国際的見地からベターでしょう。賛成意見でのキーアイディア文を考えてみましょう！

→ 賛成意見！

1. Multiculturalism contributes to the growth of the world **economy**.

　▶ さまざまな人種が集まることによって、海外投資や雇用が拡大しグローバルな経済成長を促します。

2. Multiculturalism leads to **mutual understanding** between people with different cultures.

　▶ いろいろな人種が共存することで、異文化間の相互理解が深まります。

3. Multiculturalism contributes to **cultural enrichment**.

　▶ 多様な文化の共存は、われわれの生活に刺激を与え、教養を高めます。

次に、キーアイディアに対するサポートを考え、賛成意見のエッセイを完成させましょう。

As globalization further expands in almost every corner of the world, the pros and cons of multiculturalism are often discussed in international dialogues. Although some people advocate homogeneous cultures, I think that the benefits of multiculturalism outweigh its disadvantages for the following three reasons.

Firstly, multiculturalism contributes to the growth of the world economy. It promotes international trade and increases investments from foreign countries. In addition, multinational companies will expand their business in the global market, which can dramatically increase job opportunities especially in developing countries.

Secondly, multiculturalism leads to mutual understanding between people with different cultures. Cultural diversity will broaden their horizons and encourage them to embrace different cultures and traditions. Cross-cultural exchange will make people more tolerant and open-minded toward other people with different sets of values.

Finally, multiculturalism contributes to cultural enrichment. It promotes cultural diversity due to an influx of people with different cultures, languages, and religions. A heterogeneous society will make people's life more stimulating by offering a variety of lifestyles, as local people can enjoy a wider variety of products, fashions, and entertainments through multiculturalism.

In conclusion, for these three reasons, economic development, mutual understanding of different cultures, and cultural enrichment, I think that the benefits of multiculturalism outweigh its disadvantages.

207 words

- □ international dialogues 国際対話
- □ advocate homogeneous culture 同質文化を支持する
- □ promote international trade 国際貿易を促進する
- □ mutual understanding 相互理解
- □ broaden one's horizons 視野を広げる
- □ embrace different cultures 異文化を受け入れる
- □ cross-cultural exchange 異文化交流
- □ people with different sets of values 異なる価値観をもつ人々
- □ cultural enrichment 文化的豊かさ
- □ an influx of people with different cultures 異なる文化をもつ人の流入
- □ a heterogeneous society 多様な社会

[訳]　　グローバリゼーションが世界中のあらゆる地域で広まる中、多文化主義の長所短所は国際舞台で頻繁に議論されている。単一文化を支持する人もいるが、私は以下の 3 つの理由から、多文化のメリットがデメリットを上回ると思う。

　　第一に、多文化主義は世界経済の成長に貢献する。それは国際貿易を促進し、海外からの投資を増やす。加えて、多国籍企業は世界市場にビジネスを拡大し、それにより、特に発展途上国で、就労機会を大幅に増やす。

　　第二に、多文化主義は異文化間の相互理解につながる。文化的多様性は人々の視野を広げ、異なる文化や伝統の受け入れを促進する。異文化交流は、異なる価値感の他人に対して、人をより寛容で広い心にする。

　　最後に、多文化主義は文化的な豊さに貢献する。それは異なる文化や言語、宗教の流入により文化的多様性を促進する。多様な社会は、地域の人が多文化によるさまざまな種類の商品、ファッション、娯楽を楽しめるので、多くの生活様式や価値観により人々の生活をもっと刺激的にする。

　　結論として、経済発展、異文化の相互理解、そして文化的豊さの 3 つの理由により、私は多文化主義の利点は欠点を上回ると考える。

解説

　　1 つ目の理由「経済への貢献」へのサポートは、国際貿易の促進や多国籍企業の市場拡大が効果的です。ビジネスの拡大は雇用機会を増加させるので、賛成の根拠として説得力があります。

　　2 つ目の理由「異文化間の相互理解」については、異文化との接触機会が増えることで、文化の違いを理解して受け入れる寛容性を育てるとサポートしています。

　　3 つ目の理由「文化的豊かさの向上」に対しては、外国商品や娯楽が増えて、生活に刺激や喜びを与えるといった具体例を挙げてサポートすると説得力がでてくるでしょう。

✎ 逆の立場はこう書こう！

反対意見を書く場合は、次のようにキーアイデアを構築するとよいでしょう。

→ **反対意見！**

1. A mixture of different nationalities and cultures will undermine the **national identity**.

（異なる民族や文化の混じり合いは、国民性を損なう。）

▶ さまざまな文化が共存するので、ひとつひとつの国民性は特色が弱くなるでしょう。

2. Multiculturalism will cause cross-cultural **conflicts**.

（多文化主義は異文化間の衝突を招く。）

▶ 伝統文化や信仰の相違は、対立して紛争に発展しかねません。

3. Multiculturalism will lead to a decline of **traditional industries**.

（多文化主義は伝統産業を衰退させる。）

▶ 文化が多様化すると、それまでの伝統的な産業は需要が減り、衰退する傾向があります。

エコツーリズムの利点は欠点を上回るか?

◢ ワンポイントレクチャー

エコツーリズム (ecotourism) とは、ecological tourism を略した「自然環境の保全を強く意識した観光行動」を意味する造語です。第二次世界大戦後の経済発展と共に、先進国では観光旅行ブームが広まり、ジャンボジェット旅客機による大量輸送・大量消費というマスツーリズム (mass tourism) が台頭しました。このようなツアーでの旅行者が、訪問先の自然環境や社会に対して負の影響 (a negative impact) を与えたことへの反省がエコツーリズムの始まりと言われています。

エコツーリズムは、1980 年代に国際自然保護連合 (the International Union for Conservation of Nature and Natural Resources /略称 IUCN) によって提唱されたとされています。IUCN は、エコツーリズムが従来型の観光と異なる点として、途上国の自然保護地域の保全資金を生み出すこと、自然保護と同時に地域社会の新たな経済手段を創り出すこと、地元住民や観光客に対して環境教育の場を提供することを挙げています。日本でも 1998 年に全国的な任意団体の日本エコツーリズム推進協議会が発足。国連が 2002 年を国際エコツーリズム年 (the International Year of Ecotourism) と定めるなど、エコツーリズムは国際的にもすっかり定着しました。

環境保護を意識したエコツアーの中には、ホエールウォッチング、トレッキング、その地域独自の野生動物の観察などがあります。そのほか、森林散策にとどまらず植林活動 (afforestation) をするツアーや、ウミガメなど絶滅危惧種 (endangered species) の観察や保護活動をするものもあります。

このように旅行を通じて環境保護意識を高めるエコツーリズムですが、果たしてそれが本当に地球にやさしい活動 (eco-friendly activities) なのか、「エコ」という言葉がひとり歩き (take on a life of its own) していないかなどの問題点もあります。自然保護と経済成長のバランスを保つ持続可能な観光 (sustainable tourism) の実現は難しく、これからの課題となっています。

※日本語では「エコツーリズム」と「エコツアー」は、ほぼ同義として使用されます。

問題 16

Agree or disagree: The benefits of ecotourism outweigh its disadvantages

[訳] エコツアーの利点は欠点を上回る、という意見に賛成か反対か？

「エコツーリズムの利点は欠点を上回るか？」に対する賛成意見と反対意見、どちらに説得力があり、エッセイが書きやすいかを決めていきましょう。次の6つのポイントから3つを選んで、キーアイディアを考えてみてください。

POINTS

① awareness
② the national economy
③ revitalization
④ ecosystem
⑤ CO$_2$ emission
⑥ casualty

いかがでしょうか。①～③は賛成意見、④～⑥は反対意見に使えるポイントです。このトピックは「人間の活動改善」というメリットと、「環境や人へのダメージ」といったデメリットが論点になります。観光産業の視点からは賛成意見が優勢になり、環境問題そのものに着目すると反対意見に説得力がある、というように賛成と反対どちらの立場でも書けます。

「同じ旅行をするならばエコツアー」という考えのもと、賛成意見でのキーアイディアを考えてみましょう！

→ 賛成意見！

1. Ecotourism will enhance people's **awareness** of environmental protection.

▶ エコツアーを通して人々の環境保護への意識を高める、という主張です。

2. Ecotourism contributes to **the national economy**.

▶ エコツアーは国の経済に貢献する、という強い賛成意見です。

3. Ecotourism contributes to the **revitalization** of the local economy and culture.

▶ エコツアーは地域の経済と文化の活性化に貢献する。

次に、キーアイデアに対するサポートを考え、賛成意見のエッセイを完成させましょう。

With growing attention to environmental protection worldwide, ecotourism has been popular since the late 20th century. Some people argue that ecotourism will lead to environmental degradation, but I agree with the idea that the benefits of ecotourism outweigh its disadvantages for the following three reasons.

Firstly, ecotourism will enhance people's awareness of environmental protection. Tourists will come to appreciate the beauty of nature through experiences in nature including wildlife observation. Although there is no reversing the trend toward human invasion into natural habitats, the heightened environmental awareness will surely contribute to nature preservation.

Secondly, ecotourism contributes to the national economy. The tourism industry can expand a customer base, attracting nature lovers from inside and outside the country. For example, Costa Rica has succeeded in promoting the national economy through ecotourism to improve environmental conditions. This case indicates that ecotourism plays an important role in stimulating the economy in developing countries.

Finally, ecotourism contributes to the revitalization of the local economy and local culture. Ecotourism will stimulate the regional economy, creating new job opportunities in hotels, restaurants, and transportation and enhancing the local people's standard of living. Ecotourism will also stimulate people's interest in the local culture and interactions between tourists and local people, thus reinvigorating the local culture.

In conclusion, for the above-mentioned three reasons, enhancement of people's environmental awareness, contribution to the economy, and revitalization of the local economy and culture, I agree with the idea that the benefits of ecotourism outweigh its disadvantages.

226 words

□ enhance one's awareness 意識を高める

□ there is no reversing the trend toward ~ ～の傾向は変えられない

□ expand a customer base 顧客ベースを拡大する

□ stimulate the economy 経済を刺激する

□ stand the test of time 長持ちする

□ long-lasting indigenous culture 長く続くその土地の文化

［訳］ 世界中で環境保護への関心が高まる中、エコツアーは 20 世紀末頃から人気を博してきている。エコツアーは環境破壊につながると言う人もいるが、私は次の 3 つの理由からエコツアーの利点は欠点を上回ると思う。

第一に、エコツアーは人々の環境保護への意識を高める。旅行参加者は野生動物の観察など自然体験をすることで、自然の美しさを味わうようになる。自然の生息地に人間が侵入してしまう傾向は変えられないが、環境保護意識の高まりが自然保護への一助となることは確かである。

第二に、エコツアーは国の経済に貢献する。観光産業は、国内外から自然愛好家を引きつけて、顧客基盤を拡大することができる。例えば、コスタリカは自然環境を向上させるためのエコツアーによって国の経済を促進することに成功した。このことは、エコツアーが発展途上国の経済を活性化させる重要な役割を果たすことを示している。

最後に、エコツアーは地域の経済と文化を活性化させます。エコツアーは地場産業を刺激し、ホテルやレストランや交通手段での新たな仕事の機会を生み出し、地元民の生活水準を高めます。また、地方の文化への人々の興味を高め、地元民との文化交流を増やすことで地域の文化を活性化します。

結論として、環境保護への意識を高める、経済に貢献する、地域経済と文化の活性化という上記の 3 つの理由から、私はエコツアーの利点は欠点を上回ると思う。

解説

1 つ目の理由「人々の環境保護への意識を高める」は、エコツアーが環境保護につながるという主張です。自己の楽しみだけを追求する従来型の旅行と違い、実際に自然に触れることで自然保護が他人事ではなくなり、意識が高まるとサポートしています。

2 つ目の理由「経済に貢献する」については、観光産業の顧客が増え、ホスト国の経済が発展するとサポートしています。コスタリカの経済成長を実例として挙げており、説得力が増しています。

3 つ目の理由「地域経済と文化の活性化」に関しては、エコツアーによって仕事の機会が増え、地域の文化への関心が高まるとサポートできます。

反対意見を書く場合は、次のようにキーアイデアを構築するとよいでしょう。

→ **反対意見！**

1. Ecotourism can cause serious damage to the **ecosystem**.

（エコツーリズムは生態系に深刻なダメージをもたらす可能性がある。）

▸ 人間が自然環境に侵入し「生態系」に深刻なダメージをもたらすという説得力のある反対意見になります。

2. Ecotourism increases **CO_2 emissions** due to greater use of transportation.

（エコツーリズムは移動により二酸化炭素排出量を増加させる。）

▸ 人々が移動することで「二酸化炭素排出」量が増加する、というこちらも強い主張です。

3. Ecotourism can lead to an increase in human **casualties** during tours.

（エコツーリズムは旅行中の人的被害の増加につながる。）

▸ 不慣れな自然環境に足を踏み入れ、ツアー中の「人的被害」が増える、という反対意見です。

17　日本はアメリカ合衆国よりも　アジア諸国との関係を重視すべきか？

■ ワンポイントレクチャー

　日本とアメリカ合衆国ほど親密な関係を長年継続させている例は、世界中を見渡しても稀だと言えるでしょう。特に日米経済は全世界の経済活動の約3割を占め、安全保障 (national security)、文化・教育交流 (cultural and educational exchange)、科学技術協力 (science and technology cooperation) と並んで日米同盟を支える最重要要素のひとつです。両国の経済は貿易と投資 (trade and investment) を通じて深く統合されています。このような濃密な関係はいつから続いているのでしょうか。

　その歴史は第二次世界大戦終戦直後にまで遡ります。日本は、連合国軍最高司令官総司令部 (General Headquarters／略称 GHQ) による指導の下、民主化政策 (democratization) や自衛隊 (the Self-Defense Forces) の前身である警察予備隊の発足などを実施。アメリカの極東の拠点 (far-east base) として、冷戦体制に組み込まれました。その後1952年に同時発効されたサンフランシスコ平和条約と日米安全保障条約 (the Japan-U.S. Security Treaty) によって、GHQ は廃止され、日本は独立します。しかし、占領軍は在日米軍 (the US Forces, Japan) と呼称を変えて日本に駐留し続け、日本の防衛と地域の平和維持 (peacekeeping) に深く関わってきました。

　一方、アジア諸国と日本の関係はどのようなものでしょうか。東南アジア10カ国から成る東南アジア諸国連合 (the Association of Southeast Asian Nations／略称 ASEAN) と日本は、30年以上にわたり、アジア地域の平和と発展のために協力関係を築いてきました。日本は戦後、独立を果たした ASEAN 諸国の国づくりに、政府開発援助 (ODA) などを通じて支援を行ってきました。1978年には日・ASEAN 外相会議も開催され、日本は ASEAN にとって初の「対話国」として協力関係をスタートさせます。また、ASEAN は日本にとって、中国、アメリカ、EU と並んで重要な貿易相手であり、かけがえのない経済パートナーと言えるでしょう。

　このように日本は、アメリカとアジア諸国の両方と多方面で良好な関係を築いてきました。今後は対米、対アジアのどちらが日本にとってより重視すべき関係なのか、現状を踏まえて検証すべき時かもしれません。

問題 17

> Should Japan attach more importance to its relationships
> with Asian countries than that with the U.S.?
> [訳] 日本はアメリカ合衆国よりもアジア諸国との関係を重視すべきか？

「アメリカよりもアジア諸国との関係を重視すべきか？」に対する賛成意見と反対意見、どちらに説得力があり、エッセイが書きやすいかを決めていきましょう。次の6つのポイントから3つを選んで、キーアイディアを考えてみてください。

POINTS
① economy　　　④ security
② labor pool　　⑤ science and technology
③ diplomacy　　⑥ investment

いかがでしょうか。②〜③は賛成意見、④〜⑥は反対意見に使えるポイントです。①は両方に使えます。賛成のポイントは「経済的重要性」「労働力」「外交」、反対は「安全保障」「科学技術」「投資（経済）」です。

両方の立場でエッセイが書けますが、ここでは具体例を挙げやすい賛成意見のキーアイディア文を考えてみましょう！

→ 賛成意見！

1. From the perspective of the economy, neighboring Asian countries are greater trading partners with Japan than the U.S.

  ▶ 経済的観点から、アメリカよりも近隣のアジア諸国の方が大きな貿易相手国になります。

2. From the perspective of its **labor pool**, Japan can rely more on neighboring Asian countries.

  ▶ 労働力確保という観点から、近隣のアジア諸国の方が頼りやすい、という強い主張です。

3. From the perspective of **diplomacy**, Japan should put more weight on its relationships with Asian countries.

  ▶ 外交の観点から、アジア諸国との関係に重点を置くべき、という重要な賛成意見です。

次に、キーアイデアに対するサポートを考え、賛成意見のエッセイを完成させましょう。

Over the past several decades, Japan has placed greater emphasis on military and economic relations with the U.S. However, considering the current situations in Asia, I think that Japan should attach more importance to its relationships with Asian countries than that with the U.S. for the following three reasons.

Firstly, from the perspective of the economy, neighboring Asian countries are greater trading partners with Japan than the U.S. With the Asian community accounting for about 60% of the global economic growth, the Asian economies are projected to continue to grow in the 21st century.

Secondly, from the perspective of its labor pool, Japan can rely more on neighboring Asian countries than on the U.S. Japan is a super-aged society which will soon suffer severe labor shortages because of its declining birthrate. Under these circumstances, workers from Asian countries with growing populations will be a boon to the Japanese economy.

Finally, from the perspective of diplomacy, Japan should put more weight on its relationships with Asian countries than that with the U.S. To resolve the long-standing territorial disputes between Japan and China or Korea, it is necessary for Japan to make more efforts to build harmonious relationships with the Asian countries.

In conclusion, for the three above-mentioned reasons, economic growth, the alleviation of prospective labor shortages, and the resolution of territorial disputes, I think that Japan should attach more importance to its relationships with Asian countries than that with the U.S.

239 words

- □ **place emphasis on ～** ～に重点を置く

  ※ ほかに put[place/lay] stress[emphasis] on ～がある

- □ **be projected to ～** ～すると見込まれている

  ※ 語源 pro（前へ）＋ ject（投げる）より。ほかに expect to do がある。

- □ **labor pool** 労働要員、労働者を供給できる源

- □ **a boon to ～** ～にとって恩恵になる

  ※ boon は「恩恵、賜物」。Water is a boon in the desert.（砂漠では水は恵みである）など。

- □ **put weight on ～** ～に重点を置く

  ※ 上の place emphasis on ～の類似表現。

[訳]　過去数十年にわたり、日本はアメリカ合衆国との、特に軍事および経済関係に重点を置いてきた。しかし現在のアジア情勢を考えると、次に挙げる 3 つの理由から、日本はアメリカよりもアジア諸国との関係を重視すべきだと、私は思う。

　　第一に、経済的な見地から、近隣のアジア諸国はアメリカよりもずっとよい貿易相手国である。アジア地域は世界の経済成長の 60％を占めており、アジアの経済は 21 世紀も成長を続けると予測されている。

　　第二に、労働力確保の点では、日本はアメリカではなく近隣のアジアに頼ることができるだろう。日本は出生率の低下により、間もなく厳しい労働力不足に陥る超高齢社会である。このような状況下で、人口が増加しているアジアからの労働者は日本経済にとって恩恵となる。

　　最後に、外交の見地から、日本はアメリカよりもアジアとの関係に重点を置くべきだ。中国、韓国との長年にわたる領土紛争を解決するために、日本はアジア諸国との友好関係を築くよう、より努力する必要がある。

　　結論として、経済成長、将来的な労働力不足緩和、領土紛争の解決という上記の 3 つの理由から、日本はアメリカよりもアジア諸国との関係を重視すべきだと私は思う。

解説

　1 つ目の理由「経済的観点」のサポートは、近年アジアがアメリカよりも速いスピードで経済成長していることを鑑みて、アジアのほうがよい貿易相手になる、というものです。成長の度合いを数値で示しているので、説得力があります。

　2 つ目の理由「労働力確保」ですが、アメリカよりも近隣のアジアに頼る方が現実的であるという内容です。超高齢社会の日本が労働力不足に陥ることは自明の理。人口増を続けるアジア諸国が強力な助っ人になる、というサポートは説得力があります。

　3 つ目の理由「外交問題」ですが、長年にわたる国境問題に向き合い、平和の確立を目指すべきだというサポートです。アメリカよりも身近なご近所問題を解決するのが先決であると主張しています。

✎ 逆の立場はこう書こう！

反対意見を書く場合は、次のようにキーアイデアを構築するとよいでしょう。

→ 反対意見！

1. U.S.-Japan relations will enhance Japan's **security**.
（日米関係は日本の安全保障を強化する。）

▸ アメリカの核の傘によって日本の安全が保障されています。

2. U.S.-Japan cooperation contributes more to the development of **science and technology**.
（日米の協力が科学技術の発展につながる。）

▸ 日米で科学技術分野での協力に関する協定をいくつか結んでおり、関係を強化することでよりいっそう発展します。

3. U.S.-Japan relations will promote stable economies through mutual **investment**.
（日米関係は、お互いへの投資を通じて経済を安定させる。）

▸ 日本は、世界最大のマーケットであるアメリカに投資することで経済を安定させることができます。

検閲の利点は欠点を上回るか？

■ ワンポイントレクチャー

　検閲とは、公権力（public authority）が書籍・新聞・映画・放送などの表現内容を強制的に検査し、不適当と判断する場合に発表を禁止することです。国民の表現の自由を侵害する（infringe on the freedom of expression）ので、ほとんどの近代憲法が検閲を禁じています。日本国憲法も第 21 条 2 項で禁止しています。

　検閲行為は送り手（発表者）の自由の侵害（violation of freedom）のみならず、受け手（読者・視聴者）の知る権利（the public's right to know）をも奪います。社会的影響力の大きいマスメディアが対象になりやすいですが、映画や小説など芸術作品も社会の道徳秩序を維持する（maintain social morals and order）目的で検閲されます。

　各国の言論弾圧を監視するジャーナリスト保護委員会のデータ（2019 年）によると、世界で最も報道自由（freedom of the press）のない国はエリトリアで、北朝鮮、トルクメニスタン、サウジアラビア、中国と続きます。ベトナムやイラン、キューバもワースト 10 位内に入っています。

　インターネットの急速な普及（rapid increase in the use of the Internet）に伴い、日本政府は 2008 年、青少年をネット上の有害情報（harmful information）から守り、彼らが安心してインターネットを利用できる環境を整備するための「青少年ネット規制法」を可決しました。これにより事業者は、有害サイトへのアクセスを遮断する（block Internet access to harmful websites）フィルタリングサービスを義務づけられました。しかし、それを受けて日本新聞協会やマイクロソフト、ヤフー、楽天などのネット事業者 5 社が、その法案が憲法の保証する表現の自由を侵しかねないとの共同声明を発表（issued a joint statement）。物議を醸しました。

　日本以外の政府もこのようなフィルタリングやブロッキングで、いわゆるネット規制（regulations on the Internet）を行っており、発展途上国の方が先進国よりも規制が厳しい傾向があるようです。しかしながら、ネット規制は検閲に発展しやすいため（escalate into censorship）、表現の自由が侵害されるのではないかという懸念は常にあります。国民ひとりひとりが、言論の自由の保障について注視していく必要があります。

問題 18

Agree or disagree: The benefits of censorship outweigh its disadvantages

［訳］検閲の利点は欠点を上回る、という意見に賛成か反対か？

「検閲」に対する賛成意見と反対意見、どちらに説得力があり、エッセイが書きやすいかを決めていきましょう。次の 6 つのポイントから 3 つを選んで、キーアイディアを考えてみてください。

POINTS

① freedom of expression
② democracy
③ economic development
④ constitution
⑤ harmful
⑥ protect children

いかがでしょうか。①〜④は検閲に反対、⑤⑥は賛成に使えるポイントです。検閲は「言論の自由を侵す」「民主主義を損なう」「経済発展を制限する」「憲法違反」といったデメリットが明確です。⑤⑥を使って賛成のエッセイを書こうとしても、「言論の自由を奪う」という強力な反対意見に比べれば、内容的に弱いと言わざるを得ません。加えて、⑤⑥は重複しやすい内容です。反対意見でのキーアイディア文を考えてみましょう！

→ 反対意見！

1. Censorship violates **freedom of expression**.

▶ 検閲は憲法で保証されている「言論の自由」を侵害する、という説得力のある主張です。

2. Censorship infringes on the public's right to know, a fundamental principle of **democracy**.

▶ 検閲は民主主義の根幹である「知る権利」を侵害する、という力強い主張です。

3. Censorship greatly undermines **economic and technological development** stimulated by the Internet.

▶ インターネットによって活性化される経済や技術の発展を低下させることも、検閲のデメリットと言えるでしょう。

次に、キーアイディアに対するサポートを考え、反対意見のエッセイを完成させましょう。

With the rapid development of IT technology, censorship has been one of the most controversial issues worldwide. Though some people advocate the importance of censoring socially harmful and libelous content in the media, I think that the disadvantages of censorship outweigh the advantages for the following three reasons.

Firstly, censorship violates freedom of expression, one of the fundamental human rights guaranteed by the constitution. People are entitled to the right of free speech in a democratic society. Government control on the media stifles free expression and exchange of ideas and opinions among people, which constitutes a flagrant disregard for basic human rights.

Secondly, censorship infringes on the public's right to know, which is a fundamental principle of democracy. Censorship allows the government to suppress speech and writing that reveal political wrongdoings and injustice or threaten its dominance. People living in free countries have the right to access any information that concerns public interests.

Thirdly, censorship greatly undermines economic and technological development stimulated by the Internet. Sales promotion drive and incentives for research and development are seriously affected by disruption of a free flow of information about technological innovations through limited access to the Internet.

In conclusion, for these three reasons, a violation of free speech, infringement on the public's right to know, and a hindrance to economic development, I think that the disadvantages of censorship outweigh the advantages.

229 words

- □ **advocate** 強く主張する

  ※ claim は「（根拠が少なくて）主張する」

- □ **libelous contents** 中傷的な内容

  ※ libel（文書による名誉毀損）、slander（口頭での名誉毀損）も覚えておこう

- □ **violate freedom of expression** 言論の自由を侵害する
- □ **be entitled to ～** ～を得る権利がある
- □ **stifle free expression** 表現の自由を抑圧する
- □ **constitute a flagrant disregard** はなはだしい軽視に相当する
- □ **infringe on the public's right to know** 公衆の知る権利を侵害する
- □ **reveal political wrongdoings and injustice** 政治汚職や不正を暴く
- □ **concern public interests** 公益に関わる
- □ **disruption of a free flow of information** 自由な情報の流れの妨害

[訳]　情報技術の急速な発展に伴い、検閲は世界で物議をかもしている問題のひとつである。メディアにおける社会的に有害で中傷的なコンテンツを検閲する重要性を主張する人もいるが、以下の３つの理由により、私は検閲のデメリットがメリットを上回ると考える。

　　　第一に、検閲は表現の自由、すなわち憲法で保障されている基本的人権のひとつを侵害する。民主主義社会では、いかなる状況であっても、人々には自由に意思を表明する権利が与えられている。政府によるメディア規制は、自由な表現や人々の意見交換を押さえ込む。それは基本的な人権をひどく軽視するものである。

　　　第二に、検閲は民主主義の基本原則である国民の知る権利を侵害する。検閲により政府は、政治的不正を暴露し、自分たちの統制を脅かそうとする言論を抑圧できる。自由な国家に住む人には、公益に関わるあらゆる情報にアクセスできる権利があるべきだ。

　　　第三に、検閲はインターネットで活性化される経済や技術の発展を蝕む。研究開発のための販売促進原動力や動機付けは、規制されたネットアクセスにより、サービスに関する自由な情報の行き来が妨害されることによって深刻な影響を受ける。

　　　結論として、言論の自由の侵害、知る権利の侵害、経済成長の妨害の３つの理由により、私は検閲の欠点が利点を上回ると考える。

解説

　１つ目の理由「言論の自由の侵害」のサポートでは、検閲は憲法で保障する表現の自由を侵害し、基本的人権を脅かすと主張しています。言論の自由の保障は、民主主義国家において不可欠なことなので、説得力があり効果的です。

　２つ目の理由「知る権利の侵害」に対しては、検閲によって、公権力に都合の悪い情報（政治不正など）がもみ消されるとサポート。国民にとっての、知るべき情報の発信と受信、両方の権利を侵害すると主張しています。

３つ目の理由「経済活動への不利益」のサポートは、販売促進や研究開発に必要である情報の発信や共有の妨害がよいでしょう。広告規制や技術開発の滞りは社会全体に不利益をもたらすと言えます。

✎ 逆の立場はこう書こう！

　検閲は基本的人権である言論の自由を侵害するものなので、反対意見のほうに圧倒的に説得力があります。もし、どうしても賛成意見を書きたい場合は、次のようにキーアイデアを構築するとよいでしょう。

→ 賛成意見！

1. Censorship can eliminate socially **harmful** and libelous contents in the media.
（検閲は、メディアの社会的に有害で誹謗的なコンテンツを排除できる。）

▸ 検閲は人種差別や誹謗中傷など、不適切な表現を抑止できます。

2. Censorship can **protect** vulnerable **children** from harmful websites regarding narcotic drugs or suicide.
（検閲は麻薬や自殺に関する有害なサイトから、傷つきやすい子供たちを守ることができる。）

▸ 検閲によって、青少年に悪影響を与える情報やウェブサイトを効率的に排除できます。

3. Censorship can eliminate false advertisements.
（検閲は虚偽の広告を排除できる。）

▸ 検閲により消費者をだますような誇大広告を排除できます。

19 文化遺産の保護は重要か？

ワンポイントレクチャー

　文化遺産は、歴史や文化的活動によって生み出された人類共通の貴重な財産（priceless assets for all humanity）です。そのため、各国政府や国際機関（international organizations）が条約や法律を定め、保護活動（preservation activities）を展開しています。

　その代表的なものが世界遺産条約です。顕著な普遍的価値（significantly universal value）を有する文化遺産及び自然環境の保護を目的として、1972 年にパリで行われた国際連合教育科文化機関（the UNESCO）総会において採択されました。この条約は、文化遺産や自然環境が武力紛争（armed conflicts）などによる破壊の危険にさらされていることに留意し、それらの保護が国際社会全体の責務（collective responsibility of the international community）であるとしています。現在では日本を含む 192 カ国が締結しています。

　国際的に文化遺産を保護する活動は、戦時下の記念建築物などの破壊を禁じた 1899 年のハーグ陸戦条約（the Hague Convention of 1899）から始まったとされます。しかし、第一次・第二次世界大戦中に文化財は多大な損害を被りました（suffered catastrophic losses）。本格的な保護活動が始動したのは 1945 年の UNESCO 設立以降です。

　とりわけ国家の枠組みを越えた保護のきっかけとなったのは、エジプトのアブ・シンベル神殿（The Temple of Abu Simbel）の救済です。ナイル川流域のアスワン・ハイ・ダム建設計画により、一時は水没（destroyed by the rising waters）の危機にさらされましたが、UNESCO の呼びかけにより、約 60 カ国の援助を得て、大規模な移転工事（massive relocation of the Abu Simbel temples）が行われました。この国際的な救済活動により、「文化遺産は人類共通の財産である」という理念が確立し、世界遺産（World Heritage）が創設されました。

　文化財保護には、観光業の促進（promotion of the tourism industry）による経済効果や、その保護活動を通しての公共意識の向上（a rise in public awareness）といったメリットがあります。ただ、その一方で、観光ビジネスによる環境破壊や、テロの標的になりやすい（more likely to become a target of terrorism）といったデメリットも指摘されています。

119

問題 19

Is it important to preserve our cultural heritages?

［訳］文化遺産の保護は重要か？

「文化遺産の保護は重要か？」に対する賛成意見と反対意見、どちらに説得力があり、エッセイが書きやすいかを決めていきましょう。次の6つのポイントから3つを選んで、キーアイディアを考えてみてください。

POINTS

① economic development
② invaluable
③ cultural horizons
④ degradation
⑤ a target of terrorism
⑥ social problems

いかがでしょうか。①〜④は賛成意見、⑤⑥は反対意見に使えるポイントです。文化遺産保護については、「経済成長への貢献」「貴重さ」「歴史からの学び」「次世代への責任」といった賛成意見のポイントの方に説得力がありそうです。賛成意見でのキーアイディア文を考えてみましょう！

→ **賛成意見！**

1. The preservation of cultural heritages contributes to **economic development**.

▶ 文化遺産保護活動の一貫である世界遺産への登録は、国際的な注目を浴びるので、観光業の促進につながります。大きな経済効果があるという主張です。

2. It is our collective responsibility to preserve our **invaluable** cultural properties of humanity for future generations.

▶ 文化財保護は、次の世代に対するわれわれの責任である、という説得力ある賛成意見です。

3. Preserving cultural heritages will broaden the **cultural horizons** of local people and foreign tourists.

▶ 文化遺産の保護活動は歴史への興味を促し、その国民や観光客の文化的視野を拡大してくれます。

次に、キーアイデアに対するサポートを考え、賛成意見のエッセイを完成させましょう。

With cultural diversity rapidly increasing in the world, some people attach little importance to protecting cultural heritage sites. However, I think that the preservation of our cultural heritages is still important for the following three reasons.

Firstly, the preservation of cultural heritages contributes to economic development. For example, the registration of world heritage sites will promote the growth of the tourism industry, attracting many people from all around the world. An influx of tourists will boost local businesses and create huge job opportunities.

Secondly, it is our collective responsibility to preserve our invaluable cultural properties of humanity for future generations. Those important historical sites and artifacts cannot be reproduced once they are lost. Therefore, we must preserve priceless cultural assets by enlightening the general public about the importance of preserving cultural legacies.

Finally, preserving cultural heritages will broaden the cultural horizons of local people and foreign tourists by developing an interest in the history of the country which possess those cultural legacies. Cultural assets preservation efforts will promote local people's awareness about their cultural identities, while providing foreign tourists with an insight into the local cultural traditions.

In conclusion, for these three reasons, its contribution to economic growth, humanity's collective responsibility for cultural preservation, and the promotion of public awareness about the importance of historical study, I strongly believe that it is important to preserve our cultural heritages.

228 words

- □ attach little importance to ~ ～をほとんど重要視しない
- □ registration of World Heritage sites 世界遺産の登録
- □ attracting many people from all around the world 世界中の人を魅了する
- □ an influx of tourists 観光客の流入、到来
- □ boost local businesses 地元の産業を繁盛させる
- □ it is our collective responsibility to ~ ～することはわれわれの連帯責任である
  ※collective「(全員で) 共有する、総体の」。
- □ invaluable cultural properties of humanity
  計り知れないほど貴重な人類の文化財
- □ historical sites and artifacts 史跡や遺物
- □ priceless cultural assets 計り知れないほど貴重な文化資産
- □ develop public interest 一般の興味を育む
- □ enhance people's motivation 人のやる気を高める
- □ develop critical thinking abilities 批評的思考能力を養う

[訳]　世界で文化の多様化が急速に進行する中、文化遺産の保護に重きを置かない人もいる。しかし、私は以下の3つの理由により、文化遺産保護はやはり重要であると考える。

　　第一に、文化遺産保護は経済成長に貢献する。例えば、世界遺産への登録は世界中の人々を引きつけ、観光業の成長を促す。観光客の流入は地域のビジネスを活性化し、多くの雇用機会を生むだろう。

　　第二に、貴重な人類の文化的財産を守ることは、未来の世代に対する、われわれの共同責任だ。史跡や遺物は一度失われたら元通りにはできない。だから、われわれは文化遺産保護の重要性に関して人々を啓発し、貴重な文化財を保護すべきである。

　　最後に、文化遺産保護は、文化遺産を所有する国の歴史への興味を育むことで、地元の人々と外国人観光客の文化的視野を広げる。文化財保護努力は、地元民の文化的アイデンティティへの関心を高め、外国人観光客にはその地域の文化的伝統に対する見識を与える。

　　結論として、経済成長への貢献、人類共同の文化保護の責任、歴史研究の重要性への一般の意識向上という3つの理由により、私は文化遺産保護は重要であると思う。

解説

　1つ目の理由「経済効果」に対しては、世界遺産に登録ともなれば、観光産業が発展するとサポート。観光ツアーの増加に伴い、交通インフラの整備も進みます。地域産業の活性化も期待でき、大きな経済効果を生むはずです。

　2つ目の理由「人類の共同責任」のサポートでは、歴史や伝統が深く刻まれた文化遺産は人類にとっての貴重な財産であると主張しています。文化遺産を過去から未来へ受け継ぐことは大変意義のあることです。

3つ目の理由「歴史への興味」については、文化遺産保護を通じて歴史への興味が生まれ、人々の視野拡大と文化・伝統への興味や見識を高める、とサポートしています。

✏️ 逆の立場はこう書こう！

反対意見を書く場合は、次のようにキーアイデアを構築するとよいでしょう。

→ 反対意見！

1. The preservation of cultural heritages can lead to environmental **degradation** by the growth of tourism.

（文化遺産の保護は、観光事業の発展により環境破壊を引き起こす可能性がある。）

　▸ 例えば、世界遺産登録後にホテルやレジャー施設が建設されることで、自然環境が破壊される可能性があります。

2. Cultural sites can become a **target of terrorism** which can cause collateral damage to ordinary citizens.

（文化遺産は、一般市民を巻き込むテロのターゲットになる可能性がある。）

　▸ 文化財を狙ったテロは、メディアの注目を浴びやすいため、標的になる可能性が大いにあります。

3. The preservation of cultural heritages is outweighed by attempts to solve current social problems.

（文化遺産保護より、現在の社会問題を解決しようとする試みが重要である。）

　▸ 古い物を大事にするより、そのお金を今の社会問題、例えば飢餓や環境問題の解決に使うべきだという意見です。

20

臓器移植の利点は欠点を上回るか?

■ ワンポイントレクチャー

臓器移植とは、病気や事故によって臓器が機能しなくなった場合に (in case of organ dysfunction)、健康な臓器を移植する治療のことです。皮膚、角膜 (cornea)、血管、神経、骨髄 (bone marrow) や、腎臓、心臓、肝臓などの移植が行われています。日本臓器移植ネットワーク (the Japan Organ Transplant network) のデータによると、登録している臓器不全 (organ failure) の患者数は約1万3千人で、内臓移植による健康回復を待ち望んでいます。

日本では、心停止 (cardiac arrest) 後の移植医療が 20 世紀半ばから実施されてきました。しかし、脳死後の臓器提供が可能となったのは、1997 年の臓器移植法 (the Organ Transplant Law) が施行されてからです。2010 年からは改正臓器移植法により、たとえ本人の意思 (the will of the patient) が不明な場合でも、家族の同意 (family's consent) だけで臓器提供が可能になりました。また、15 歳以下の子供からでも臓器提供を受けられるようになりました。

しかし、日本での移植手術数は、ほかの先進国と比べて極めて少ない状況です。移植臓器 (organs for transplantation) の数が圧倒的に不足しているのです (in short supply)。内閣府 (Cabinet Office) の調査では、運転免許証で臓器提供の意思表示をしている (indicate one's intention) 人の割合は約 10% と依然として低い傾向にあり、その理由として「わからない」、「家族が反対する」などが挙げられています。

国内での移植手術の平均待機時間 (average waiting time) は、心臓移植 (heart transplant) が約 3 年、肝臓移植が約 2 年、腎臓移植は約 15 年です。移植手術ができる患者は恵まれている (blessed) と言わざるを得ない状況で、多くの患者が移植を受けられません。

提供される臓器の慢性的な不足 (chronic shortage of donated organs) が原因で、中南米やアフリカ、アジアの発展途上国 (backward countries) で臓器の闇市場 (black market) が拡大しています。なかでも、腎臓 (kidney) は 1 つでもその機能を果たせるため、深刻な貧困 (dire poverty) を背景に違法な臓器売買 (illegal organ trafficking) が問題になっています。

問題 20

> ## Do the benefits of organ transplants outweigh its disadvantages?
> [訳] 臓器移植の利点は欠点を上回るか？

「臓器移植」に対する賛成意見と反対意見のどちらに説得力があり、エッセイが書きやすいかを考えてください。次の6つのポイントの中から3つを選んで、キーアイディアを考えてみましょう。

POINTS

① save patients   ④ organ trafficking
② the quality of life   ⑤ the definition of death
③ become consolation   ⑥ human dignity

いかがでしょうか。①〜③は賛成意見、④〜⑥は反対意見に使えるポイントです。臓器移植は、「患者の命を救う」「患者の生活の質を上げる」「ドナー家族の慰めとなる」といったメリットと、「倫理的問題」「死の定義」といったデメリットがはっきりと分かれます。両方の立場でエッセイが書けますが、ここでは賛成意見のキーアイディア文を考えてみましょう！

→ 賛成意見！

1. Organ transplants can **save the lives of patients** suffering from incurable diseases.

　▶ 臓器移植は不治の病から患者の命を救うことが可能だという主張です。

2. Organ transplants can enhance the **quality of life** of patients with organ failure.

　▶ 臓器移植は患者の生活の質を上げ、人生を豊かにします。

3. Organ donations **become consolation** to donor families.

　▶ 臓器提供は、ドナーの家族に精神的な慰めを与えるでしょう。

次に、キーアイディアに対するサポートを考え、賛成意見のエッセイを完成させましょう。

Technological advances in medical science sometimes pose thorny ethical dilemmas to the medical community. Although opponents of organ transplants argue that they degrade the human body and compromise moral integrity, I think that the advantages of organ transplants outweigh their disadvantages for the following three reasons.

Firstly, organ transplants can save the lives of patients suffering from incurable and intractable diseases. A donated heart, for example, can save people with life-threatening cardiac defects and dysfunctions. Organ transplants are a boon to people with organ failure whose lives would otherwise be lost.

Secondly, organ transplants can enhance the quality of life of patients with organ failure. For example, kidney transplants can relieve patients of the burden of continual hospital visits for dialysis. A corneal transplant can restore the eyesight of visually impaired people, allowing them to get around freely without assistance.

Finally, organ donations become consolation to donor families. They can help the family of the deceased donor believe that if the organs are transplanted into a young, deserving person, their loss is not in vain. Donor families take some consolation in knowing that some part of their loved one continues to live.

In conclusion, for these three reasons, life-saving treatment, enhancement of the quality of life of patients, and consolation to donor families, I think that the advantages of organ transplants outweigh their disadvantages.

223 words

- □ thorny ethical dilemmas やっかいな道徳的ジレンマ

  ※thorn は「（草木の）とげ、（人を苦しめる）いばら」の意味。

- □ medical community 医学界
- □ opponent 反対者
- □ degrade the human body 人体をおとしめる
- □ compromise moral integrity 倫理観を損なう
- □ intractable diseases 難病

  ※intractable は「手に負えない、扱いにくい」

- □ life-threatening 致死的な
- □ cardiac defects 心臓欠陥
- □ dysfunctions 機能障害
- □ a boon to patients with organ failure 臓器不全患者への恩恵
- □ dialysis 透析
- □ a corneal transplant 角膜移植
- □ visually impaired people 視覚障害者
- □ get around freely 自由に動き回る
- □ become consolation to donor families 臓器提供者の家族に慰めになる

［訳］　医学の技術的進歩はときに、医学界にやっかいな道徳的ジレンマを引き起こす。臓器移植治療に反対する人は、それが人体をおとしめ、倫理観を損なうと言うが、私は次の3つの理由から臓器移植の利点が欠点を上回ると考える。

　第一に、臓器移植は治療不可能な病気や難病で苦しむ患者の命を救う。例えば、臓器提供された心臓は、致命的な心臓欠陥や機能不全を抱える患者を救う。臓器移植は、移植しなければ命が失われてしまう臓器不全を抱える患者にとっては、贈り物なのだ。

　第二に、臓器移植は臓器不全患者の生活の質を向上させる。例えば、腎臓移植は、透析のために継続的に通院する負担から患者を解放する。角膜移植は、視覚障害者の視力を回復させ、助けがなくても彼らが自由に動けるようにする。

　最後に、臓器提供はドナーの家族の慰めとなる。臓器移植によって、亡くなったドナーの臓器が、まだ若く、生き続けるに値する患者に移植されたならば、その家族はドナーの命が無駄にならなかったと思う。ドナー家族は、愛する者の一部がどこかで生き続けていると認識することで、ある種の慰めを得るのである。

　結論として、命を救う治療法、臓器不全患者の生活の質の向上、ドナー家族への慰めという3つの理由により、私は臓器移植のメリットがデメリットを上回ると思う。

解説

　1つ目のポイント「患者の命の救済」については、サポートとして具体的に、臓器移植なしでは命が絶たれてしまう心臓病などを挙げると効果的です。このように生命救済の可能性

127

に触れると、大変強い主張になります。

　２つ目のポイント「生活の質の向上」のサポートも、腎臓移植によって病院へ通う肉体的負担や精神的負担をなくすこと、角膜移植で自由に行動できるようになることなど、具体例を挙げているので説得力があります。

　３つ目のポイント「ドナー家族への慰め」に対しては、患者の人生に貢献することが、臓器提供者の家族にとっても救済となることを説明。たとえそれが体の一部であっても、どこかで生きているという事実が、家族に精神的な慰めを与えるとサポートしています。

✐ 逆の立場はこう書こう！

反対意見を書く場合は、次のようにキーアイデアを構築するとよいでしょう。

→ 反対意見！

1. Organ transplants will promote **organ trafficking**.
（臓器移植は臓器売買を生む。）
　▶ 特に発展途上国などでの臓器売買が問題視されています。

2. There is no national consensus about the **definition of death**.
（死を定義する国民のコンセンサスがない。）
　▶ 脳死を人の死と定義するか否か、まだ議論の余地を残した状態です。

3. Organ transplantation constitutes the degradation of the human body and **human dignity**.
（臓器移植は人体や人間の尊厳を傷つけることに等しい。）
　▶ 臓器移植については、倫理的、宗教的観点から、問題視する意見がまだ根強くあります。

21

義務投票制のメリットはデメリットを上回るか?

■ ワンポイントレクチャー

　義務投票制、または強制投票制 (compulsory voting / mandatory voting) とは、有権者に投票を法律上義務付ける選挙制度です。投票は国民の権利ですが、果たして義務とするべきでしょうか。このような議論が巻き起こる背景には、先進国での投票率の低下 (lower voter turnout) という問題があります。それでは世界の投票状況を見ていきましょう。

　日本は、特に若者の投票率が低い (the voter turnout among young people is low) 状況です。2016 年に選挙権年齢が 20 歳から 18 歳に引き下げられ (lower the voting age from 20 to 18)、若者が政治に関心を持つと期待されたにも関わらず、その後初めての国政選挙の投票率は 54.7%でした。

　アメリカでもやはり、若者の政治への無関心 (political apathy among young people) が危惧されており、投票率も日本と同様 50%台です。一方で、韓国の大統領選 (presidential election) の投票率は 77.2%と高い水準にあります。ヨーロッパでも 2017 年に行われた選挙は、ドイツ連邦議会選挙 76.2%、フランス大統領選 74.6%、イギリス総選挙 (general election) 68.7%と、いずれの国も高い投票率です。これらの国は義務投票制を採用していません。そのため、日米と同様に若者の投票率の低下が問題となっているのですが、それを上げる取り組みが盛んに行われているのです。

　投票率が特に高いのは、オーストラリア、シンガポールなどです。いずれも 90%代を記録しています。これらの国は義務投票制を採用し、正当な理由なく投票を放棄した (abstain from voting) 場合には、罰金が科される (be fined) などの罰則があります。オーストラリアの場合は罰金、シンガポールは選挙人名簿から抹消、ベルギーでは罰金、さらに 15 年の間に 4 回以上投票を怠ると選挙権を 10 年間失い (lose the right to vote for 10 years)、公職に就けなくなります (be barred from taking public office)。このように罰則を厳格に適用する国のほかに、ブラジル、アルゼンチンなど適用が厳格でない国、またイタリア、メキシコなど罰則がない国もあります。それらを合計すると、約 30 カ国が義務投票制を採用しています。またスイスは投票率が 40%台と低い国ですが、シャフハウゼン州だけ独自に義務投票制を採用していて、投票率は他州よりも 20%程度高くなっています。

Agree or disagree: The benefits of mandatory voting outweigh its disadvantages

［訳］義務投票制の利点は欠点を上回る、という意見に賛成か反対か？

「義務投票制」に対する賛成意見と反対意見、どちらに説得力があり、エッセイが書きやすいかを決めていきましょう。次の6つのポイントから3つを選んで、キーアイディアを考えてみてください。

POINTS

① democracy
② public awareness in politics
③ fairness
④ freedom of choice
⑤ degradation of leaders
⑥ law enforcement cost

いかがでしょうか。①〜③は義務投票制に賛成、④〜⑥は反対意見に使えるポイントです。「民主主義の実現」「市民の政治意識」「公平性」は賛成意見のポイント、「選択の自由」「指導者の質の低下」「法的措置のコスト」は反対意見のポイントというように、両方の立場でエッセイを書くことができそうです。

ここでは、賛成意見でのキーアイディア文を考えてみましょう！

→ 賛成意見！

1. Mandatory voting contributes to the realization of genuine **democracy**.

▶ 義務投票制により国民の大多数が政治に関与し、真の民主主義の実現が可能になります。

2. Mandatory voting will raise **public political awareness**.

▶ 義務投票制は一般市民の政治に関する意識を高め、その結果、より有能なリーダーが選ばれるでしょう。

3. Mandatory voting contributes to the realization of **fairness** of politics based on national interests.

▶ 義務投票制は国益を基盤とした公平な政治実現につながります。

次に、キーアイデアに対するサポートを考え、賛成意見のエッセイを完成させましょう。

Mandatory voting is one of the most contentious issues in modern politics. Although some people claim that the system violates freedom of choice, I think that the benefits of compulsory voting outweigh its downsides for the following three reasons.

First, mandatory voting will help realize genuine democracy. While democracy presupposes citizens' active political participation, voter turnout has been declining in most countries around the world. For example, voter turnout in Japanese elections and the U.S. presidential elections hovered around 50%. Under these circumstances, mandatory voting is necessary to address low voter turnout to achieve democracy.

Second, compulsory voting will raise public political awareness. This system will make citizens more knowledgeable of political and socioeconomic situations in their countries. This heightened public awareness is essential for selecting effective political leaders who can implement prudent policies that can decide the future of the country.

Finally, mandatory voting contributes to the realization of fairness of politics based on national interests. National politics is often negatively influenced by special interest groups or vested interested groups such as trade unions, agricultural cooperatives, religious organizations, and medical associations. Mandatory voting will dilute the power of so-called "organization votes" and help achieve fair and impartial politics that can promote national interests.

In conclusion, for the above-mentioned three reasons, its contribution to the realization of genuine democracy and fair politics based on national interests as well as the promotion of public political awareness, I strongly believe that the advantages of mandatory voting outweigh its disadvantages.

250 words

□ **contentious issue** 議論の分かれる問題

※ contentious の同義語に controversial、debatable がある。

□ **compulsory voting** 義務投票制

※ mandatory voting の言い換え。同じ表現のくり返しを避けるために使用。

□ **raise political awareness of ~** ~に対する政治意識を高める

※ ほかに raise awareness of racial discrimination（人種差別に対する問題意識を高める）。

□ **implement prudent policies** 緻密な政策を運営する

※ prudent は、未来を考慮して慎重で思慮深いという意味で、prudent investment（慎重な投資）、Future-minded students are careful and prudent.（未来志向の学生は注意深く思慮深い）など。

□ **politically savvy** 政治的手腕がある

※ ほかに technically savvy（技術的な心得のある）、tech-savvy young people（現代テクノロジーに精通した若者）など。

[訳]　義務投票制は、現代政治において最も議論の的になっている問題のひとつである。同制度は選択の自由を侵害すると主張する人もいるが、私は以下の 3 つの理由から、義務投票制の利点は欠点を上回ると思う。

　　第一に、義務投票制は真の民主主義の実現に貢献する。民主主義は国民の積極的政治関与が前提であるにも関わらず、世界のほとんどの国で投票率が減少している。例えば、日本の選挙やアメリカの大統領選挙で投票率は 50% 程度となっている。こうした状況を踏まえると、民主主義実現のため低い投票率に対処するには義務投票制が必要である。

　　第二に、義務投票制は一般市民の政治意識を高めるだろう。この制度により、市民は自分たちの国の政治状況や社会経済状況をより深く知ろうとするだろう。このように人々の関心を高めることは、国の未来を決定する賢明な政策を実行できる有能な政治的リーダーを選出するために必要不可欠である。

　　最後に、義務投票制は国益に基づいた公平な政治の実現に寄与する。国政は、労働組合、農協、宗教団体、医師会のような特定利益集団または既得権益団体により悪影響を及ぼされることがしばしばある。義務投票制は、いわゆる「組織票」の力を弱め、国益を高める公平で偏らない政治の実現の一助となる。

　　結論として、真の民主主義と国益にもとづく公平な政治の実現、そして市民の政治意識の高まり、という上記の 3 つの理由から、義務投票制の長所は短所を上回ると私は強く信じる。

解説

　1 つ目の理由として、「真の民主主義の実現」を挙げています。民主主義政治において、国民の信任なしに福祉など国民に直接影響するような決定をすることに、国民は納得できないでしょう。日本やアメリカは民主主義国家であるにも関わらず、投票率が 50% 代と、国民の政治への関与が十分ではありません。義務投票制により投票率をあげることで、真の

民主主義に近づくとサポートしています。

　2つ目の理由は「市民の政治意識を高める」です。投票を義務化した場合、国民の政治に対する意識が高まり、より勉強するようになります。その結果、自分たちの国のリーダーを選ぶ際に、見識ある判断ができるようになるとサポート。

　3つ目の理由「国益に基づく公平な政治の実現」は、義務投票制は、特定の利益集団や既得権益団体による「組織票」の影響を弱め、偏りのない政治を実現すると説明しています。

 逆の立場はこう書こう！

反対意見を書く場合は、次のようにキーアイデアを構築するとよいでしょう。

→ **反対意見！**

1. Mandatory voting violates the right to **freedom of choice**.
（義務投票制は選択の自由の権利を侵害する。）

　▶ 民主主義の基本原則のひとつである選択の自由を侵害するという主張です。

2. Mandatory voting contributes to the **degradation of political leaders** through irresponsible selection.
（義務投票制は、〔政治に無関心な人による〕無責任な投票のせいで政治的リーダーの質の低下を招く。）

　▶ 賛成意見の理由2と正反対の主張です。

3. It can increase **law enforcement costs** to achieve mandatory voting.
（義務投票制を達成するための法的処置にかかる費用が増加する。）

　▶ 投票に行かなかった人を管理したり、罰則を与えたりする人件費など、コストが増加すると主張できます。

22

遺伝子工学を推進すべきか?

ワンポイントレクチャー

　遺伝子工学 (genetic engineering) とは、遺伝子操作技術 (genetic manipulation technology) により遺伝子を有効利用する応用研究分野のことです。人類に貢献することを目的としており、これまでに医療、農業、環境、工業などさまざまな分野で実用化されています。

　農業分野では、人口の爆発的増加 (an exponential increase) や環境問題に起因する食料危機 (food crisis) 対策として、害虫抵抗性 (insect resistance) や除草剤耐性 (herbicide tolerance) をもつ遺伝子組み換え農作物 (genetically modified crops) を用いた食糧増産が進んでいます。農林水産省 (the Ministry of Agriculture, Forestry and Fisheries) の 2018 年のデータによると、アメリカ、カナダ、アルゼンチンなど全 24 カ国で遺伝子組み換え農作物が生産されています。トウモロコシ、綿、大豆、ナタネに加え、乾燥耐性をもつサトウキビや耐病性 (disease tolerance) をもつ小麦の開発も進んでいます。

　環境分野では、砂漠化 (desertification) や地球温暖化へのストレス耐性をもつ植物を開発し、環境緑化 (植林：afforestation) が行われています。土壌汚染 (soil contamination)、海洋汚染 (marine pollution) に対しては、化学物質分解能力など環境浄化能力の高い微生物 (microorganism) を利用して浄化するバイオレメディエーション技術 (bioremediation technology) が広く活用されています。

　さらに医療分野では、治療的クローニング (therapeutic cloning) に期待が寄せられています。治療的クローニングとは、臓器移植を望む患者自身の細胞から、必要な移植臓器を作り出す技術のことです。これにより、移植臓器不足の問題が一気に解決するだろうと言われています。具体的には、患者の核 (nucleus) を使ってヒトクローン胚 (cloned human embryo) を作り、そこから ES 細胞 (胚性幹細胞：embryonic stem cells) を取って必要な臓器に分化させます。それを患者に移植すれば、自らの細胞から作られた臓器であるため、免疫的拒絶反応 (immunorejection) が起きないという利点もあります。

　しかしながら、遺伝子を操作することへの倫理的な問題 (ethical problems) は解決されていません。遺伝子組み換え食品の安全面に対する消費者の不安も解消

されないままです。遺伝子工学は、依然として論議の的になっている（remains a controversial topic of debate）のが現状だと言えるでしょう。

問題 22

Agree or disagree: Genetic engineering should be promoted

[訳] 遺伝子工学を推進すべき、という意見に賛成か反対か？

「遺伝子工学の推進」に対する賛成意見と反対意見、どちらに説得力があり、エッセイが書きやすいかを決めていきましょう。次の6つのポイントから3つを選んで、キーアイディアを考えてみてください。

POINTS

① world hunger
② environmental protection
③ lifespan
④ ethical problems
⑤ allergy
⑥ safety

いかがでしょうか。①〜③は賛成意見、④〜⑥は反対意見に使えるポイントです。遺伝子工学は「食料の安定供給」「環境保全」「寿命の延長」といったメリットと、「倫理問題」「アレルギーの危険性」「安全性への危惧」といったデメリットが明確に分かれ、両方の立場でエッセイを書くことができるでしょう。

ここでは、賛成意見でのキーアイディア文を考えてみましょう！

→ 賛成意見！

1. Genetic engineering will alleviate **world hunger** by producing genetically modified foods.

▶ 抵抗力の強い遺伝子組み換え食物を生産することで、世界に広がる飢餓を軽減できます。

2. Genetic engineering will contribute greatly to **environmental protection**.

▶ 遺伝子を組み換えることで、環境浄化能力を高めた微生物や植物を作ることができます。これらは環境保全に大きく貢献するでしょう。

3. Genetic engineering contributes greatly to the extension of people's average healthy **lifespans**.

▶ 遺伝子組み換え技術は、ワクチンや新しい治療法の開発にも役立ちます。病気の予防が進み、人の平均寿命の延長に貢献するはずです。

次に、キーアイデアに対するサポートを考え、賛成意見のエッセイを完成させましょう。

サンプルエッセイ

Genetic engineering has been the subject of heated debates in the world. Although some people argue that it is human intervention in the laws of nature, I think that genetic engineering should be promoted for the following three reasons.

Firstly, genetic engineering will alleviate world hunger by producing genetically modified foods. These GM foods have a much longer shelf life and provide stable crop yields because they are highly resistant to disease, harmful insects, and harsh weather. With the exponential growth of the world population, genetically modified foods will play a vital role in solving global food shortage problems.

Secondly, genetic engineering contributes greatly to environmental protection. For example, the use of genetically engineered microorganisms can biodegrade contaminants in soil such as radioactive chemicals and carcinogens. Marine pollution can also be alleviated by the use of genetically modified bacteria for detoxification.

Finally, genetic engineering contributes greatly to the extension of people's average "healthspan", or healthy lifespans. For example, genetic engineering technologies will cure intractable and incurable diseases such as diabetes, cancer, Alzheimer's, or AIDS. The development of a genetic-engineered vaccine against hepatitis B can also save a lot of people by preventing the onset of the disease.

In conclusion, for these reasons: the alleviation of world hunger, its contribution to environmental preservation, and the extension of people's average healthspan, I think that genetic engineering should be promoted.

222 words

☐ a subject of heated debate 激しく議論される話題

☐ human intervention 人的介入

☐ the laws of nature 自然の法則

☐ alleviate world hunger 世界飢餓を軽減する

☐ a shelf life 保存期間

☐ stable crop yields 安定した穀物生産高

☐ an exponential growth of the world population 世界人口の急激な増加

☐ play a vital role 不可欠な役割を担う

　　※ vital はラテン語 vita（生命）を語源にもち、「生命に関わるほど重要な」を意味する。

☐ microorganism 微生物

☐ biodegrade contaminants 汚染物質を分解する

☐ radioactive chemicals 放射性化学物質

☐ carcinogens 発がん性物質

☐ detoxification 解毒

☐ intractable disease 難病　※ intractable（厄介な）

☐ hepatitis B B 型肝炎

☐ prevent the onset of the disease 病気の発症を防ぐ

[訳]　遺伝子工学は、世界中で熱く議論されているトピックのひとつだ。それは自然の摂理に対する人間の介入だと言う人もいるが、私は以下の 3 つの理由から、遺伝子工学は奨励されるべきだと考える。

　　　まず、遺伝子工学は遺伝子組み換え食品を生み出すことで、世界中の飢餓を緩和する。このような遺伝子組み換え食品は、病気や害虫、悪天候に強いので、保存期間が長く、安定した食料を供給する。世界人口の著しい増加に伴い、遺伝子組み換え食品は、世界的な食料不足問題の解決において、極めて重要な役割を果たす。

　　　第二に、遺伝子工学は環境保護に大いに貢献する。例えば、遺伝子組み換えの微生物を利用することで、放射性物質や発がん性物質など、土壌の汚染物質を分解することが可能だ。解毒作用のある遺伝子組み換えバクテリアを使って、海洋汚染も和らげることができる。

　　　最後に、遺伝子工学は人の健康寿命を伸ばすことに寄与する。例えば、遺伝子組み換え技術で、糖尿病やがん、アルツハイマー病、エイズなどの難病や不治とされてきた病気も治療が可能になる。遺伝子組み換え技術による B 型肝炎ワクチンの開発もまた、その病気の発症を予防し、多くの人を救う。

　　　結論として、世界飢餓の緩和、環境保全、健康寿命延長への貢献といった理由により、私は遺伝子工学は奨励されるべきだと考える。

解説

　1 つ目の理由「食料不足の解決」のサポートとして、遺伝子組み換え食品のメリットを挙げています。害虫や天候の変化に強いことや、保存期間が長く安定した食物供給につなが

るなど。特に近年は異常気象による作物不足、野菜の価格高騰がたびたびニュースで取り上げられています。誰もが実感をもって納得できる内容になっています。

　２つ目の理由「環境保全への貢献」については、遺伝子組み換え微生物によって、土壌汚染と海洋汚染の浄化が可能であると説明しています。興味深い内容で、説得力のあるサポートになっています。

　３つ目の理由「健康寿命を延ばす」は、遺伝子工学を利用した治療法やワクチンで治癒、予防できる病名を挙げてサポート。医療は多くの人にとって関心の高いテーマなので、非常に効果的な例証となっています。

 逆の立場はこう書こう！

　反対意見を書く場合は、次のようにキーアイデアを構築するとよいでしょう。

→ 反対意見！

1. There are **ethical problems** about genetic manipulation.
（遺伝子操作に関する倫理的な問題がある。）
▶ 自然の摂理への人工的な介入は、依然として倫理観を問われる問題です。

2. Gene therapy can cause **allergies** or leukemia.
（遺伝子治療はアレルギーや白血病を引き起こす。）
▶ 遺伝子治療は開発が進められていますが、100％安全というわけではありません。

3. The **safety** of genetically modified foods has yet to be proven.
（遺伝子組み換え食品は、まだ安全だと証明されていない。）
▶ GM食品はまだ歴史が浅いため、長期的な摂取が身体に及ぼす影響を把握できていません。

絶滅危惧種を絶滅から救うことは必要か?

■ ワンポイントレクチャー

絶滅危惧種 (an endangered [threatened] species) とは、国際自然保護連合 (the International Union for Conservation of Nature and Natural Resources／略称IUCN) が定める「絶滅の恐れのある生物 (a species threatened with extinction) リスト」(通称レッドリスト：Red List) に分類された生物のことを言います。

最新版レッドリスト (2018年) によると、93,577種の生物のうち3割近い26,197種が絶滅危惧種に分類され (categorized as an endangered species)、これは年々増加しています。

絶滅危機の主な原因は、生息地の消失 (a habitat loss) です。ほかに狩猟や採集 (hunting and gathering)、外来種の持ち込み (importing a non-native species)、水や土壌の汚染 (pollution of water or soil) などがあげられます。つまり、自然発生的なものと異なり、人間が引き起こす絶滅ということです。人為的な環境悪化 (environmental degradation) が原因なのです。

このトピックに大きく関連するのは、生物多様性の重要性 (the importance of biodiversity) です。生物多様性には、遺伝子、種、生態系の多様性 (genetic diversity, species diversity, and ecological diversity) があり、これらによって自然のバランスが良好に保たれています (maintain the healthy balance of nature)。

生物多様性は人間に自然の恵みをもたらし、医学研究などにも貢献します。しかし、人間のせいで、生物の種の絶滅速度は数百年で1000倍に加速したとも言われています (Humans increased the rate of species extinction by 1,000 times.)。環境悪化が進み、生態系の破壊 (the destruction of an ecosystem) は深刻な状況です。

そんななか、世界の動向としては、1992年に生物多様性条約 (the Convention on Biological Diversity／略称CBD) が採択され、国連環境開発会議 (地球サミット：the U.N. Conference on the Environment and Development／略称UNCED) で署名、発効に至りました。現在 (2019年10月)、アメリカを除く194カ国が参加し、取り組みを強化しています。

Is it necessary to protect endangered species from extinction?

[訳] 絶滅危惧種を絶滅から救うことは必要か？

「絶滅危惧種の保護」に対する賛成意見と反対意見、どちらに説得力があり、エッセイが書きやすいかを決めていきましょう。次の 6 つのポイントから 3 つを選んで、キーアイディアを考えてみてください。

POINTS

① ecosystem ④ future generations
② technology ⑤ costly
③ aesthetic value ⑥ natural process

いかがでしょうか。①〜④は賛成意見、⑤⑥は反対意見に使えるポイントです。絶滅危惧種の保護は「生態系の維持」「科学技術の発展」「美的価値の維持」「未来世代への責任」といったメリットが大きく、賛成意見のほうに説得力があると言えるでしょう。このように明らかに賛成アイデアが多い場合は、それに従う方が時間のロスを防げます。

賛成意見のキーアイディア文を考えましょう！

→ 賛成意見！

1. The protection of endangered species contributes to the maintenance of a healthy **ecosystem**.

▶ 生物は相互に依存しながら生きています。自然界全体のバランスを保つために、絶滅に瀕した種を守るべき、という説得力のある主張です。

2. The protection of endangered species to maintain genetic biodiversity is essential to the development of agricultural and medical **technologies**.

▶ 植物などの絶滅危惧種を守ることで、生物の遺伝子の多様性が保たれます。遺伝子の多様性は、農学や医学技術の発展のための研究材料に欠かせません。

3. The protection of endangered species contributes to the **aesthetic value** of our planet.

> ▶ 自然の美しさやその恩恵を未来世代も享受し続けるためには、生物の種の多様性を維持しなければなりません。

次に、キーアイデアに対するサポートを考え、賛成意見のエッセイを完成させましょう。

サンプルエッセイ

Currently, nearly 30% of all species on earth are threatened with extinction and the rate of extinction is accelerating, according to the International Union for Conservation of Nature's Red List. Under the circumstances, I strongly believe that it is necessary to protect endangered species from extinction for the following three reasons.

Firstly, the protection of endangered species contributes to the maintenance of a healthy ecosystem. Plant and animal species have an interdependent relationship that supports each other's survival. The extinction of certain species at the current rate will have dire consequences for the ecological balance.

Secondly, protecting endangered species to maintain genetic biodiversity is essential to technological development. Agricultural scientists conduct genetic experiments by making use of endangered species' DNA to increase crop yields and produce better farm products. Medical researchers study genetic materials of diverse species including endangered species for medical purposes.

Finally, the conservation of endangered species will contribute to the aesthetic value of our planet. By protecting the beauty of nature by promoting biodiversity, future generations can continue to enjoy the beauty of rich flora and fauna through recreational pursuits such as bird watching and flower viewing.

In conclusion, for the above-mentioned three reasons, the maintenance of a healthy ecosystem, the development of agricultural and medical technologies, and the aesthetic value of biodiversity, I strongly believe in the need for protecting endangered species.

225 words

- □ **accelerate** 加速する
  - ※ ほかに形容詞として accelerating development（急速な発展）のように使う
- □ **interdependent** 相互依存の
- □ **have dire consequences for ～** ～に恐ろしい結果をもたらす
  - ※ consequences は主に「悪い結果、影響」を表し、ほかに serious[grave] consequences（深刻な結果）のように使う
- □ **ecological balance** 生態系の均衡
- □ **biodiversity** 種の多様性
- □ **aesthetic value** 美的価値
  - ※ have aesthetic value（美的価値がある）のように使う
- □ **flora and fauna** 動植物
- □ **namely** すなわち、より正確に言えば
  - ※ 文中でコンマなどの直後で、that is (to say)（すなわち、つまり）、in other words（言い換えれば）と同様に使う。

[訳]　国際自然保護連合のレッドリストによると、現在、世界のすべての種の 30%近くが絶滅の危機に瀕しており、その速度は加速している。こうした状況を踏まえ、以下の 3 つの理由から、私は絶滅危惧種を絶滅から救う必要があると確信している。

　　第一に、絶滅危惧種を保護することで健全な生態系が保たれる。植物や動物の種は、共存共栄の相互依存関係にある。特定の種が現在のペースで絶滅することは、生態系のバランスに悲惨な結果をもたらすだろう。

　　第二に、遺伝子の多様性を維持するために絶滅危惧種を保護することは、技術開発に不可欠である。農学科学者たちは、収穫量を高めたり、良質な農産物を生産するために、絶滅危惧種の DNA を利用した遺伝子実験を行っている。また医学研究者たちは、絶滅危惧種を含む多種多様な種の遺伝子素材を研究している。

　　最後に、絶滅危惧種の保護は、私たちの惑星の美的価値に貢献する。生物の多様性を守ることで自然の美しさが増し、未来の世代もバードウォッチングや花の観賞のようなレクリエーションを通じて、豊かな動植物の美しさを享受し続けられるのである。

　　結論として、健全な生態系の維持、農学や医学の技術開発、きわめて重要な生物多様性の美的価値という上記の 3 つの理由により、私は絶滅危惧種の保護は必要であると強く信じる。

解説

　1 つ目の理由「健全なエコシステムの維持」が重要であるのは、植物や動物の種が互いに依存する関係にあるためです。そのバランスを、人為的な環境破壊によって崩しているわけです。種の絶滅は自然のバランスに組み込まれている場合もありますが、人間によって著しく加速させられた絶滅は、人間によって保護する必要があります。それを怠ると深刻な結果を招くとサポートしています。

２つ目の理由の「農学的、医学的技術の発展」では、研究素材として種の多様性が不可欠であると説明。われわれが生きていくのに必要な農作物の品種改良や医療の研究材料として、遺伝子の多様性が必要であると主張しています。

３つ目の理由の「自然の美的価値」については、地球の美の恩恵を将来にわたって受け続けるには、動植物の多様性が欠かせないとサポートしています。その多様性を保つために、絶滅危惧種の保護が必要なのです。

 逆の立場はこう書こう！

今回は反対の意見を述べにくいトピックですが、あえて反対の立場を選ぶ場合には、次のようなキーアイデアを構築するとよいでしょう。

→ 反対意見！

1. Protecting endangered species entails substantial **costs**, which should be used for other more important programs.
（絶滅危惧種の保護には膨大なコストがかかる。それはほかのより重要な計画に費やされるべきである。）

▶ 絶滅危惧種の保護には、研究や土地の確保、飼育など莫大な費用がかかります。それは不必要な公共支出 (unnecessary public spending) なので、もっと重要な施策に使ったほうがよい、という主張です。

2. Extinction is a **natural process** that goes on even in the absence of humans.
（絶滅は人間の存在がなかったとしても起こる自然のプロセスである。）

▶ 絶滅は自然淘汰 (natural selection) として起こるものです。これまでに地球上に存在した動植物の 99.9%の種は、絶滅したと推定されています。地球の歴史から言えば、人間以外の原因によって絶滅させられた種の方が多く、また人間も自然の一部です。

24

学校教育では競争と協力、どちらを重視すべきか?

■ ワンポイントレクチャー

　日本の教育は、1970 年代までの暗記重視の「詰め込み教育」(cramming education) 時代、1980 年代から 2010 年代初期までの、学習内容を減らし、自らの力で観察・調査・発表・討論など思考力を付けることを目指す「ゆとり教育」(relaxed education) 時代、2010 年代初期以降の、生きる力の育成を目指す「脱ゆとり教育」(de-relaxed education) 時代と変遷してきました。

　「詰め込み教育」時代には、生徒や学校同士の競争を基調 (institutionalize competition among schools and students) とし、競争が優秀さを育むという固定観念 (a mindset focused on fostering excellence) があらゆる場面に浸透していました。その結果、学生、教師ともに、激しい競争が引き起こす教育格差 (an educational divide) と精神的問題 (mental problems) にさいなまれました。

　次の「ゆとり教育」時代には、協力 (cooperation) が重視されました。みんなで学習しあう環境 (a learning community) を作って助け合うことで、チーム精神 (team spirit) や創造性 (creativity)、クリティカルシンキング力 (critical thinking ability) や指導力 (leadership skills) を伸ばそうとしたのです。しかし、学習到達度に関する国際調査 PISA (Programme for International Student Assessment) において順位が下がり、学力の低下が指摘されるようになりました。この問題点を克服すると同時に、生きる力の育成を目標とする、新時代の「脱ゆとり教育」に、今、国民の期待が寄せられています。

　世界に目を向けると、協力型教育 (cooperation-oriented education) が最も成功した例として、フィンランドが挙げられます。その教育の目的 (the purpose of education) は優秀さ (excellence) を生み出すことではなく、「社会の不平等 (social inequality) をなくす」ことと定義され、初等教育から大学教育まで授業料は無料です。教師は高い学歴を持ち、十分な訓練を受け (highly qualified and trained)、高給と高い社会的地位 (well-paid and highly respected) を与えられています。学校は公立でありながら、中央政府の管理統制はゆるく、広く自治権 (autonomy) が与えられています。こういった世界の成功例も考慮しつつ、競争重視か協力重視か、理想的な教育のあり方について考えてみましょう。

問題 24

> ## Which should school curricula emphasize more, competition or cooperation?
> ［訳］学校教育では競争と協力、どちらを重視すべきか？

　学校教育で重視すべきものとして、「競争」と「協力」のどちらに説得力があり、エッセイが書きやすいかを決めていきましょう。次の6つのポイントから3つを選んで、キーアイディアを考えてみてください。

POINTS

　① mental strength　　　　　　　④ the business world
　② intellectual development　　　⑤ interpersonal relationships
　③ economic development　　　　⑥ higher education

　いかがでしょうか。①〜③は競争重視、①および④〜⑥は協力重視に使えるポイントです。「精神力育成」「知力育成」「経済成長への貢献」といった競争重視のポイントと、「ビジネス界で成功するための人格形成」「対人関係の重要性」「高等教育」といった協力重視のポイントがはっきり分かれるので、両方の立場でエッセイを書くことができそうです。

　協力重視の方が最近のトレンドですが、〈ワンポイントレクチャー〉で詳しく説明しているので、ここではあえて、競争重視のキーアイディア文を考えてみましょう！

→ 競争重視！

1. Competitiveness-centered curricula develop students' **mental strength**.

　▶ 競争重視のカリキュラムは「生徒の精神力を鍛える」という主張です。学業で周囲より秀でるために懸命に努力することで、精神力が身に付くとサポートします。

2. Competition-oriented curricula encourage students' **intellectual development**.

　▶ 競争重視のカリキュラムは「生徒の知的成長を促進する」という主張です。

3. Competition-focused curricula contribute greatly to scientific and **economic developments** in the world.

　▶ 競争重視のカリキュラムは、世界の科学と経済の発展に大きく貢献する、という主張です。

次に、キーアイデアに対するサポートを考え、エッセイを完成させましょう。

Public opinion usually differs as to whether school curricula should place more emphasis on competition or on cooperation. Personally, I believe that curriculum content needs to be centered around the development of a sense of competition for the following three reasons.

Firstly, competitiveness-centered curricula develop students' mental strength. An academically demanding school environment with keen competition among students can develop a strong character and will to outperform peers in schoolwork and to tackle daunting academic challenges. This grit is highly beneficial to those aiming to gain admission to competitive schools or employment with prestigious companies.

Secondly, competition-oriented curricula encourage students' intellectual development. Taking school math contests for example, participants make vigorous efforts to work out challenging problems faster than others within a limited time. This agile process of problem-solving develops analytical reasoning and application skills very effectively.

Finally, competition-focused curricula contribute more to scientific and economic developments in the world. They help students grow into more productive members of society. Competition makes children more ambitious and aspiring enough to create innovative products or generate new ideas, which will bring huge benefits to the whole world.

In conclusion, for these three reasons, students' mental and intellectual development as well as their contribution to scientific and economic development. I strongly believe that school curricula should attach more importance to the development of students' competitive spirit than cooperative spirit.

222 words

- ☐ competitiveness-centered curricula 競争重視のカリキュラム
- ☐ keen competitions 熾烈な競争
- ☐ develop one's mental strength 精神的な強さを育む
- ☐ outperform peers in schoolwork 学業で同級生をしのぐ
- ☐ tackle daunting academic challenges 気の遠くなるような学業課題に取り組む
- ☐ grit 根性
- ☐ gain admission to 〜 〜への合格を勝ち取る
- ☐ make vigorous efforts 懸命に努力する
- ☐ this agile process of problem-solving 機敏な問題解決の手法
- ☐ analytical reasoning 分析的思考
- ☐ application skills 応用力
- ☐ ambitious and aspiring 野心的で意欲的

[訳]　　学校の教育課程で競争と協力のどちらを重視すべきかについては、たいてい世論は分かれる。個人的には、以下の３つの理由から、教育課程の内容は競争心の発達を中心にする必要があると思う。

　　第一に、競争心を中心とした教育課程は、生徒の精神力を鍛える。生徒間に激しい競争のある、学問的要求の厳しい学校環境は、学業で同級生をしのぐための、また気の遠くなる課題に取り組むための強い気質を育てる。このような根性は、難関校への入学や、一流企業への就職を志す人にとって非常に有益である。

　　第二に、競争指向の教育課程は、生徒の知的発達を促す。例えば、学校の数学コンテストに参加することで、参加者は制限時間内に、ほかの参加者より速く難問を解こうと懸命に努力する。このような機敏な問題解決の手法により、分析的思考と応用力が非常に効果的に養われる。

　　最後に、競争を重視した教育課程は、世界の科学と経済の発展に大いに貢献する。競争重視型教育は、子どもたちが生産的な社会人に成長する助けとなる。競争により生徒たちは、革新的な製品を創り出したり、新しい考えを生み出したりするのに十分なほど野心的で意欲的になり、そのことが世界全体に多大な利益をもたらすのである。

　　結論として、生徒の人格形成、知的発達、そして科学と経済の発展への貢献という３つの理由から、私は学校の教育課程は、協力の精神よりも生徒たちの競争心の発達を重視すべきであると強く思う。

解説

　１つ目の理由「生徒の精神力の育成」については、生徒間の熾烈な競争が、強い精神力をもつ人格を育むとサポート。将来の高校・大学入試や就職に役立つと説明することで、説得力を出しています。

　２つ目の理由「生徒の知力育成」では、数学コンテストという具体例を挙げています。同級生と競いながら、学問的ハードルをクリアしていくことが、分析的思考と応用力の養成につながると主張しています。

3つ目の理由「経済や科学の発展への貢献」のサポートには、競争が社会に貢献できる大人への成長を促す点を挙げています。革新的製品を生み出すなど、世界の経済的、科学的発展に貢献できると締めくくることで、力強いエッセイとしています。

✎ 逆の立場はこう書こう！

　このトピックはトレンド的には「協力重視」に向っています。「協力重視」の意見を書く場合は、次のようにキーアイデアを構築するとよいでしょう。

→ **協力重視！**

1. Cooperation-oriented curricula can develop students' character so that they can successfully work with others in **the business world**.
（協力型教育は、ビジネスの世界で他者とうまく働くための人格を育む。）
　▶ ビジネスで成功するには、チームワークが重要であることを主張します。

2. It will help students become successful in **interpersonal relationships**.
（生徒たちが人間関係で成功する助けとなる。）
　▶ 友人、恋人、家族など他者との協調が必要な場面が、人生には数多くあります。

3. It will help students become successful in group work, which is an integral part of **higher education**.
（高等教育に不可欠なグループワークの成功を助ける。）
　▶ 大学などの高等教育では、共同研究が必須です。協力重視のカリキュラムにより、その準備態勢を整えることができると主張します。

25

テロは撲滅できるか？

■ ワンポイントレクチャー

　アメリカ合衆国と旧ソ連の、「資本主義 vs. 社会主義」のイデオロギー対立であった冷戦（the Cold War）は、1990年代初めに終結しました。その後は、異なる民族、人種、宗教、政治的対立による武力紛争（armed conflict）が表面化。さらには、貧困や脆弱な統治機構（fragile government）など、さまざまな要因が複雑に絡み合ったテロが世界中にひろがります。平和を脅かす要素が国家間の対立から、より小さな集団間の対立へと変化したのです。

　テロはなぜ起きるのでしょうか。まず、不満や怨恨（grievance）が動機になります。自身の置かれた劣悪な環境（miserable plight）に対する不満が強く、その思いが蓄積されていくと、仲間を増やし団結するという動きが生まれます。状況を変えるべく、同じ立場の人や共感してくれる人と繋がり、声をあげるのです。テロとは、その声が聞き入れられず、一部の過激派（extremist）が不満のはけ口を一般市民を巻き込む暴力に求めたものを指します。そして、その暴力が新たな憎しみを生み、テロの悪循環（vicious circle）に陥るという構図です。

　テロを撲滅するには、不満と憎しみの根本原因（root cause）である貧困と格差をなくさなければなりません。しかし、途上国で多くみられる権力者や公職者の汚職（corruption）、中東地域に代表される絶え間ない宗教対立と地域武力紛争などの複合緊急事態（Complex Humanitarian Emergency／略称 CHE）、さらに地球温暖化に起因する自然災害や農作物への悪影響など、こうした背景を考えると、その道のりは容易ではありません。

　また、インターネットの普及により、世界中から活動メンバーを簡単に集められるようになったことも、テロ根絶を阻む要因です。裕福で高学歴の若者が正義感から参加するケースや、貧困国から欧米に移住した移民2世（second-generation immigrants）や3世がテロを起こすケースも見られます。

　加速するグローバル化で格差が広がる昨今、教育と対話、経済支援など、国際協力を地道に進めていくほかにテロ根絶の方法は見当たりません。

問題 25

Can we eradicate terrorism in the world?

[訳] テロは撲滅できるか？

「テロは撲滅できるか？」に対する賛成意見と反対意見、どちらに説得力があり、エッセイ が書きやすいかを決めていきましょう。次の6つのポイントから3つを選んで、キーアイディ アを考えてみてください。

POINTS

① history　　　　④ education
② poverty　　　　⑤ international relation
③ military action　⑥ economic inequality

いかがでしょうか。①〜③及び⑥は根絶できないという反対意見、④〜⑥は根絶できる という賛成意見に使えるポイントです。「紛争の歴史」「貧困」「武力行使の連鎖」「経済格 差」という観点から考えると、テロ根絶は難しいと言えます。

一方、賛成意見は「適切な教育」「国際関係の改善」「経済格差」をキーアイデアにできま すが、希望的見解であるため実現性が乏しく、弱い主張になりそうです。テロ根絶は、人類 の悲願ですが、反対意見で書く方が説得力があるでしょう。キーアイディア文を考えてみま しょう！

→ 反対意見！

1. There is a long **history** of intractable religious, ideological, and territorial conflicts that lead to terrorism in many parts of the world.

▶ さまざまな要因が絡み合った、長い争いの「歴史」がテロの根底にあります。それらをす べて清算するのは非常に困難だという反対意見です。

2. Poverty, which is a breeding ground for terrorism, has been spreading with increasing globalization.

▶ テロの温床である「貧困」がグローバル化と共に広がっているという、こちらも強い主 張です。解消されない貧困が原因で富裕国へのねたみ、憎しみでテロが起きています。

3. Military actions to counter terrorism can cause an endless vicious circle of violence and animosity.

▶ テロに対抗する「武力行使」は、暴力と憎悪の連鎖を生みます。それを断ち切るのは容易ではないという反対意見です。

次に、キーアイデアに対するサポートを考え、反対意見のエッセイを完成させましょう。

サンプルエッセイ

Nowadays, terrorism is one of the most serious problems in the world. Especially since the September 11 attacks, there have been public discussions about how to deal with international terrorism. Personally, I believe that international terrorism cannot be eliminated for the following three reasons.

Firstly, there is a long history of intractable religious, ideological, and territorial conflicts that lead to terrorism in many parts of the world. For example, deep-seated animosity between Arabs and Israelis as well as between the Arab world and Western countries sometimes causes extremist groups to commit terrorist acts.

Secondly, poverty, which is a breeding ground for terrorism, has been spreading with increasing globalization. People in dire poverty, desperate for survival and jealous of wealth in Western countries, may resort to terrorism to vent their resentment of their poverty and huge income disparities.

Finally, military actions to counter terrorism can cause an endless vicious circle of violence and animosity. The Bush administration's war on terrorism, for example, caused terrorists' resentment against the U.S. without eradicating international terrorism.

In conclusion, for the above-mentioned three reasons, long-standing intractable religious, ideological, and territorial conflicts, increasing economic inequality, and the futility of military actions, it is extremely difficult to eliminate international terrorism.

204 words

- □ intractable conflict 解決困難な紛争

  ※intractable は「解決困難な」の意。intractable disease（難病）、intractable problem（難問）など。

- □ deep-seated animosity 根深い敵意

- □ dire poverty 極貧

  ※dire は「悲惨な、切迫した」の意。dire shortage of doctors（極度の医師不足）など。

- □ vent 〜を発散させる、放出する

  ※名詞も同形。vent fan（換気扇）など。

- □ vicious circle 悪循環

  ※vicious criminal（凶悪犯）、vicious lie（悪意のある嘘）など。対義語は virtuous circle（好循環）

[訳]　今やテロは世界で最も深刻な問題の1つである。特にアメリカ同時多発テロ事件（9.11）以降、どのように国際テロに対処するべきかという議論がなされてきた。個人的には、次の3つの理由から、私は国際テロは撲滅できないと思う。

　　第一に、宗教やイデオロギー、領土にまつわる歩み寄りのない争いの歴史が、世界中のテロにつながっている。例えば、アラブとイスラエル、アラブ諸国と西欧諸国間の根深い敵意が過激派にテロを起こさせる。

　　第二に、グローバル化に伴い、テロの温床となる貧困が広まっている。生きのびるために必死で、豊かな西欧諸国に羨望を抱く極貧状態の人々が、貧困と多大な格差に対する憤りを発散するためにテロ行為に及ぶかもしれないのである。

　　最後に、テロに対抗する武力行使をすることによって、暴力と憎しみの無限の循環に陥る可能性がある。例えば、ブッシュ政権によるテロとの戦争はテロリストのアメリカへの憎しみを引き起こし、国際テロを撲滅することはできなかった。

　　結論として、長年にわたる歩み寄りのない宗教や領土争い、経済格差の増加、そして武力行使の無益さという、上記3つの理由から、国際テロを撲滅することは非常に難しい。

解説

　世界を震撼させたアメリカ同時多発テロ事件に言及しながら、テロの深刻な現状を説明することで、その根絶は難しいという意見への布石としています。

　1つ目の理由である「歩み寄りのない争いの歴史」のサポートには、アラブ対西欧の争いを具体例として挙げており、強い説得力があります。よい例が思い浮かばない場合は、本質的な内容でサポートするとよいでしょう。例えば、宗教は他を受け入れないものがある（Religious exclusivism will never meet others in the middle.）、人間には領土を手放したくないという欲望があり（Humans have the desire to expand their territories）、それが長い歴史の間に蓄積されるから、などです。

2つ目の理由「貧困」については、グローバル化の進展を述べることで、力強いサポートになります。貧困は羨望や憤りにつながり、暴力行為に及ぶというのは人間の性として自然な流れです。

3つ目の理由「武力行使」のサポートには、暴力と憎しみの連鎖、つまり「やられたらやり返す」の具体例を挙げています。よい例が思い付かない場合は、「ブッシュ政権」を「大国」(a great power) などに置き換えるのも一案です。

 逆の立場はこう書こう！

賛成意見を書く場合は、次のようにキーアイデアを構築するとよいでしょう。

→ **賛成意見！**

1. The provision of proper **education** will help eradicate terrorism.
（適切な教育をすることでテロは根絶できる。）

▶ 怒りや怨嗟は間違った教育、あるいは無教育に基づくことが多いので、貧困地域に対する教育支援を行なうことが重要です。また、教育で就業機会が増大し、生活が向上し、地域も安定します。

2. The improvement of **international relations** can eliminate terrorism.
（国際関係を改善することでテロは根絶できる。）

▶ 敵対勢力であっても、対話を通じて良好な関係を築ければテロはなくなります。

3. Redressing **economic inequality** through increased ODA will help eliminate terrorism.
（政府開発援助を増やして経済格差を是正することでテロを根絶できる。）

▶ 経済格差はテロの大きな原因のひとつです。それをなくすことでテロもなくなります。

26

超高齢社会の問題は近い将来解決できるか？

■ ワンポイントレクチャー

　超高齢社会（super-aged society）とは、全人口に対する65歳以上の人口の割合（高齢化率：the percentage of the population aged 65 or older）が、21%を超える社会のことを言います。高齢化は世界的に進んでいますが、日本の高齢化率は28.1%と群を抜いています（2018年時点）。次いでイタリア（23%）、ポルトガル（22%）、ドイツ（21%）が超高齢社会に突入しています。

　日本の高齢化は他国に比べて急速に進行しました。1970年に高齢化社会（aging society：全人口に対する65歳以上の割合7%超）、1994年に高齢社会（aged society：同14%超）、そして2007年には超高齢社会へと突入しました。このように、日本が世界に類を見ない速さで高齢化した理由としては、年金制度（pension system）や医療制度（healthcare system）といった国の社会保障制度（social security system）の充実と、少子化（declining birthrates）が挙げられます。

　年金制度の充実により、多くの高齢者が安定した生活を送ることができます。また国民皆保険制度（universal healthcare system）が、医療機関（medical institution）での病気の早期発見、早期治療（early detection and treatment）を可能にしています。これらの結果、平均余命が延びた（extended life expectancy）と考えられます。

　しかし、その一方で社会保障費が増大（ballooning social security cost）。財源を圧迫しています。にもかかわらず、それを支える労働者人口は減少（shrinking workforce）しているのです。既存の制度では、今後対応しきれないのは明らかです。特に医療と介護（medical and nursing care）にかかる費用は、深刻な状況を迎えると予測されています。また、労働者不足（labor shortage）、特に医療・福祉業界のそれは深刻です。

　これらの問題に対応するため、政府は「人生100年時代構想」（designing 100-year-life society）と称し、対策を進めています。介護人材の処遇改善（improvement of treatment of caregivers for the elderly）、生涯教育とリカレント教育（lifelong education and recurrent education）の推進、定年退職年齢の引き上げ、高齢者雇用の促進（promotion of employment for the elderly）など。医療・福祉サービス

の分野（the medical and welfare industries）では、支援ロボットの開発・導入（the development and introduction of robotic assisted systems）も行っています。

　今後も高齢化率はますます高くなると予想され、日本の超高齢社会（super-aged society）への取り組み方は世界のモデルとなるでしょう。

キーアイディアを考えてみよう！

問題 26

> ## Can Japan solve the problem of a super-aged society in the foreseeable future?
> ［訳］超高齢社会の問題は近い将来解決できるか？

　「超高齢社会の問題を解決できるか？」に対する賛成意見と反対意見、どちらに説得力があり、エッセイが書きやすいかを決めていきましょう。次の6つのポイントから3つを選んで、キーアイディアを考えてみてください。

POINTS

① pension crisis 　　　　④ foreign workers
② labor shortage 　　　　⑤ technology
③ decline in consumption 　⑥ tourism

　いかがでしょうか。①〜③は「福祉制度の危機」「労働者不足」「消費の減少」といった超高齢社会の問題点です。これらは反対意見に使えるポイントです。一方④〜⑥は、この問題の解決策です。ここでは、これらを使って賛成のキーアイディア文を考えてみましょう！

→ 賛成意見！

1. The **pension crisis** can be overcome by a tax revenue increase and the abolishment of the mandatory retirement system.

　▶ 税収増と定年制廃止によって、特に懸念される年金制度の危機は克服できる、という主張です。

2. The labor shortage can be solved by advanced **technologies** and **foreign workforce**.

　▶ 労働者不足は、先端技術と外国人労働力によって解決できます。

3. The decline in domestic consumption can be offset by increased revenue from a growth in inbound **tourism**.

> ▶ 国内消費の減少分は、外国人観光客からの収益増によって相殺される、という主張です。

次に、キーアイデアに対するサポートを考え、賛成意見のエッセイを完成させましょう。

サンプルエッセイ

The proportion of elderly people to the entire population is growing at an accelerating pace in developed countries. This tendency is said to create a number of serious problems including welfare crises, labor shortages, and declining consumption. However, I think that these dire situations can be rectified by the following three measures in Japan.

Firstly, the much-talked-about pension crisis can be overcome by a tax revenue increase and the abolishment of the mandatory retirement system. A consumption tax hike and a working population increase through open immigration policy will help increase tax revenue. Meanwhile, the abolishment of the mandatory retirement system will reduce government pension provisions, which will help save the pension system.

Secondly, the prospective serious labor shortage can be solved by advanced technologies and increased use of a foreign and elderly workforce. In addition to an increasing number of foreign and elderly workers, robotics and AI technology will compensate for a dearth of skilled and unskilled workers in many fields such as construction, healthcare, and agriculture, which are already suffering from serious understaffing.

Finally, the decline in domestic consumption can be offset by increased revenue from a growth in inbound tourism. Foreign tourists have been spending a huge amount of money on shopping, accommodations, and sightseeing. Their spending sprees will stimulate consumption, thus revitalizing the economy.

In conclusion, these serious problems can be resourcefully and proactively remedied by the above-mentioned political, technological, and economic measures.

237 words

□ **at an accelerating pace** 加速度的に

□ **welfare crisis** 福祉制度の危機

　※ pension crisis（年金制度の危機）と healthcare crisis（医療制度の危機）を含む。

□ **dire situation** 悲惨な状況

□ **rectify the situation** 状況を改善する

　※ ほかに rectify the imbalance（不均衡を是正する）、rectify the mistake（誤りを修正する）。

□ **much-talked-about** 話題になっている

□ **mandatory retirement** 定年退職

□ **consumption tax hike** 消費税引き上げ

□ **a dearth of ~** ~の不足

□ **spending spree** 消費熱、消費景気

□ **resourcefully** 臨機応変に

　※ 形容詞は resourceful（機転のきく、要領のよい）。resourceful staff（優秀なスタッフ）など。

[訳]　　先進国では、人口全体に対する高齢者の割合が急増している。この傾向は、福祉制度の危機や労働者不足など多くの問題を引き起こすと言われている。しかしながら、私は以下の3つの方法によって、これらの悲惨な状況は修正可能であると思う。

　　第一に、話題になっている年金制度の崩壊は、税収増と定年制廃止によって克服できる。消費税増税と移民受け入れ政策による労働人口の増加によって税収入が増加する。また、定年制を廃止することで政府の年金支給額が減り、年金制度の危機は救われるであろう。

　　第二に、予想される深刻な労働者不足は最新技術と、外国人および高齢者の労働力で解決できる。外国人や高齢の労働者の増加に加えて、ロボットやAI技術が、すでに深刻な人手不足となっている建設、医療、農業などの分野における熟練労働者、単純労働者の不足を補ってくれるだろう。

　　最後に、国内消費の減少は、国を訪れる外国人観光客数増加のための収益増によって相殺される。外国人観光客は買い物、宿泊施設、観光に多額のお金を使う。この消費熱が国内消費を刺激し、経済を活性化する。

　　結論として、これらの深刻な問題は、上に述べた政治的、技術的、経済的対策で臨機応変に、そして積極的に対処することができる。

解説

　　高齢化の問題は、先進国の間で深刻になっています。この問題に関しては、残念ながら日本は世界の最前線に立っています。自国に焦点を当てて考えることができるので、書きやすいトピックかもしれません。まず、イントロで問題点を挙げ、それぞれが解決に向かっていると主張しています。

　　1つ目の問題点「年金制度の危機」は、政府の財源増と定年制の廃止により解決できます。サポートとして、前者については消費税増税と移民受け入れ政策による税収の増加で実

現可能と説明。後者については定年制の廃止が年金支給額の削減につながると主張しています。

　2つ目の問題点「労働者不足」は、高齢者と外国人労働力の導入に加えてAI革命による人員削減で解決できると主張。すでに人手不足となっている分野を具体例として挙げています。

　3つ目の問題点「国内消費の減少」は、外国人による旅行消費で相殺されると主張します。外国人観光客による「消費熱が国内消費を刺激して」、国の「経済が活性化する」とサポートします。まさに現在日本で起こっている現象です。

逆の立場はこう書こう!

　賛成意見の方が書きやすいトピックですが、反対意見を述べたい場合は、次のようにキーアイデアを構築するとよいでしょう。

→ 反対意見!

1. Japan's **welfare crisis** is inevitable due to a significant increase in pension provision, medical costs for the elderly, and fiscal deficits.
（年金受給額、高齢者医療費および財政赤字の著しい増加のため、福祉制度の危機は避けられない。）

　▶ 医療テクノロジーの発達により、平均余命がますます伸びています。しかし、そのせいで財政が圧迫され、医療制度と福祉制度が危機に瀕していると主張します。このようにtechnology は反対意見にも使えます。

2. Japan's **labor shortage** cannot be alleviated due to a shrinking working-age population caused by declining birthrates.
（少子化が進んで生産年齢人口が減少するので、労働者不足の問題は軽減できない。）

　▶ 少子化は今後ますます進む一方、外国人労働力は言語の問題や待遇の悪さなどで減少すると主張します。

3. The declining population will **decrease domestic consumption**, thus weakening the national economy.
（人口減少は、国内消費を落ち込ませ、国の経済を弱体化させる。）

　▶ 少子高齢化で労働人口が減り、国内消費が落ち込みます。

27

世界の今のニュース報道は偏っているか？

■ ワンポイントレクチャー

　メディア・バイアス（media bias）とは、文字通り「メディア情報が偏向している」ことです。各メディアの発信する情報が、さまざまな理由や都合により、事実の一部だけ、もしくは歪められて報道されること（distortion of the fact）です。同じ事柄でも「どの部分をどのように報道するか」でかなりのバイアスが生まれるため、ある程度の偏りは必然的であるとも指摘されています。

　情報の偏りの要因としては、まず発信者側の立場によるものがあります。どんなに公平を意識しても、発信者がもつ人種や宗教、性別、年齢などに対する物事の捉え方（how things are perceived）が、多かれ少なかれ発信される情報に反映されてしまいます。それに、各媒体は多くの場合、特定の政党やイデオロギーを支持しています。ジャーナリストがフリーランスなのか、社員なのかも重要なファクターで、後者の場合は一般的に、その職業倫理（work ethic）よりも、所属企業の圧力や利害の影響を受けやすい（more likely to be affected by pressure and interests of the company）とされています。

　報道のセンセーショナリズムも重要な要因でしょう。テレビ局も新聞社も営利企業です。広告費などの利益を追求しなければいけません。そのため、視聴率アップや読者層を拡大（increase audience ratings and readership）しようと、センセーショナルな報道に偏りがちです。そうした姿勢が客観的な情報配信を阻害することもあります。

　さらに、政府による検閲も考慮しなければいけません。中国やロシアなどは公然または秘密裏にメディア検閲（overt or covert press censorship）を行い、報道を統制しています。

　ソーシャルメディアの普及に伴い、虚偽報道（fake news）が蔓延するようになりました。ファクトチェックを行う機関も存在しますが、その効用には限界があるとされています。メディアの伝える情報を鵜呑みにせず（not accept information at face value）、情報を主体的に読みこなし、正確性を見極めるメディアリテラシーや批判的思考能力を身につける（develop media literacy and critical thinking ability）ことが、今後さらに重要となるでしょう。

問題 27

Is current news coverage in the world objective or biased?

[訳] 世界の今のニュース報道は客観的か、それとも偏っているか?

「現在の世界のニュース報道」は客観的か偏っているか、どちらの意見に説得力があり、エッセイが書きやすいかを決めていきましょう。次の6つのポイントから3つを選んで、キーアイディアを考えてみてください。

POINTS

① political party　　④ audience rating
② ideology　　⑤ manipulation
③ sensationalism　　⑥ watchdog company

いかがでしょうか。①〜⑤は「偏りがある」、⑥は「客観的」の意見に使えるポイントです。「偏向している」とするアイディアの方が圧倒的に多く、かつ説得力もありそうです。「偏りがある」立場でのキーアイディア文を考えてみましょう!

→ 偏りがある!

1. The news media tend to support particular **political parties**, candidates, or ideologies.

▶ ニュースメディアは、思想的に完全に中立の立場をとっているわけではありません。特定の政治思想や理念に偏っています。

2. News outlets' **sensationalism** is rampant in media coverage.

▶ 視聴率や購買率を上げるために、視聴者や読者が喜びそうなセンセーショナルな報道が広まっています。

3. News coverge is often **manipulated** by the government in the world.

▶ 政府によるニュース報道の情報操作も、情報の正確性を損なう大きな要因です。

次に、キーアイデアに対するサポートを考え、「ニュース報道は偏向している」という意見のエッセイを完成させましょう。

The media is often accused of bias for or against a particular ideology or a political party. In some countries, derogatory statements about any race or religion are considered hate speech. Under these circumstances, I think that current news coverage is biased for the following three reasons.

Firstly, the news media tend to support particular political parties, candidates, or ideologies. Political bias is common in media coverage. For example, it's well-known that Fox news is one of the most influential right-wing news outlets in the U.S., while CNN and the New York Times are left-centered in story selection or political affiliation.

Secondly, news outlets' sensationalism to increase audience ratings is rampant in media coverage. Stories and events on the media are deliberately overhyped to increase viewership or readership. This is mainly because higher audience ratings can attract more advertisers to run their ads on the media, which will increase advertising revenue for media companies.

Finally, news coverage is often manipulated by the government around the world. In countries like Russia, China, and North Korea, the government controls the media through overt and covert press censorship. Biased and censored news reporting will seriously undermine objective journalism and media integrity.

In conclusion, for these three reasons, the political bias in news coverage, sensationalism, and government media manipulation, I think that current news coverage is biased.

222 words

□ derogatory statements 軽蔑的な発言
□ political bias 政治的偏向
□ right-wing news outlet 保守派のニュース配信社
□ left-centered biased 中道左派に偏る
□ story selection and political affiliation 話題選びと政党
□ increase audience ratings 視聴率を上げる
□ deliberately overhyped わざと過度に騒ぎ立てられた
□ viewership and readership 視聴者と購読者の数
□ increase advertising revenue 広告収入を増やす
□ overt and covert press censorship 公然かつ隠されたメディア検閲
□ undermine media integrity メディア倫理を損なう

[訳]　メディアは、特定のイデオロギーや政党を支持あるいは反対しているとして、しばしば非難される。ある国においては、あらゆる民族や宗教に対する侮蔑的な発言はヘイト・クライムとみなされる。そうした状況において、私は以下の3つの理由により、現在のニュース報道には偏りがあると考える。

　第一に、ニュースメディアは、特定の政党、候補者、イデオロギーを支持する傾向がある。政治的なバイアスはメディアの報道でよく見られる。例えば、Fox ニュースがアメリカで最も影響力のある保守派のニュース配信企業であることはよく知られている。その一方で、CNN やニューヨークタイムズは、話題選びや支持政党において、中道左派に偏っている。

　第二に、ニュース配信企業のセンセーショナルリズムが報道に蔓延している。メディアで報じられるニュースや出来事は、視聴者数や購読数を上げるため、故意に誇張されている。その主な理由は、高い視聴率は広告を出してくれる広告主をより多く引きつけ、それにより、メディア企業の広告収入が増えるからである。

　最後に、世界のニュース報道はしばしば政府によって、操作されている。ロシアや中国、北朝鮮のような国では、政府は公然または秘密裏の報道機関への検閲を通して、メディアをコントロールしている。偏向し、検閲されたニュース報道は、客観的なジャーナリズムとメディア倫理を深刻に阻害する。

　結論として、メディア企業の政治的偏向、センセーショナリズム、政府の検閲の3つの理由により、私は現在のニュース報道には偏りがあると考える。

解説

　1つ目の理由「特定政党への支持」については、歴史的に見てもメディア企業は特定のイデオロギーを支持してきたとサポートしています。具体例として、アメリカの FOX ニュース（共和党支持）やニューヨークタイムズ（民主党支持）を挙げているので、説得力があります。

　2つ目の理由「センセーショナルな報道」に関しては、視聴率や購買率を上げるために、事実を誇張して報道する傾向があるとサポート。その理由として、広告収入の増加という利潤追求の姿勢があると説明しています。

　3つ目の理由「検閲」では、具体的に中国やロシア、北朝鮮などの検閲で、事実が大きく歪められている現状を述べています。

✏ 逆の立場はこう書こう！

　ソーシャルメディアの普及により、近年は「フェイクニュース」の増加が問題視されています。media ethics（メディア倫理）がさらに重視されるようになり、メディアの報道や情報のファクトチェックを行う団体も存在しています。しかし、その効用には限界があるとされています。このトピックは、メディア報道は「客観的」とする立場で書くのは難しいでしょう。

28 代替医療の利点は欠点を上回るか?

▨ ワンポイントレクチャー

　代替医療とは、現代西洋医学以外の医療行為を指します。例えば、市販の健康サプリや、整体院など病院以外での治療もこれにあたります。これらを西洋医学を補うものと位置づけ、補完代替医療 (Complementary and Alternative Medicine) とも呼びます。

　その種類は多岐にわたり、漢方薬 (Chinese medicine)、鍼灸 (acupuncture and moxibustion)、気功 (qigong)、ヨガ (yoga)、指圧 (shiatsu / digital compression) といった東洋由来のものや、音楽療法 (music therapy)、マッサージ (massage)、カイロプラクティック (chiropractic)、アロマセラピー (aromatherapy)、ホメオパシー (homeopathy)なども含まれます。さらに中国医学と並んで世界三大医学と呼ばれるインドのアーユルベーダ (Āyurveda)、アラブ・イスラムのユナニ医学 (Unani medicine) も代替医療に分類されます。

　補完代替医療は、予防医学 (preventive medicine) に秀でています。例えば、漢方では「病気ではないけれども健康でもない状態」を未病 (presymptomatic disease) と呼び、この未病の段階で治療することが大切だと言い伝えられています。この予防医学のコンセプトは、医療費削減に繋がります。そして患者の心と身体を別々に扱う心身二元論 (mind-body dualism) に基づいた現代西洋医学ではカバーしきれない部分を補うものとして、欧米を中心に補完代替医療への関心が高まっているのです。

　日本では 2010 年に厚生労働省が「統合医療 (integrative medicine) プロジェクトチーム」を発足させました。これは、西洋医学と補完代替医療それぞれのよさを最大限に活かして、患者の生活の質 (the quality of life) を向上させるオーダーメイド的医療を行う取り組みです。

　その一方で、世に数多ある補完代替医療は玉石混淆 (a mixture of wheat and chaff) です。なかには科学的検証ができないものもあり、効果や安全性を見極めることが難しいという課題が残されています。健康志向 (health-consciousness) の高まりとともに、補完代替医療はますます注目を集めるでしょう。ただし、インターネットに情報が溢れる現代社会において、その活用にあたっては、有効性 (efficiency) とリスクを天秤にかけ、十分に議論する必要がありそうです。

問題 28

Agree or disagree: The benefits of alternative medicine outweigh its disadvantages

［訳］代替医療の利点は欠点を上回る、という意見に賛成か反対か？

「代替医療の利点は欠点を上回るか？」に対する賛成意見と反対意見、どちらに説得力があり、エッセイが書きやすいかを決めていきましょう。次の6つのポイントから3つを選んで、キーアイディアを考えてみてください。

POINTS
① healthcare costs　④ scientific evidence
② weakness　　　　⑤ health insurance
③ side effects　　　⑥ low-quality

いかがでしょうか。①〜③は賛成意見、④〜⑥は主に反対意見に使えるポイントです。代替医療は「医療費削減」「西洋医学の弱点の補完」「副作用が少ない」といったメリットと、「科学的に実証されてない」「健康保険がきかない」「クオリティが担保されない」といったデメリットが、明確に分かれるため、両方の立場でエッセイを書くことができます。

ここでは、賛成のキーアイディア文を考えてみましょう！

→ 賛成意見！

1. Alternative medicine reduces government **healthcare costs**.

　▶ 代替医療には病気の発生そのものを予防する側面があります。そのため、その活用により、国の医療費負担を軽減できます。説得力のある賛成意見です。

2. Alternative medicine can compensate for the **weaknesses** of Western medicine.

　▶ 代替医療は holistic medicine（心身両面に作用する医学）と言われ、西洋医学では治療できない部分を「補う」ことができるという主張です。

3. Alternative medicine has fewer **side effects** than Western medicine.

　▶ 代替医療は西洋医学よりも「副作用」が少ないという賛成意見です。

次に、キーアイデアに対するサポートを考え、賛成意見のエッセイを完成させましょう。

In modern society, major medical treatments are based on Western medicine in developed countries. However, alternative medicine has come into the spotlight in the last decades. Though its effectiveness remains unclear in most cases, I agree with the idea that the benefits of alternative medicine outweigh its disadvantages for the following three reasons.

Firstly, alternative medicine reduces government healthcare costs. Unlike Western medicine, alternative medicine focuses on holistic approach to preventing diseases. For example, yoga creates a balance between the mind and body by improving blood circulation and relieving stress. This practice will prevent illnesses and decrease the number of patients, thus lowering national medical costs.

Secondly, alternative medicine can compensate for the weaknesses of Western medicine. Oriental medicine treats diseases by dealing with the causes that Western medicine doctors find it difficult to identify. This is especially true for the treatment of diseases related to the autonomic nervous system, the immune system, and the endocrine system.

Finally, alternative medicine has fewer side effects than Western medicine. For example, therapies without drugs including yoga, meditation, and massage do not harm the human body. In addition, alternative medicine often uses natural substances such as plants and minerals, which are often far less harmful than chemicals.

In conclusion, for the above-mentioned three reasons, reducing government healthcare costs, complementing Western medicine, and causing fewer side effects, I agree with the idea that the benefits of alternative medicine outweigh its disadvantages.

236 words

□ **come into the spotlight** 注目される

　※「注目される」の表現はほかに enter the spotlight がある。反対に「世間の目を逸らす」は
　　take the spotlight off

□ **a holistic approach** 心身一体のアプローチ

　※ holistic は「総合的な」という意味で、東洋医学を語る上でのキーワード。

□ **autonomic nerve system** 自律神経系

　※「自律神経失調症」は dysautonomia または autonomic ataxia。

□ **endocrine system** 内分泌系

　※ endo- は「内部」の意。endotherm は「内温動物」、endocentric は「内心的な」

[訳]　　現代の先進国の医療は、西洋医学に基づくものが大半である。しかし過去数十年、代替医療に注目が集まっている。その効果については、多くの場合はっきりしないが、私は次の 3 つの理由から代替医療の利点は欠点を上回ると思う。

　　　第一に、代替医療を活用することで、政府の医療費を削減できる。西洋医学と異なり、代替医療は病気を予防する心身一体のアプローチに重きを置いている。例えばヨガは、血流をよくし、ストレスを解消することで、心と身体のバランスを整える。こうした施術で、病気を予防し、罹患者数を減らすことができる。それはつまり、医療費の削減につながる。

　　　第二に、代替医療は西洋医学の弱点を補うことができる。例えば東洋医学は、西洋医学の医師が特定できないような原因の病気を治療できる。このことは特に、自律神経系や免疫系、内分泌系疾患の治療に顕著である。

　　　最後に、代替医療は西洋医学よりも副作用が少ない。例えば、ヨガや瞑想、マッサージといった薬品を用いない治療は、健康な身体を傷つけない。さらに、代替医療は植物やミネラルのような天然物質を用いることが多く、これらは化学薬品よりも害が少ない。

　　　結論として、政府の医療費削減、西洋医学の補完、そして副作用が少ないという上記 3 つの理由から、私は代替医療の利点は欠点を上回ると思う。

　1 つ目の理由「医療費の削減」のサポートには、代替医療の予防医学 (preventive medicine) としての役割を挙げています。病気になってから治療する西洋医学と異なり、病気の発症そのものを防ぐので、医療費を削減できるという内容です。

　2 つ目の理由「西洋医学を補う」のサポートですが、特に自律神経系や免疫系疾患など、西洋医学ではカバーしきれない分野で、代替医療は効果を発揮すると述べています。

　3 つ目の理由「副作用が少ない」については、ヨガや瞑想、マッサージなど、薬物を使わない治療を例として挙げています。薬物には副作用が付き物なので、西洋医学との比較でその利点が際立っています。

　代替医療が「心身一体」つまり身体全体を総合的 (holistic) にみて、病気も体の一部と

捉えるのに対し、西洋医学は身体とは切り離して病気の部分に着目します。この違いを踏まえ、西洋医学には無い利点を挙げるとよいでしょう。

✎ 逆の立場はこう書こう!

反対意見を書く場合は、次のようにキーアイデアを構築するとよいでしょう。

→ 反対意見!

1. There is no **scientific evidence** of the effectiveness of alternative medicine.

（代替医療はその効果が科学的に証明されていない。）

▶ 西洋医学は科学に基づいていますが、代替医療はそうではないので効果が不明確です。

2. Alternative medicine is expensive, as it is not covered by national **health insurance.**

（代替医療は保険が適用されず高価である。）

▶ 漢方のように保険がきくものもあるが、大半は適用されないので高額になり、患者の負担が大きいです。

3. Alternative medicine may provide **low-quality** medical treatment.

（代替医療は質の低い治療になりかねない。）

▶ 西洋医学のように医師免許がないので、すべての代替医療の治療が高品質であるとは言えません。

29

定年退職制度の利点は欠点を上回るか？

■ ワンポイントレクチャー

　日本人の平均寿命（an average life expectancy）はどんどん延び、女性は87.32歳、男性が81.25歳（2018年時点）と世界でもトップクラスです。さらに寿命が延び、ロンドンビジネススクール教授のリンダ・グラットン氏が説いた「人生100年時代」（The 100-Year Life）を迎えるとなれば、これまでの人生プランを見直す必要があるという考えも生まれています。

　日本で初めて退職年齢が定められたのは1887年です。海軍火薬製造所で55歳定年だったそうです。そのころの男性の平均寿命が40代後半〜50歳でしたので、文字通り終身雇用（lifetime employment）だったのでしょう。その後、昭和初期まで定年制は浸透しなかったのですが、1923年の関東大震災、1929年の世界大恐慌（the Great Depression）による大不況をきっかけに、雇用者を自動的に解雇できる55歳定年制が一般化しました。

　昭和後期になると少子高齢化が進み、年金制度（the pension system）の維持が危ぶまれてきました。年金支給を遅らせるために60歳定年が徐々に定着していきます。1986年、「高年齢者雇用安定法」が改正され、60歳定年が企業の努力義務になり、1998年に60歳定年制が施行されます。さらに平成に入ると、2012年の「原則希望者全員の65歳までの雇用を義務化」により65歳まで働くことができる環境が整いました。

　海外の定年事情はどうでしょうか。アメリカは1987年に、イギリスは2011年に定年退職制度を廃止しました。アメリカは年齢差別（age discrimination）の観点から、イギリスは日本同様、少子高齢化に伴う年金問題、生産人口（a working-age population）の減少がその理由です。一方、ドイツ、フランスは段階的に65歳以上に、マレーシアやタイなど高齢化社会ではない国でも55歳から60歳へと定年制が引き上げられています。高齢化社会ではないアジア諸国の場合は先進国とは事情が異なり、経済発展による労働力確保（secure labor force）のための引き上げです。このように少子高齢化に伴う年金問題や、労働力確保の問題が絡みあう定年制のあり方が世界各国で議論されています。

問題 29

Agree or disagree: The benefits of the mandatory
retirement system outweigh its disadvantages

[訳] 定年退職制度の利点は欠点を上回る、という意見に賛成か反対か？

「定年制の利点が欠点を上回るか？」に対する賛成意見と反対意見、どちらに説得力があ
り、エッセイが書きやすいかを決めていきましょう。次の6つのポイントから3つを選んで、
キーアイディアを考えてみてください。

POINTS

① labor costs   ④ knowledge and experience
② younger generations   ⑤ pension provision
③ safety net   ⑥ healthspan

いかがでしょうか。①～③は賛成意見、④～⑥は反対意見に使えるポイントです。「人件
費の削減」「若い世代への継承」「セーフティネット」の観点から考えられる賛成意見と、「知
識と経験」「年金支給」「健康年齢」といった反対意見が明確に分かれます。両方の立場で
エッセイを書くことができそうです。ここでは、賛成のキーアイディア文を考えてみましょ
う！

→ 賛成意見！

1. The mandatory retirement system reduces high **labor costs**.

> ▶ 定年制により、年長者の高い「人件費」を削減できます。説得力のある賛成意見です。

2. The mandatory retirement system will provide job opportunities
for the **younger generations**.

> ▶ 定年制により「若い世代」に雇用機会を提供できるという、こちらも強い主張です。

3. The mandatory retirement system will serve as a **safety net** for
elderly people who have difficulty working.

> ▶ 年を取ると、肉体的にも、精神的にも衰え、仕事を継続するのが難しくなります。定年制
> は、そうした人たちに対する「セーフティネット」の役割を果たします。これも重要な賛
> 成意見と言えるでしょう。

次に、キーアイデアに対するサポートを考え、賛成意見のエッセイを完成させましょう。

With an increasing number of elderly people, there is a growing tendency to question the value of the mandatory retirement system. However, I think that the benefits of the mandatory retirement system outweigh its disadvantages for the following three reasons.

First, the mandatory retirement system reduces high labor costs. Especially in seniority-based countries like Japan, this system is essential for organizations to reduce labor costs by eliminating highly-paid elderly workers and increase operational efficiency by employing low-paid, more productive younger workers.

Second, the mandatory retirement system will provide more job opportunities for the younger generation who needs to work for a living. This system encourages companies to employ young people, thus alleviating the problem of high unemployment and non-regular employment among young people.

Finally, the mandatory retirement system will serve as a safety net for elderly people who have difficulty working. Many elderly people suffer from sharply declining physical and mental conditions and hope to enjoy easy life after retirement. This system will relieve them of work duties under pressure, thus enhancing the quality of their lives.

In conclusion, for these three reasons, much-needed business efficiency, the provision of job opportunities for the younger generation, and the provision of a safety net for elderly people with declining physical and mental abilities, I think that the benefits of the mandatory retirement system outweigh its disadvantages.

224 words

□ **seniority-based** 年功序列の

□ **serve as ~** ～として役に立つ

※ serve は「仕える」より「～の役割をする」の意。serve as a deterrent to crimes（犯罪抑止力として機能する）、serve as role models（手本になる）など。

□ **a safety net** セーフティネット

※ 直訳「安全網」より、安全や安心を提供するための仕組みのこと。「社会保障」「受け皿」の意。social safety net（社会保障）、financial safety net（金融セーフティネット）など

[訳]　高齢者が増える中、定年退職制度を疑問視する傾向が強まっている。しかし私は、次の3つの理由から定年退職制度の利点が欠点を上回ると思う。

　　第一に、定年退職制度は、高い人件費を削減できる。特に日本のような年功序列制の国では、定年制は、組織が高給取りの高齢従業員を退職させ、人件費を削減するのに欠かせない。そうして、給料が安く、より生産性の高い若い従業員を雇用することで作業効率を高めるのである。

　　第二に、定年退職制度は、生きるために働かなければならない若い世代に就業の機会を与える。定年制は企業に、特に若年層の雇用を促すので、若者の高い失業率や非正規雇用といった問題を緩和する。

　　最後に、定年退職制度は働けない高齢者へのセーフティネットの役割を果たす。高齢者の多くが、急激な身体的、精神的衰えに苦しむことになる。そして退職後のゆったりとした生活を望む。定年制は、そういった人たちをプレッシャーのある仕事の義務から解放し、生活の質を向上させるのである。

　　結論として、切望される作業効率、若年層への仕事の供給、そして体力や精神力が衰えた高齢者へのセーフティネットの提供という3つの理由により、私は定年退職制度の利点が欠点を上回ると思う。

解説

　1つ目の理由「人件費の削減」のサポートには、高齢従業員に対する高給が経営の負担となることと、若い従業員を雇うことで作業効率が高まることを挙げています。企業経営に大きな差を生むことが定年制の利点です。

　2つ目の理由は「若年層の就業促進」ですが、サポートとして、失業や非正規雇用の問題を緩和することを挙げています。不況による人件費削減のために、非正規雇用が増えている現状を踏まえた説得力のあるサポートです。

　3つ目の理由「セーフティネット」は、高齢者の生活の質向上をサポートに挙げています。長年働いてきた人にとって、心身を休めて第2の人生を謳歌したい、というのは自然な欲求です。

✐ 逆の立場はこう書こう！

反対意見を書く場合は、次のようにキーアイデアを構築するとよいでしょう。

→ **反対意見！**

1. The mandatory retirement system will lead to a loss of elderly workers with **knowledge and experience**.

（定年退職制度で経験と知識を持った高齢労働者を失うことになる。）

▶ 定年退職制度は、一朝一夕では蓄積できない知識と経験を持った社員を強制的に退職させることになります。企業の発展を支える、貴重な財産を手放さなければならないのは、大きな損失です。

2. The mandatory retirement system will increase the government budget for **pension provision**.

（定年退職制度で年金給付のための政府予算が増えてしまう。）

▶ 高齢者が退職すると、年金支給額を増やさなければならなくなります。

3. The mandatory retirement system can decrease the **healthspan** of elderly people.

（定年退職制度により、高齢者の健康寿命を延ばせなくなる。）

▶ 責任を持って仕事をし、社会とつながりを持つことは、心身の健康を促進します。定年退職により、そうした機会が失われると、健康的な生活を送れなくなってしまいます。

30

少年犯罪の被疑者の名前や写真を公表すべきか？

■ ワンポイントレクチャー

　アメリカやイギリスでは、少年法制の基本理念は、福祉・保護よりも刑事司法（criminal justice）に重きを置いています。そのため、凶悪犯罪者の場合は、未成年であっても実名報道がなされます。

　一方、日本では少年法61条（the Juvenile Act Article 61）に基づき、事件を起こしたのが未成年者の場合は、名前や顔など、個人を特定できる報道を禁じています。これは少年非行（juvenile delinquency）から立ち直らせるために、福祉的、教育的に働きかけるという再教育（rehabilitation）、保護主義（protectionism）の理念に基づいています。また、プライバシー権、成長発達権、学習権を保障するための措置でもあります。未成年者は未成熟なので、善悪の判断ができず責任能力がないという考えに則しているのです。

　しかし、未成年者による殺人（murder）、強盗（robbery）、放火（arson）、強姦（forcible rape）などの凶悪犯罪（heinous crime）は、果たして「非行」の範囲におさまるのか。18〜19歳はほんとうに「善悪の判断ができない」のか。少年法の基本理念そのものに疑念を投げかける意見も多くあります。

　さらに、一般市民には事件について知る権利（the right to know）があります。たとえ少年であっても、事件の凶悪性に変わりはありません。安全な社会（public safety）を築くために、事件の背景や犯人像は欠かせない情報です。

　また、加害者はプライバシーが守られるのに、被害者（victims）は実名や顔写真が報道されることへの不公平さ（unfairness）を指摘する声もあります。こうした状況から世論は、凶悪犯罪の場合は特に、未成年犯罪者の実名報道に賛成する方向にあります。

　しかしながら、実名報道により更生機会を奪われた加害少年・少女が再犯（recidivism）に走る危険性は否定できません。そして「報道の自由」の名の下、個人のプライバシーを簡単に公表してしまうメディアの是非についても議論を重ね、検証する必要があるでしょう。

問題 30

Should the names and photos of juvenile criminals be made public?

［訳］未成年犯罪の被疑者の名前や写真を公表すべきか？

「未成年犯罪者の実名と写真の公表」に対する賛成意見と反対意見、どちらに説得力があり、エッセイが書きやすいかを決めていきましょう。次の6つのポイントから3つを選んで、キーアイディアを考えてみてください。

POINTS

① deterrent
② freedom of expression
③ public safety
④ little effect
⑤ reforming and growing
⑥ human rights

いかがでしょうか。①〜③は賛成意見、④〜⑥は反対意見に使えるポイントです。このトピックは、「一般市民」と「犯罪者」、どちらの視点に重きを置くかで意見が分かれます。一般市民側であれば、社会公益性をベースとした賛成意見、犯罪者側であれば、再教育、更生をベースとした反対意見となるでしょう。

ここでは、賛成のキーアイディア文を考えてみましょう！

→ 賛成意見！

1. Publicizing the names of juvenile criminals would serve as a **deterrent** to crimes.

  ▶ 未成年犯罪者の実名公表は、犯罪の「抑止」につながります。

2. Publicizing the names of criminals contributes to **freedom of expression** and the right to know.

  ▶ 未成年犯罪者の実名公表は、「表現の自由」と知る権利に寄与します。

3. Publicizing the names of criminals would help promote **public safety**.

  ▶ 未成年犯罪者の実名公表は、「治安」向上の一助となる、という重要な賛成意見です。

次に、キーアイディアに対するサポートを考え、賛成意見のエッセイを完成させましょう。

In Japan, the privacy of criminals who are minors is protected by law to give them a chance for rehabilitation. However, I think that the names and photos of juvenile criminals should be published for the following three reasons.

Firstly, it would serve as a deterrent to juvenile crimes. Some potential underage offenders are likely to commit crimes all the more because they have no fear of being exposed to the public. Furthermore, media exposure would make them realize the severity of the crimes they have committed.

Secondly, it promotes the freedom of expression and the public right to know. Citizens have the right to know, through the media, what has happened and who has committed a serious crime. Moreover, it is unfair that criminals' privacy is protected, while the victims' personal information is revealed.

Finally, it will help promote public safety. As the rate of juvenile recidivism is on the rise, people find it increasingly difficult to protect themselves without any specific information about criminals. People can maintain their safety by recognizing the names of juvenile criminals especially with a tendency to commit murder or sex crimes.

In conclusion, for the above-mentioned three reasons, deterring juvenile crimes, promoting the freedom of expression and the right to know, and promoting public safety, I think that the names and photos of juvenile criminals should be published.

228 words

□ **rehabilitation** 更生

※日本語のいわゆる「リハビリ」は主に身体機能回復を指すが、英語では医学分野のほかに教育、職業、社会福祉分野における回復も意味する。

□ **offender** 違反者

※「犯罪者」系の類語は criminal が「犯罪者」、culprit は「犯人（offender と同様に必ずしも法律違反者とは限らない）」

□ **have no fear of ~** ~を恐れない

※ have no fear of failing（失敗するのを恐れない）、have no fear of death（死を恐れない）など。

□ **be exposed to the public** 公になる

※ expose は「晒す」の意。expose to air（空気に触れる）、expose to sunlight（日光にさらす）。

□ **all the more because ~** ~だからいっそう…

□ **recidivism rate** 再犯率

※ recidivism は「常習的悪行、累犯」の意。動詞は recidivate ≒ fall back の意。

[訳]　日本では、未成年犯罪者のプライバシーは法律で保護されており、これは少年・少女に更生のチャンスを与えるためである。しかし私は、次の3つの理由から未成年犯罪者の名前や写真を公表すべきだと思う。

　　第一に、未成年犯罪者の実名公表は、犯罪の抑止になる。名前公表の恐れがないことを理由に、罪を犯そうとする犯罪者もいる。さらに、メディアへの露出が、犯した罪の重大さを認識させることにつながる。

　　第二に、未成年犯罪者の実名公表は、表現の自由と、公衆の知る権利を促進する。一般市民には、何が起き、誰が重罪を犯したのかを、メディアを通して知る権利がある。さらに、被害者の個人情報が公表される一方で、加害者のプライバシーが保護されるのは不公平だ。

　　最後に、未成年犯罪者の実名公表は、治安向上の一助となる。未成年犯罪の再犯率が高まっているのに、犯罪者の具体的な情報がなければ、一般の人々は身を守るのがどんどん難しくなっている。特に、生まれながらに殺人や性犯罪の性向を持つ未成年犯罪者の名前を知ることで、人々は安全を確保できるようになる。

　　結論として、未成年犯罪の抑止効果、表現の自由と知る権利の推進、そして治安向上といった上記3つの理由から、私は未成年犯罪者の名前と写真は公表すべきだと考える。

解説

　1つ目の理由「犯罪抑止力」ですが、これは、「恐れるもの」がなければ悪行に走りやすいという人間の性について述べています。名前を公表することは一種の社会的制裁になるので、それを恐れて犯罪を思いとどまらせることが出来るという説得力のある主張です。

　2つ目の理由「表現の自由と知る権利」ですが、実名の公表はメディア（報道する側）にとっては表現の自由、大衆（報道を受けとる側）にとっては知る権利に該当するとサポート。

この2つは、民主主義の根幹ですので、説得力のある主張になっています。

　3つ目の理由「治安問題」ですが、少年犯罪の再犯率が増加しているという事実をうまく取り入れたサポートになっています。自分たちの安全に関わることなので、読者が実感を持って納得できる主張になっています。

✒ 逆の立場はこう書こう！

反対意見を書く場合は、次のようにキーアイデアを構築するとよいでしょう。

> → 反対意見！

1. Publicizing the names of juvenile criminals would have **little effect** on crime reduction.
（未成年犯罪者の実名公表は、犯罪減少にほとんど効果はない。）

　▶ 少年が犯罪に走る原因は、成長環境など別のところにあります。実名公表に犯罪抑止力はありません。

2. Publicizing the names of juvenile criminals will discourage them from **reforming and growing** into law-abiding good citizens.
（未成年犯罪者の実名公表は、彼らが更生し、法を順守する善良な市民となることを阻害する。）

　▶ 大人と違い、どこの学校に行っても犯罪者とのレッテルを貼られて更生が難しくなります。

3. Publicizing the names of juvenile criminals would infringe on their **human rights**.
（未成年犯罪者の実名公表は、人権侵害になる。）

　▶ 犯罪者のレッテルを貼られることで、周囲からの偏見にさらされます。それが健全な成長を妨げるので、実名公表は「成長発達権」の侵害にあたります。

31

同性婚は認められるべきか？

■ ワンポイントレクチャー

　同性結婚は、2001年、オランダで初めて合法化（legalization）されました。以来、ベルギー、スペインなど、欧州を中心に容認の動きが広まり、現在では世界26ヵ国で合法化されています（2019年10月時点）。北米では、2005年にカナダの全州で、2015年にアメリカ全土において同性婚が容認されました。

　アジアでは台湾で初めて合法化され、2017年にインドでも最高裁が同性間の性行為を禁じる法律を違憲（against the constitution）とする判断を下して話題になりました。しかし、その一方で、中国やマレーシア、パキスタンでは、同性婚の容認どころか、同性愛は犯罪行為（a criminal act）に位置づけられています。アフリカにおいては（2006年に合法化された南アフリカ共和国を除く）、多くの国で違法（breach of the law）であり、中東でもサウジアラビアやアラブ首長国連邦（UAE）では、死刑に値する罪だとされています。まだまだ保守的な考えも根強く残って（deeply ingrained）います。

　現在のところ、日本には同性カップルに法的に婚姻関係を認める制度はありません。日本国憲法（the Constitution of Japan）に、婚姻は「両性の合意」（the mutual consent of both sexes）に基づくと明記され、同性婚は成立が不可能です。しかし、東京の渋谷区は自治体（local municipalities）として初めて、同性カップルの「パートナーシップ制度」を条例として可決。性的マイノリティー（sexual minorities / LGBTQ）の権利を尊重するものとして注目を浴びました。ほかに世田谷区や宝塚市、札幌市、那覇市、伊賀市でも、この制度が導入されました。ただ、この同性パートナーシップ制度に法的効力はなく（not legally binding）、法律上の夫婦になれるわけではありません。

　同性婚を認める側（proponents）は、愛する者同士が婚姻関係を結ぶのは平等で不可侵の人間の権利（inalienable human rights）であること、養子縁組による孤児の減少を容認理由として主張しています。その一方で、伝統的な家族観が損なわれることや、婚姻の社会的優遇措置（social benefits）、例えば配偶者控除による納税者（tax payers）の税負担増を危惧する反対側（opponents）の主張があり、世論を二分しています（polarize public opinion）。

問題 31

> # Do the benefits of legalizing same-sex marriage outweigh its disadvantages?
>
> [訳] 同性婚合法化の利点は欠点を上回るか？

「同性婚合法化の利点は欠点を上回るか？」に対する賛成意見と反対意見、どちらに説得力があり、エッセイが書きやすいかを決めていきましょう。次の6つのポイントから3つを選んで、キーアイディアを考えてみてください。

POINTS

① human rights   ④ financial burden
② orphans   ⑤ declining birthrate
③ discrimination   ⑥ traditional family value

いかがでしょうか。①〜③は賛成意見、④〜⑥は反対意見に使えるポイントです。このトピックは「基本的人権の尊重」「孤児の救済」「差別撤廃」といったメリットと、「経済負担」「出生率の低下」「伝統的な家族観が損なわれる」といったデメリットが明確に分かれ、両方の立場でエッセイを書くことができます。ここでは、賛成のキーアイディア文を考えてみましょう！

→ **賛成意見！**

1. Legalizing same-sax marriage contributes to the promotion of fundamental **human rights**.

> ▶ 愛する人と結婚する権利は、日本国憲法で認められています。同性結婚を認めることは、基本的人権を保障することにつながるのです。

2. Homosexual couples can make a positive contribution to society through adoption of underprivileged **orphans**.

> ▶ 同性カップルは、孤児を養子に迎える傾向が強いため、その点で社会貢献できます。

3. Legalizing same-sex marriage will lead to the elimination of social prejudice and **discrimination** as a whole.

> ▶ 同性婚合法化の影響は、社会に広がる偏見や差別を無くしていくきっかけになります。

次に、キーアイデアに対するサポートを考え、賛成意見のエッセイを完成させましょう。

サンプルエッセイ

In recent years, the legalization of same-sex marriage has grown from an unusual debate topic to a worldwide controversy. It has also evolved into one of the most contentious political issues in some countries around the world. Although there are some disadvantages such as undermining traditional family values and lowering the fertility rate, I think that the benefits of legalizing same-sex marriage outweigh its disadvantages for the following three reasons.

First, legalizing same-sax marriage contributes to the promotion of fundamental human rights of homosexual people. Marriage rights should be guaranteed as one of the basic human rights for everyone. The legalization of same-sex marriage will lead to the protection of the rights of socially marginalized people such as LGBTs.

Secondly, homosexual couples can make a positive contribution to society through adoption of underprivileged orphans. The legalization of same-sex marriage will also increase international adoption, which helps alleviate income disparity between developed and developing countries.

Thirdly, legalizing same-sex marriage will contribute to the elimination of social prejudice and discrimination. Accepting homosexual marriage can have the ripple effect of eradicating various forms of discrimination, which will help alleviate racial and ethnic conflicts by developing tolerance for different cultures.

In conclusion, for these three reasons, the promotion of fundamental human rights, social contribution through orphan and international adoptions, and its contribution to the elimination of social prejudice and discrimination, I think that the benefits of legalizing same sex marriage outweigh the disadvantages.

239 words

- □ worldwide controversy 世界的な論争
- □ evolve into ~ ~に進化する
- □ contentious political issues 議論を起こす政治問題
- □ lower the fertility rate 出生率を下げる
- □ legalization of same sex marriage 同性結婚の法制化
- □ socially marginalized people 社会的に取り残された人々
- □ underprivileged orphans 恵まれない孤児
- □ alleviate income disparity 所得格差を軽減する
- □ have the ripple effect of ~ ~の波及効果、連鎖反応を起こす
- □ develop tolerance for different cultures 異文化への寛容性を身につける

[訳]　近年、同性婚合法化はなじみのないディベートトピックから、世界的論争へと発展した。国によっては、最も政治的に議論される問題の1つにまで進化している。私は以下の3つの理由により、同性婚合法化の利点は欠点を上回ると考える。

　　第一に、同性婚合法化は同性愛者の基本的人権を広めることに貢献する。結婚する権利は、基本的人権の1つとして全員に保障されるべきものだ。同性結婚の法制化は、LGBT（性的少数者）を含む社会的に取り残された人々の権利を保護することにつながっていく。

　　第二に、同性カップルは、恵まれない孤児を養子に迎えることを通じて、社会に貢献できる。同性婚の法制化は、国際的な養子縁組の増加にもつながるだろう。そして、それは、先進国と発展途上国との収入格差を緩和する手助けにもなる。

　　第三に、同性婚合法化の奨励は、社会的偏見や差別の撤廃に貢献する。同性結婚を承認することは、あらゆる形の差別をなくす波及効果を生む。異なる文化への寛容さを育み、人種や民族的衝突さえも軽減するだろう。

　　結論として、基本的人権の奨励、孤児・国際的養子縁組みを通しての社会貢献、社会的偏見と差別撲滅への貢献、これら3つの理由により、私は同性婚合法化の利点の方が欠点より大きいと思う。

解説

　1つ目の理由「人権の保護」のサポートは、基本的人権によって、誰もが結婚できる権利を有するとするのが効果的です。このように、基本的人権について述べるのは非常に説得力があるので、このパラグラフは必ず1つ目に書きましょう。

　2つ目の理由「社会貢献」については、異性カップルよりも同性カップルの方が養子縁組をする確率が高い点を指摘。孤児という社会問題を解決できるとサポートしています。さらに、国際間の養子縁組みであれば、国際的な経済格差の是正にもつながると主張を展開しています。

　3つ目の理由「社会的偏見、差別」に対しては、同性婚が合法化されることで、公共の意識が向上し、結果的に社会的マイノリティー全体への差別や偏見をなくす礎になるとサポートしています。

✎ 逆の立場はこう書こう！

反対意見を書く場合は、次のようにキーアイデアを構築するとよいでしょう。

→ **反対意見！**

1. The legalization of same-sex marriage will impose an additional **financial burden** on taxpayers.

（同性婚の合法化は、納税者にさらなる経済負担を課す。）

　▸ 同性婚は異性カップルと同じく社会的な優遇措置が適用されるため、納税者の税負担をさらに増やします。

2. The legalization of same sex marriage contributes to a **decline in birthrates**.

（同性婚の合法化は、出生率の低下を助長する。）

　▸ 同性婚が認められると、出生率が低下します。

3. The legalization of same-sex marriage will undermine **traditional family values**.

（同性婚合法化は、伝統的な家族観を傷つける。）

　▸ これまで異性間での結婚が通念であったので、同性婚は従来の価値観に混乱を及ぼす可能性があるでしょう。

32

現代の日本の学校において道徳教育は重要か？

◤ ワンポイントレクチャー

　日本の道徳教育（moral education）としては、明治時代には忠孝仁義など儒教的価値観（Confucian value）に基づく「修身」（moral training）が教育勅語（the Imperial Rescript on Education）の趣旨に沿ってなされました。修身科では努力、友情（comraderies）、親孝行（filial piety）、公益（the common good）、正直（honesty）など25項目に及ぶ徳目を、偉人の言葉やエピソードを用いて教えていました。例えば、「勉学・研究」では野口英世、「親孝行」では二宮金次郎のエピソード、といった具合です。

　大正時代になると、デモクラシー運動（democratic movement）の盛り上がりと共にリベラル思想（liberalism）が芽生えます。しかし、第二次大戦が勃発すると、天皇への忠誠心（loyalty to the Emperor）を育むため、学校は愛国心教育（patriotism-instilling education）一色となります。戦後はアメリカ合衆国率いるGHQ指導の下、軍国主義（militarism）を支えた修身科は否定され、学校教科から外されました。その後、学習指導要領に基づき、理性ある社会人を育てるための「道徳」が作られます。しかし、これは教科外の活動と位置づけられました。つまり、それによって生徒を評価しない授業ということです。

　このような歴史をもつ道徳教育ですが、目まぐるしく変化する現代社会では、価値観（value judgment）の多様化が急速に進んでいます。従来の尺度で測れないものごとが登場し、教育が現実に追い付かなくなっているのです。例えば、いじめ問題、情報社会でのモラル問題（moral degeneration）、家庭の教育力低下問題などなど。現代はいわばモラル教育の過渡期だと言えるでしょう。そこで、その状況を打破するため、道徳が教科化されることになりました。

　善悪の判断、感謝、礼儀（manners）、動物愛護（animal protection）など、人間の根幹をなす部分を他教科と同様に教えることを当然とする賛成意見の一方、反対の声も上がっています。反対派は、国が定めた価値観を学校で一律に教えることはイデオロギーの押しつけ（ideological control）であり、再び軍国主義への道を歩みかねないと主張し、論争が高まっています。

問題 32

Is moral education at school important in modern Japanese society?

[訳] 現代日本において、学校での道徳教育は重要か？

「現代日本において、学校での道徳教育は重要か？」に対する賛成意見と反対意見、どちらに説得力があり、エッセイが書きやすいかを決めていきましょう。次の6つのポイントから3つを選んで、キーアイディアを考えてみてください。

POINTS

① parental discipline　④ ideological control
② community　⑤ evaluation difficulty
③ effectiveness　⑥ bias

いかがでしょうか。①～③は賛成意見、④～⑥は反対意見に使えるポイントです。反対意見の「イデオロギーの押しつけ」「困難性」「偏見」はいつの時代にも当てはまるものが多く、「現代日本において」という条件に合致しない部分がでてくるでしょう。ここは、賛成意見で書く方が説得力があると言えます。キーアイディア文を考えてみましょう！

→ 賛成意見！

1. Moral education at school compensates for a lack of **parental discipline** at home.

　▶ 学校での道徳教育は、家庭での「親の躾」不足を補うという意見です。昨今話題となっている問題を解決するという点で、説得力があります。

2. Moral education at school compensates for a lack of moral guidance in the **community**.

　▶ 特に都市部において、地域の結びつきの希薄化が叫ばれています。これまで「地域社会」が担ってきた分を、学校の道徳教育が補うという主張です。

3. Moral education at school is **effectively** provided because of its instructional settings.

　▶ 未成熟な子供が集まる学校では、モラルに係わるいじめなどの問題が発生します。その際、その場で対処できるので、学校での道徳教育は「効果的」だとする賛成意見です。

次に、キーアイデアに対するサポートを考え、賛成意見のエッセイを完成させましょう。

With growing cultural diversity in Japan, some people point out the problem with teaching moral values at school for fear of ideological control. However, I think that moral education at school plays an important role in modern Japanese society for the following three reasons.

Firstly, moral education at school compensates for a lack of parental discipline at home. With an increase in the number of nuclear families and working women, many children have fewer chances to interact with their parents and grandparents who are supposed to teach them morality.

Secondly, moral education at school compensates for a lack of moral guidance in the community. Japanese children used to be taught morality even by their neighbors in a group-oriented society. But nowadays, children have fewer chances to learn morality through interactions with people in their community with weakening ties.

Finally, moral education at school is effectively provided because of its instructional settings. Schools give students more opportunities to learn morality and deal with problems such as bullying through interactions among students. Students can more effectively learn how to behave morally toward others, confronting such problems together at school.

In conclusion, for these three reasons, the compensation for lack of moral guidance at home and in the community as well as the effectiveness of moral education in school settings, I think that moral education at school is important in modern Japanese society.

228 words

- [ ] **point out the problem** 問題を指摘する

  ※ ほかに point out any errors to me（間違いがあれば私に指摘してください）など。

- [ ] **compensate for the lack of ～** ～の不足を補う

  ※ compensate for damages（損害を補償する）、compensate for loans（借金の埋め合わせをする）

- [ ] **interact with ～** ～と関わる

  ※ interact with local people（現地の人と交流する）。inter- は「相互に」の意。

- [ ] **a group-oriented society** 集団を志向する社会

  ※ -oriented は「～志向、優位、本位」の意。ほかに profit-oriented（利益追求型の）、diploma-oriented（学歴偏重の）などがある。

- [ ] **confront problems** 問題に立ち向かう

  ※ 類語に struggle with ～、wrestle with ～、tackle（他動詞）がある。

［訳］　文化の多様化が進む日本では、道徳を学校で教えることはイデオロギーの押しつけになる恐れがあり、問題だと指摘する人もいる。しかし、次の３つの理由から、私は、学校での道徳教育は、現代の日本において重要な役割を果たすと思う。

　第一に、学校での道徳教育は、家庭での躾不足を補うことができる。核家族や働く女性が増えたことで、子供たちが道徳を教えるべき両親や祖父母と接する機会が減少しているのである。

　第二に、学校での道徳教育は、地域での道徳指導の不足を補うことができる。日本の子供たちは、かつては近所に住む人たちからも道徳を学んでいた。しかし、最近では隣人との結びつきが弱くなり、子供たちが地域の人との関わりを通して道徳を学ぶ機会はほとんどない。

　最後に、学校での道徳教育は、その指導環境のおかげで効率的である。学校では、生徒同士の交流を通して、モラルを学び、いじめなどの問題に対処する機会がたくさん得られる。学校ではこのような問題に直面しながら、他者に対して道徳的に振る舞う方法を効率よく共に学ぶことができる。

　結論として、家庭と地域での教育不足を補うことができる、そして学校の環境を生かして効率よく学べるという３つの理由から、私は、現代日本においては学校での道徳教育は重要であると思う。

解説

　１つ目のポイント「家庭での躾不足を補う」については、核家族と共働きの増加という現状を踏まえ、家庭で道徳を学ぶ機会が減っていることを指摘。その不足分を、学校が補う必要があるとサポートしています。

　２つ目のポイント「地域で道徳を学ぶ機会の不足を補う」に対しては、隣人との結びつきが希薄になり、地域社会が弱体化していることをサポートにしています。１つ目と共に、学校でしか道徳を学ぶ場所が無くなっている、という説得力のある内容です。

　３つ目のポイント「効率よく教育しやすい環境」については、学校は生徒同士の交流を通して思いやりや人間関係の築き方を学べるので、道徳の習得に適しているとサポートしています。

反対意見を書く場合は、次のようにキーアイデアを構築するとよいでしょう。

→ 反対意見！

1. Moral education at school can lead to **ideological control**.

（学校での道徳教育は、思想統制になり得る。）

> ▶ 国家が価値観を統一して教育することは、多様性の否定につながり、とても危険です。さらに、現在の日本の学校には、多様な人種的、文化的ルーツを持つ生徒が増えており、画一的な道徳教育をすることは困難です。

2. Moral education at school has **difficulties in evaluation**.

（学校の道徳教育で生徒を評価することは困難である。）

> ▶ そもそも道徳は心の在り方を説くものなので、成績を数値化するなど、教科として評価することができません。

3. Moral education can create in students' mind **biases** against minority people which is otherwise not generated.

（道徳教育は、それがなければ生まれなかったであろうマイノリティに対する偏見を生み出してしまう可能性がある。）

> ▶ まったく差別意識をもっていなかったものに対してまで、わざわざそういった見方があるということを意識させてしまう、という主張です。

※これらは必ずしも「現代日本の学校」に限らないことです。道徳教育全般に対して有効な主張です。

Chapter 4

総仕上げ
実践模試に
チャレンジ！

実践模試にチャレンジ！

　それでは、ここからこれまで習得してきた攻略法をフル活用し、実践問題にチャレンジしていきましょう。英検 1 級の英作文問題では、さまざまな社会問題に関するトピックが扱われ、論理的思考で自分の意見を述べなくてはなりません。

　英作文問題で安定した得点をゲットするためには、さまざまな社会トピックに慣れておくことが大切です。この章の実践問題トピックは第 3 章と同様、出題されやすい重要トピックばかりです。しっかりと学習することで、ライティング力に必要な社会的背景知識の幅を広げ、英語発信力も同時に鍛えるようにしましょう。

　各問題は次のような 7 つのプロセスで解説していきます。

ワンポイントレクチャー

↓

添削エッセイ

↓

添削の解説

↓

エッセイの評価

↓

↓

こう攻略しよう

↓

モデルアンサー

↓

満点突破攻略法

　まず〈ワンポイントレクチャー〉で適切に答えるための背景知識を身に付けましょう。次に〈添削エッセイ〉〈添削の解説〉では、英検の採点基準である「内容」「構文」「文法」「語法」の４つの観点から添削しているので（すべて直すことは不可能なので必要最低限の添削にとどめています）、どの点を改善すべきかを一緒に考えながら読んでください。〈エッセイの評価〉で具体的なスコアを示しています。自分のエッセイと比較して、今後の弱点克服に活用してください。〈こう攻略しよう〉では「賛成」と「反対」のどちらの立場から書けば書きやすいかというアドバイスや、ほかのキーアイデアの例を挙げています。これらを参考にして社会問題に対する考え方の幅を広げるのに役立ててください。〈モデルアンサー〉では、強い主張や展開方法、そして関連語彙や正確な文法の運用方法をマスターしましょう。最後は〈満点突破の極意〉でエッセイライティングのコツをマスターしましょう。

　ではさっそく、張り切って参りましょう。

01

インターネットは有益か？

■ ワンポイントレクチャー

インターネットとは、コンピュータやスマートフォンといった情報機器（information equipment）から接続できるグローバルなネットワークのことです。その起源は、1969年にアメリカ合衆国国防総省（United States Department of Defense）が軍事目的で開始したパケット通信コンピュータネットワークだとされています。

当初は、政府機関や研究機関でのみ活用され、一般利用は禁じられていました。インターネットの商用利用（commercial use）が可能になったのは、1990年代に入ってからです。その利用はまたたく間に世界に広がり、日本でも1993年に商業利用が開始されました。そこから10年余りで、ビジネスはもちろん、日常生活においても必要不可欠な社会基盤（essential infrastructure）となりました。

総務省（Ministry of Internal Affairs and Communications）のインターネット利用動向調査によると、最も利用率の高い用途は「電子メールの受発信」です。次いでウェブサイトやブログの閲覧といった「情報収集・検索」(information gathering, information search）となっています。近年ではネットショッピング（online shopping）やネットフリマなど、消費関連の利用が急増しています。電子商取引（e-commerce）の利便性が、消費行動（consumer activity）を刺激しているのです。その結果として、企業の収益アップや、新たなビジネスチャンスの誕生など、インターネットは経済にも大きな影響をおよぼしていることがわかります。

現代社会にさまざまな恩恵をもたらすインターネットですが、その一方でデメリットもあります。例えば、政府機関や企業へのサイバーテロ攻撃（cyber-terrorism）、SNS（social networking service）での個人情報流出（leakage of private information）、匿名性（anonymity）を悪用した誹謗中傷（defamation）、ネットいじめ（cyber-bullying）などなど。また、動画や音楽配信（music distribution via the Internet）の不正利用による著作権侵害（copyright infringement）、学術論文の盗用（plagiarism）による知的財産（intellectual property）侵害なども、大きな問題になっています。

English Composition

- Write an essay on the given TOPIC.
- Give THREE reasons to support your answer.
- Structure: introduction, main body, and conclusion
- Suggested length: 200—240 words
- Write your essay in the space provided on Side B of your answer sheet. <u>Any writing outside the space will not be graded.</u>

TOPIC
Do the benefits of the Internet outweigh its disadvantages?

MEMO

■ エッセイの添削

→ 賛成意見

With the ~continuous~ advancement of the information technology, some

people argue that ① ~~the disadvantages of the Internet~~ ② ~~such as~~
(cybercrime is a serious menace to society)

~~cybercrime and online fraud outweigh its benefits.~~ However,
（削除）

③ I think that the Internet plays a crucial role in modern society for
the following three reasons.

Firstly, the Internet ④ ~~has a lot of information,~~ ⑤ so people can
(provides a wealth of information)

find any kind of information fast. ⑥ For example, people don't
have to go to a library or even buy books for information. This
technological innovation has revolutionized people's life by

⑦ ~~reducing the burden of~~ travelling for information gathering.
saving the time and trouble of

Secondly, the Internet contributes to the world economy by
increasing ~the~ sales of products and services ~on a global scale~. ⑧ The convenience of

e-commerce has greatly increased the availability of a wider
variety of products. Online advertising is an effective tool for
attracting ~more~ customers to increase business ~transactions~.

Finally, ⑨ people living in remote areas can learn at home as long
as they have access to the Internet. ⑩ E-learning allows people to
receive education twenty-four hours a day. It also ~~helps~~ busy
(provides)

business people who have no educational opportunities with
online education around the clock.

In conclusion, for these three reasons, availability of profuse
information, ⑪ ~~contributing~~ to the world economy, and a considerable
(contribution)

increase in educational opportunities, I think that benefits of the
Internet far outweigh its disadvantages.

■ 添削解説

②の such as cybercrime and online fraud は、後ろの online fraud（ネット詐欺）が cybercrime（サイバー犯罪）に含まれるので、不可です。①と②を the disadvantages of the Internet outweigh its benefits としてもいいですが、添削のようにするのがよいでしょう。

③は自分の意見を表明している個所です。このままでもいいですが、次のように TOPIC 文を活用すると時間の節約にもなりベターです。

> I think that the benefits of the Internet outweigh its disadvantages

④は has a lot of information（インターネットは多くの情報を持っている）とするより、provide（〜を提供する）を用いた文にしたほうが自然です。また、その後ろの⑤も平易すぎるので from which people can find any kind of information they want very quickly としましょう。

⑥はサポートとして、例を挙げており、誤りはありません。ただ、次のように無生物主語で言い換えると英文に格調がでるので、好印象です。

> Online library, for example, provides a huge amount of information equivalent to millions of books.
> （例えば、オンライン図書館は数百万冊の本に匹敵する膨大な情報を提供する。）

⑦の burden は大げさなので trouble を用いて書き換えましょう。

⑧は、「世界経済への貢献」という 2 つ目の理由に対するサポート文です。「e コマースによって、手に入る商品が増える」と説明していますが、それだけでは力強さに欠けます。「世界中の商品を入手できるようになり、グローバルなビジネスを促進する」という内容を追記すると、メリットがより明確になり、説得力が増します。

> The convenience of e-commerce has greatly increased the availability of a wider variety of products beyond geographical limitations, thus promoting global business.

3 つ目の理由を述べている⑨は、どちらかと言えば、具体例を示す文になっています。むしろ⑩を以下のように修正して、「地理的制限だけでなく、時間の制約もなしに教育を受けられる」と主張したほうが、トピックセンテンスとしては適切です。

> The Internet provides educational opportunities to people around the world beyond geographical and temporal limitations.
> （インターネットは地理的、時間的制約を超えて世界中の人々に教育の機会を与える。）

以上からエッセイの評価をすると、語彙に関する問題点が２つ（⑪のような致命的のもの は１つ）、文法面が１つ、内容に関する問題点が１つ、構成面に関するものが１つですが、 大きなものではないので、得点は……

エッセイの評価

23点／ 32点満点
内容 … 7点　**構成** … 6点　**語彙** … 5点　**文法** … 5点

こう攻略しよう

→ 賛成意見！

1. The Internet streamlines business operations.

▶ インターネットの普及により、ビジネスを効率的に行えるようになったという主張です。 サポートとして、Ｅメールと SNS を挙げ、顧客とのコミュニケーションや宣伝活動を幅広 く、スムーズに行なえるようになったと説明します。誰でも開業できるようになったこと や、ターゲットを明確に絞った広告が可能になったことを挙げてもよいでしょう。

2. The Internet greatly facilitates consumer activities.

▶ 消費者にとってもメリットがあると主張。オンライン通販やネット銀行の普及により、時 間、労力、お金をかけずに消費生活を楽しめるようになったとサポートします。

3. The Internet facilitates education and research.

▶ 教育や研究分野への貢献を主張。その例証として、時間と場所に関係なく学習できるＥ ラーニングの利便性と、膨大な情報検索が可能になったことによる研究の進歩を挙げ ます。

✎ 逆の立場はこう書こう！

反対意見を書く場合は、次のようにキーアイデアを構築するとよいでしょう。

1. The Internet expose young people to harmful websites.
（インターネットは、若者を有害なウェブサイトにさらす。）

▶ 未成年者は人生経験に乏しいため、情報の善し悪しをうまく選別できません。また、感 受性が豊かで、外部からの影響を受けやすいです。そのため、有害サイトの若者への悪 影響は社会問題にもなっています。

2. The Internet can increase cybercrimes such as online fraud and spoofing.
（インターネットは、詐欺や他人へのなりすましなど、ネット犯罪を増加させる。）

▶ インターネットの普及により、クリックするだけで料金を請求されたり、他人へのなりす ましやクレジットカード情報を盗まれるような犯罪が後を絶ちません。

3. Online advertisement can increase impulsive and unnecessary buying.
（ネット広告により、衝動買いや不必要な買い物が増える。）

▶ ウェブサイト閲覧者の年齢、性別、趣味嗜好にあったネット広告が表示されます。また、その場ですぐ購入できてしまうので、消費者の衝動買いや無駄遣いを助長します。

ではモデルエッセイを見てみましょう。

高得点ゲット！　モデルエッセイ

→ 賛成意見

The Internet has been around since the 1970s and has come into worldwide use and one of the most important technologies of all time. Despite its drawbacks, mainly cybercrime, I think that its benefits outweigh its disadvantages for the following three reasons.

Firstly, the Internet streamlines business operations. E-mails and SNS, which greatly facilitate business communication and sales promotion, are indispensable tools for business nowadays.

Secondly, the Internet greatly facilitates consumer activities and boost global business. Online shopping and reservation and banking, for example, greatly save time, money, and energy to get necessary products and services and promote business transactions both domestically and internationally.

Thirdly, the Internet facilitates education and research. It provides educational opportunities to people around the world beyond geographical and temporal limitations. It also allows users to find any kind of information they need in a matter of seconds.

In conclusion, despite its negative aspects, I think that its benefits far outweigh its disadvantages. This modern technology is already an integral part of our society, whose loss can cause serious social dysfunction. It has definitely enhanced the quality of life by greatly facilitating and enriching our daily life.

219 words

- □ **come into worldwide use** 世界中で使われるようになる
- □ **～ of all time** 空前絶後の、史上～の
- □ **indispensable tools** 不可欠なツール
- □ **beyond geographical and temporal limitations**
  地理的、かつ時間的な制限を超えて
- □ **in a matter of second** 瞬時に
- □ **an integral part of our society** 社会には不可欠な一部
- □ **cause serious social dysfunction** 深刻な社会的機能不全を生む

[訳] インターネットの利点は欠点を上回るか？

　　　インターネットは 1970 年代以降に普及が始まり、世界中で使われるようになり史上最も重要なテクノロジーのひとつとなった。その欠点、主にネット犯罪など、にも関わらず、以下の３つの理由から、私はインターネットのメリットがデメリットを上回ると考える。

　　　第一に、インターネットはビジネス活動を合理化する。E メールや SNS は顧客とのやり取りや販促活動を非常に円滑にし、ビジネスにおいて今では不可欠なツールとなっている。

　　　第二に、インターネットは消費行動を非常に円滑にし、グローバルビジネスを推し進める。例えば、ネットショッピングやネット予約、ネットバンキングは、必要とする物やサービスを得るための時間、お金、エネルギーの大幅な節約になり、国内外の商取引を増大させる。

　　　第三に、インターネットは教育と研究を円滑に進める。ネットにより地理的かつ時間的制約を受けずに、世界中の人々に教育機会を与えることが可能になる。さらに、ユーザーは瞬時にして、どんな必要な情報でも見つけることができる。

　　　結論として、インターネットのマイナス面にも関わらず、私はそのメリットがデメリットをはるかに上回ると思う。この現代のテクノロジーはすでにわれわれの生活に不可欠であり、その喪失は深刻な社会的機能不全を引き起こすであろう。この技術革新は日常生活を円滑かつ豊かにすることで、明らかにわれわれの生活の質を上げている。

満点突破攻略法

重要ポイントは
各パラグラフの１文目に明確に述べる！

02

グローバリゼーションの利点は欠点を上回るか?

■ ワンポイントレクチャー

グローバリゼーションとは、ヒト、モノ、カネ、情報、技術などが国境を超えて移動し（spread across national borders）、地球規模で政治、経済、文化が混じりあっていく現象です。

グローバリゼーションの起源は、15 〜 16 世紀の大航海時代にまでさかのぼります（date back to the Age of Exploration）。この時代、ヨーロッパの政治、経済体制（European political and economic systems）が世界に波及しました。その後、19 世紀末から 20 世紀の初めに、イギリスにおいて産業革命（the Industrial Revolution）が起きます。それによって覇権国家（hegemony）となったイギリスが自由貿易（free trade）を唱えて、第一次グローバリゼーションをリードしました。

そして 21 世紀に入り、交通手段の発達（the development of transportation）と、情報通信技術（information and communication technology ／略称 ICT）の目覚ましい進化により、ヒト、モノ、カネ、情報をさらに流動的にした（increased flows of people, products, investment, and information）のが、現在の第 2 次グローバリゼーションです。

グローバル化は、先進国と発展途上国、双方に大きな経済的恩恵をもたらす（bring great economic benefits）と期待されています。例えば、新興国（emerging countries）が、先進国の産業や文化を取り入れて発展する動きが見られます。しかし、その一方で、工業大国や多国籍企業（industrial powers and multinational corporations）が大きな利益を得るのとは対照的に、貧困から抜け出せない途上国も多数あります。経済格差はより一層広がって（exacerbate economic disparity）います。

また、途上国、先進国に関わらず、多国籍企業の進出により、国内産業が空洞化（hollowing-out of domestic industries）する現象も見られます。雇用機会を奪われた人々が貧困化するなど、持つものと持たざるものとの格差の拡大（deeper polarization of haves and have-nots）が問題となっているのです。最近では、このようなひずみをもたらすグローバリゼーションに対抗する反グローバリズム（anti-globalism）やナショナリズム（nationalism）の台頭が見られるようになりました。

English Composition

- Write an essay on the given TOPIC.
- Give THREE reasons to support your answer.
- Structure: introduction, main body, and conclusion
- Suggested length: 200—240 words
- Write your essay in the space provided on Side B of your answer sheet. <u>Any writing outside the space will not be graded.</u>

TOPIC
Agree or disagree: The benefits of globalization don't outweigh its disadvantages

MEMO

→ 反対意見

Many people point out that globalization is a double-edged sword, arguing that economic globalization is not beneficial to all countries in the world due to ~~the balance~~ in power and resources.
    national differences

However, I personally think that the benefits of globalization outweigh its disadvantages ①<u>from political and economic ~~reasons~~</u>.
                                                              perspectives

First, ②<u>globalization promotes cooperation among countries in achieving common goals that benefit the whole world</u>. The mutual economic interdependence will increase the level of political cooperation among different countries. ③<u>This international cooperation is critical in tackling ~~with~~ the grave global issues, such</u>
                        (削除)
<u>as global warming, world hunger, and terrorism.</u>

Second, globalization can facilitate cultural exchanges, ④<u>promoting peaceful coexistence between the ~~many culture~~</u>.
                                        different cultures

Learning more about other culture will broaden people's horizons, ⑤<u>making them more tolerant ~~in~~ those who have different ~~culture~~</u>
<u>and ethnic backgrounds.</u>   of / to   cultures

Third, globalization contributes to the growth of the world economy by encouraging free trade. The interdependence of the world economy increases cross-border trade of commodities and services. Besides, the free flow of business and labor can create huge job opportunities especially in developing countries, boosting their economy.

In conclusion, I believe that the benefits of globalization outweigh its drawbacks for the above-mentioned three reasons: promotion of cooperation among countries, facilitation of cultural exchanges, and contribution to the global economic growth.

■ 添削解説

　このエッセイは、イントロ（第1段落）と3つ目の理由（第4段落）は、いくつかの表現を除いて、よく書けています。しかし、1つ目の理由（第2段落）と2つ目の理由（第3段落）に構成上の致命的なミスがあります。

　①の reasons は、その前にある前置詞が for ではなく from なので perspectives とします。

　第2段落のトピックセンテンスである②「グローバリゼーションは、全世界の利益となる共通の目標を達成するため、国家間の協力を促進する」は、要点がはっきりしません。「全世界の利益となる共通の目標」とはすなわち global peace and stability のことでしょう。次のように、ポイントを絞り込むと書きやすくなります。

> globalization contributes to global peace and stability.
> （グローバリゼーションは世界の平和と安定に貢献する）

　また、③の「国際的協力は重要」はポイントからそれています。グローバル化により国同士が経済的に相互依存することの重要性をサポートするような説明を加えましょう。また、③の中の tackle は他動詞なので前置詞 with は不要です。

　第3段落は、前パラグラフのポイント「世界の平和と安定」とオーバーラップしています。④ promoting peaceful coexistence between the different cultures、そして⑤ making them more tolerant to those who have different cultures and ethnic backgrounds から、ポイントはやはり global peace and stability だとわかります。このパラグラフは第2パラグラフと統合して、全く別のポイント、例えば Globalization will enhance the quality of life. （グローバリゼーションにより生活の質がより向上する）など、を別の理由として挙げましょう。また、⑤の tolerant は前置詞が of/to が一般的です。

　結局、このエッセイは、1つ目の理由が第2段落と第3段落に分散しているため、グローバリゼーションを支持する理由が「世界の平和の安定」と「世界経済の成長」の2点しかなく、Give THREE reasons という要件を満たしていないことになり、減点されます。

　以上から評価をすると、語彙や文法に関する問題点はほとんどありませんが、内容に関する問題点が3つで構成面に関するものが2つで、致命的なものが多く、得点は……

エッセイの評価

26 点／**32** 点満点
内容 … 6点　**構成** … 6点　**単語** … 7点　**文法** … 7点

　エッセイを書く際、3 つの理由が内容的に重ならないように、その分け方 (カテゴリゼーション) が重要となります。グローバリゼーションの長所を、経済、政治、文化の 3 つの視点で述べたいと思います。

→ 反対意見！

1. Globalization contributes to the growth of the world economy by encouraging free trade and investment.

▶ 自由貿易と海外投資により、世界経済が活性化されるという主張です。国際市場が自由貿易で拡大することで、雇用機会が増大し、人々の消費が増え、世界経済の発展につながるとサポート。特に発展途上国の成長に貢献すると述べて、説得力をプラスします。

2. Global economic interdependence through globalization contributes to global peace and stability.

▶ グローバル化は、国同士の経済的相互依存関係を深めます。そして、それは各国間の良好な外交関係の維持、ひいては世界全体の平和と安定につながるという、政治的視点から主張していきます。

3. Globalization will enhance the quality of life through cultural enrichment and diversity.

▶ グローバル化によって文化的な豊かさと多様性が生まれるので、生活の質が向上するという意見です。娯楽から教育、食品に至るまで選択肢の幅が広がり、豊富な種類の商品やサービスを楽しむことができるとサポートします。

ではモデルエッセイを見てみましょう。

→ 反対意見

Many people consider globalization as a double-edged sword, arguing that economic globalization is not beneficial to all countries in the world due to national differences in power and resources. However, I think that the benefits of globalization outweigh its disadvantages from economic, political, and cultural perspectives.

First, globalization contributes to the growth of the world economy by encouraging free trade and investment. The interdependence of the world economy increases cross-border trade of commodities and services. Besides, the free flow of business and labor can create huge job opportunities especially in developing countries.

Second, global economic interdependence through globalization contributes to global peace and stability. Globalization will discourage trading countries from fighting with each other because they are aware that attacks on their trade partners are self-defeating and counterproductive.

Finally, globalization will enhance the quality of life through cultural enrichment and diversity. It will increase the availability of various kinds of goods and services, including entertainment, education, foods, and clothes. This wider choice of products and services will surely enrich our daily life.

In conclusion, I believe that the benefits of globalization outweigh its drawbacks for the above-mentioned three reasons: contribution to the global economic growth, promotion of global peace and stability, and enhancement of the quality of life.

215 words

- □ **a double-edged sword** 諸刃の剣
- □ **interdependence** 相互依存の関係
  - ※ economic interdependence（経済的相互依存）、political interdependence（政治的相互依存）のように使う
- □ **cross-border trade** 越境貿易、国際貿易
- □ **the free flow of ~** ～の自由な流れ、移動
  - ※ hamper free flow of capital（資本の自由な流れを妨げる）のように使う
- □ **discourage trading countries from fighting** 貿易国同士の戦いを阻む
- □ **self-defeating and counterproductive** 自滅的で非生産的である
  - ※ ほかに be counterproductive to ~（～にとって逆効果である）も覚えておこう
- □ **enhance the quality of life** 生活の質をよりよくする
  - ※ improve（悪い状態を改善する）に対し、enhance は「さらによくする」というニュアンス
- □ **cultural enrichment and diversity** 文化の豊かさと多様性
  - ※ ほかに biological diversity（生物の種々多様性）、ethnic diversity（民族の多様性）なども
- □ **enrich one's life** 生活を豊かにする
  - ※ ほかに enrich one's experience of life（人生経験を豊かにする）、enrich one's knowledge of ~（～に関する知識を深める）のように使う

[訳] グローバリゼーションの利点は欠点を上回るか？

　　多くの人はグローバリゼーションを諸刃の剣と考え、経済のグローバル化はすべての国に有益だとは限らないと主張している。それは、国によって力や資源に違いがあるためである。しかしながら、経済的、政治的、文化的視点から見てグローバル化の利点は欠点を上回ると私は考える。

　　第一に、グローバル化は、自由な貿易と投資を促すことで、世界経済の成長に繋がる。世界経済の相互依存性によって、商品やサービスの国境を越えた貿易が増え、それに加えてビジネスや労働の自由な移動によって特に発展途上国では多大な雇用機会が創出される。

　　第二に、グローバル化による世界経済の相互依存は、国際社会の平和と安定に繋がる。グローバル化は、貿易国同士がお互いに貿易相手国を攻撃することは自滅的で、非生産的であると気付くので戦いは阻まれるであろう。

　　最後に、グローバル化は、文化の豊かさと多様性によって、生活の質を高める。グローバル化によって娯楽、教育、食品、衣類など、多種多様な物品やサービスを入手または利用可能となるだろう。このように商品やサービスの選択肢が広がることで、日々の生活は確実により豊かなものになるであろう。

　　結論として、世界経済の成長、世界平和と安定への貢献、生活の質の向上という3つの理由により、グローバリゼーションの利点は欠点に勝ると私は信じている。

満点突破攻略法

ポイントがオーバーラップしないように注意する！主張はパラグラフの第一文で簡潔に述べる！

芸術は社会に重要な貢献をしていないのか？

■ ワンポイントレクチャー

　芸術とは何でしょうか？　ロシアの作家レフ・トルストイ (Leo Tolstoy) は著書『芸術とは何か』(What is Art?) の中で「芸術は技芸ではなく、それは、芸術家が体験した感情の伝達である」(Art is not a handicraft, it is the transmission of feeling the artist has experienced.) と述べています。つまり芸術とは、人間の魂の表現 (expression of soul) であり、そこに込められた感情が時代を超え、鑑賞者に何らかの影響をおよぼす「感情のコミュニケーションツール」といえるでしょう。

　言葉を介さないコミュニケーションツール (non-verbal communication tool) の役割も果たす芸術は、国境を越えて人の心に訴える (strike a chord with people around the world) こともできます。例えば、政治的に不和である (politically at odds with each other) 国同士であっても、音楽活動などの文化交流を通して、国民同士が意思疎通を図ることができます。それはやがて平和的関係構築への懸け橋 (a bridge to peaceful relationship) となるでしょう。

　また、芸術は地域を活性化させ (revitalize local communities)、経済発展にも寄与します (contribute to the economic development)。例えば、長野県松本市には、指揮者の小澤征爾氏率いるサイトウ・キネン・オーケストラがあります。そこが中心となり、毎年、クラシック音楽フェスティバルを開催し、国内外から 5 万人規模の鑑賞者を集めています。一地方都市 (local city) が芸術事業 (art enterprise) により、その名を世界に知らしめ、10 億円もの経済波及効果 (economic ripple effect) を呼んでいます。まさに地域活性化のモデルケースです。また、経済発展の例としてはほかに、アップル社のスティーブ・ジョブズ氏の成功が挙げられます。同社が今日の成功をおさめたのは、デザイン性を徹底的に追求し、技術とアートを融合させた点 (a happy amalgamation of technology and art) にあることは周知の事実です。

　ただし、芸術を育てるにはコストがかかります。大企業の中には CSR (Corporate Social Responsibility) 活動のひとつとして、若手芸術家の支援、美術館と協働 (business-art collaboration) でのイベント開催など、文化芸術関連の活動に取り組むところもあります。これらの動きは、芸術が社会において重要な役割を果たしていることを物語っています。

English Composition

● Write an essay on the given TOPIC.
● Give THREE reasons to support your answer.
● Structure: introduction, main body, and conclusion
● Suggested length: 200—240 words
● Write your essay in the space provided on Side B of your answer sheet. <u>Any writing outside the space will not be graded.</u>

TOPIC
Agree or disagree: Art does not make a significant contribution to society

MEMO

■ エッセイの添削

→ 反対意見

①Some people believe that art makes little contribution to society, and therefore, governments should not ②~~support for~~ creative industries. ∧③I disagree with this opinion for the following three reasons.　However,

Firstly, art boosts economic growth. ④Most world-famous museums ~~and art galleries~~ in France and Italy, for example,
(削除)

get ~~a huge~~ number of visitors both from home and abroad.
an increasing

⑤This increase ~~not only develops~~ the tourism industry ~~but also~~ creates
in　　　　　　the　　　　　　(削除)

huge job chance, ⑥thus ~~stimulates~~∧economy.
stimulating

Secondly, art enhances cultural enrichment. ⑦The main role of museums is teaching people history, culture, ~~science~~, and many
(削除)

other aspects of life. This can be achieved partly by providing educational opportunities∧local school children to learn about
for

a rich culture and history. For instance, ⑧exhibiting specimens of animals provide an insight ~~at~~ their evolutionary process.
into

Finally, ⑨art is helpful for the preservation of ~~historical legacies~~.
cultural heritages

⑩Historical and science museums in many countries house a large collection of artworks created by renowned artists.
⑪Also, they restore historically important items, such as archive documents, photos, equipments, and weapons that are reminiscent on historic events, such as wars.

In conclusion, I disagree with the idea that art doesn't play an indispensable role in society in that they help develop the economy and cultural literacy, as well as protect important cultural properties.

■ 添削解説

イントロの第 1 文 (①) は、これでも問題はありませんが、次のような 1 文も効果的です。

> Some people regard art as merely an entertainment, while others consider it as an indispensable part of our society. Personally, ...
> (芸術を単に娯楽とみなす人もいれば、社会に不可欠な要素であると考える人もいる。個人的には……)

③は、自分の意見を表明しています。ここで I disagree with this opinion と省略してしまうと内容が不明確になります。次のように、何に反対 (あるいは賛成) なのかを明示しましょう。

> I disagree with the idea that art does not make a significant contribution to society for the following three reasons.
> (以下の 3 つの理由から、芸術は社会にそれほど重要な貢献をしないという意見に、私は反対である。)

また、③の冒頭に接続表現がないため、意見表明が唐突に始まっている感があります。逆接の副詞 However, を挿入して、前文からの流れをスムーズにします。

④は、1 つ目の理由「経済活性化」を「museums and art galleries は国内外の観光客を集める」とサポートしていますが、ギャラリーが集める観光客数は微々たるものなのでカットし、museums だけ残します。経済活性化の実例として、億単位のお金が動く芸術作品の取引 (art dealing) を取り上げるのもよいでしょう。

⑤の This increase (この増加) は、前文④の内容を指しますが、a huge number of visitors では「増加」の意味が出ないので an increasing number of visitors に変えて指示内容を明確にしています。また、⑤の内容は「この増加は観光業の発展に加えて、雇用も創出する」と言っているわけですが、「雇用の創出」は「観光業の発展」に含まれます。そのため、not only A but also B を使って、つなげるのは不自然で添削のように修正する必要があります。

2 つ目の理由 art enhances cultural enrichment ですが、⑦ The main role of museums ...で始まるサポート文は、主題が art から museum へと完全にズレてしまっています。また、芸術トピックでの culture とは主に「美術、音楽、文学 (art, music, literature) に関する活動」を指すため、science は削除します。⑧の specimens of animals (動物標本) と evolutionary process (進化の過程) も art のサポートとしては、ズレており、キーアイディア・サポートミスマッチが起こっています。ここは、「museum で、絵画、建築、文学、音楽の傑作 (paintings, architecture, literary and musical masterpieces) などの art に触れて、教養を高める」というサポートか、もしくは、以下のモデルエッセイのように、「芸術文化イベントに参加したり、芸術作品に触れたりして、国内外の歴史・文化を学ぶ」というサポートに差し替える必要があります。

３つ目の理由⑨「芸術が歴史遺産保護に役立つ」ですが、historical legacies よりも cultural heritages（文化遺産）に変えると明確な理由になるでしょう。⑩は Historical and science museum が主語になっていますが、主題が art からそれており、内容面で減点となります。⑪のサポート文「それら（歴史・科学博物館）は武器保存などで戦争などの歴史的出来事を思い出させる」も同じく、art から主題がそれており、内容点や構成点で減点となります。３つ目の理由は、「芸術は世界の人々を結び付け、world peace（世界平和）につながる」とすれば、トピックにも合致した力強い主張を展開できます。

　次に語彙面ですが、④ get ... visitors → attract ... visitors、⑤ huge job chance → huge job opportunities が正しいコロケーションです。⑪中の equipment（装置）は不可算名詞なので語尾の s は必要ありません。コロケーションミスや可算・不可算名詞の区別などの典型的なミスがあり、全体的にはまずまずの７点です。

　文法面は、② support は他動詞のため for は不要です。⑥の thus は接続詞ではなく副詞のため、and thus stimulates と接続詞 and を補うか、, thus stimulating ... として分詞構文にする必要があります。また stimulating economy の economy の前には、必ず the が必要です。ほかにも opportunities の後ろの for、insight の後ろの at → into、reminiscent の後ろの on → off など前置詞のミスが多いので、５点と低い評価になります。

　内容・構成面も、ポイントのズレやサポートのミスマッチが響き、５点と低い評価となっています。

エッセイの評価

22 点／32 点満点

内容 … 5 点　**構成** … 5 点　**語彙** … 7 点　**文法** … 5 点

こう攻略しよう

　「芸術は社会に重要な貢献をしない」という意見に対しては、反対の立場（「重要な貢献をする」）が圧倒的に強いので、ここでは反対意見のみの解説となります。まず、キーアイディアの整理をしましょう。

→ 反対意見！

1. Art contributes to economic growth through increased tourism and art dealing.

　▶ 芸術は、観光業（tourism）を発展させ、芸術作品の取引（art dealing）により税収をアップさせ、経済を活性化します。アートの経済的価値は強い主張になります。

2. Art contributes to cultural and educational enrichment.

▶ さまざまな芸術イベントや絵画、文学、建築を含む芸術作品を通して、自国や他国の文化や歴史を学ぶことができます。こうしたアートの持つ教育的、文化的役割も強いポイントです。

3. Art contributes to world peace by uniting people around the world.

▶ 万国共通の言語として、世界中の人々に共感の念を引き起こし、みんなを結びつけるというのも強いポイントです。

ではモデルエッセイを見てみましょう。

高得点ゲット！　モデルエッセイ

→ 反対意見

Some people regard art as merely an entertainment, while others consider it as an indispensable part of our society. Personally, I strongly disagree with the idea that art does not make a significant contribution to society for the following three reasons.

Firstly, art contributes to economic growth through increased tourism and art dealing. Most world-famous museums in France and Italy attract millions of visitors both from home and abroad, thus stimulating the economy. Huge fine arts transactions like the $450-million deal of Leonardo Da Vinci's Salvator Mundi also boost the economy and tax revenue of the countries involved in the fine arts transaction.

Secondly, art contributes to cultural and educational enrichment. People can learn the history and culture of their own countries and foreign countries through various cultural events and artworks. Cultural events include international and local festivals, exhibitions, and concerts, while artworks include paintings, literature, songs, and architecture.

Finally, art contributes to world peace by uniting people around the world. Magnificent works of art in music, painting, and photography inspire love and sympathy for other people beyond national borders. As shown by John Lennon's famous song "Imagine," which appeals for world peace, art is a universal language that promotes mutual understanding between people with different cultures and nationalities.

In conclusion, for these three reasons, contribution to economic growth, cultural and educational enrichment, and promotion of world peace, I think that art makes great social contributions.

237 words

[訳] 芸術は社会に重要な貢献をしない、という意見に賛成か反対か？

　　芸術を単に娯楽とみなす人もいれば、社会に不可欠な要素であると考える人もいる。個人的に私は、以下の３つの理由から、芸術は社会に重要な貢献をしないという考えに強く反対する。

　　第一に、芸術は観光業の増進と作品の取引を通じて、経済成長に貢献する。例えば、フランスやイタリアの世界的に有名な美術館のほとんどは、国内外から何百万人もの観光客を集めており、経済を活性化している。また、４億５千万ドルで取り引きされたレオナルド・ダ・ヴィンチの『サルバトール・ムンディ』（世界の救世主）のような巨額な美術品の取引も、美術品取引に関わった国々の経済と税収を引き上げている。

　　第二に、芸術は文化と教育を豊かにすることに貢献する。人々は、さまざまな文化的イベントや芸術作品を通して、自国および外国の歴史や文化を学ぶことができる。文化的イベントには国際的なフェスティバルや地元の祭り、展示会、コンサートなどがあり、芸術作品には、絵画、文学作品、歌、建築などがある。

　　最後に、芸術は世界中の人々を結束させ、世界平和に貢献する。音楽や絵画、写真における素晴らしい芸術作品は、国境を越えて他人への愛と共感の念を起こさせる。世界平和を訴える、ジョン・レノンの有名な歌『イマジン』に見られるように、芸術は、異なる文化や国籍を持つ人々の間の相互理解を育む、世界の共通言語なのである。

　　結論として、経済成長への貢献、文化と教育の質的向上、そして世界平和の促進という３つの理由により、芸術は社会に対して多大な貢献をすると私は信じている。

解説

　　１つ目の理由である「経済成長効果」に対して、添削前は、ツーリズムについてのみ言及していました。しかし、１作品で何十億ものお金が動く芸術作品の商取引も、ビッグビジネス

なのでそれを加えています。

　２つ目の理由は、添削前は「文化的役割」で、そのサポートは博物館へと話が完全にそれてしまっていました。そこで、ポイントを「教育的、文化的役割」に変え、サポートでは芸術的イベントや作品にフォーカスしています。

　３つ目の理由は、添削前の「文化遺産の保護」から「世界平和への貢献」に変更。そのサポートとして、芸術が国や文化の垣根を越えて、世界の共通言語となり、相互理解、ひいては世界平和に貢献すると説明しています。具体例として、世界中で愛されているジョン・レノンの名曲『イマジン』を挙げ、説得力を高めています。

満点突破攻略法

キーアイディア・サポートのミスマッチに要注意！

企業の社会的責任は社会にとって重要か？

■ ワンポイントレクチャー

　企業の社会的責任（corporate social responsibility／略称CSR）とは、企業は利益を追求するだけではなく、社会に貢献する責任（responsibility and contribution to society）を果たさなければならないという考えです。その捉え方は地域によって異なりますが、大別すると2つに分類されます。

　ひとつは、社会にマイナスの影響を与えない、という考え方です。企業倫理を守り、不祥事（misconduct）をおこさず、環境負荷（environmental impact）を抑えるといったことです。もうひとつは、より積極的に社会を改善していこうとする考えです。事業を通じた社会貢献活動（social contribution activities）や慈善活動（charity）、投資的社会貢献活動を行ないます。

　日本のCSRの特徴は、欧米に比べて消極的で環境保全（environmental protection）や法令遵守（コンプライアンス：compliance with laws and ordinances）が主です。その背景には、まず1960年代に公害病が多発したことがあります。さらに2000年代初頭、さまざまな不祥事により消費者の非難を浴び、日本企業は法令遵守と共にCSRに大きな関心を寄せるようになりました。またグローバル化が進む現代社会では、多種多様な価値観（a wide variety of values）や多様性（diversity）を尊重し、従業員の人権への配慮（consideration of human rights）が重要になってきています。

　イギリスのCSRは、特に人権問題を重視しています。その背景には産業革命（industrial revolution）による経済の急速な発展に伴い、安価な労働力（cheap labor）、しかも過酷な環境で長時間働く労働条件や労働環境（work conditions）における労働者の人権問題（human rights issues）があります。イギリスでは法律や規制（laws and regulations）を通じて、政府が主導となり積極的な取り組みが行われています。

　一方、アメリカのCSRは、企業が積極的に慈善事業や投資的社会貢献を行うという特徴があります。それは、利益を社会に還元することは、経営者の務めであると理解されているからです。例えば、ビル・ゲイツ氏とその妻メリンダ氏はBill & Melinda Gates Foundationという慈善基金を設立し、世界の貧困対策や教育機会の改

善に取り組んでいます。このことに代表されるように、アメリカの富裕層は慈善活動（philanthropic activities）に積極的です。

　グローバル経済が浸透し、ますます競争が激しくなる国際社会では、積極的な社会貢献が、企業にとっての重要な経営戦略（business strategy）となるでしょう。日本企業にとっても、CSR 活動は、世界に存在を示す（showcase their presence to the world）ために、今後ますます重要な活動となっていくはずです。

問題 4

English Composition

● Write an essay on the given TOPIC.
● Give THREE reasons to support your answer.
● Structure: introduction, main body, and conclusion
● Suggested length: 200—240 words
● Write your essay in the space provided on Side B of your answer sheet. <u>Any writing outside the space will not be graded.</u>

TOPIC
Is Corporate Social Responsibility very important for society?

MEMO

■ エッセイの添削

→ 賛成意見

[①] ∧ It is becoming increasingly common ∧ for companies to work
Nowadays,　　　　　　　　　　　　　　in the world
for the public interest in addition to profit-seeking. I believe that
corporate social responsibility including ethical business practice,
environmental protection, and charity is very important for the
following three reasons.

　Firstly, [②]implementing ethical business practices are helpful
to environmental protection and sustainability. For example,
manufacturing companies ~~must work on reducing~~ energy
　　　　　　　　　　　should make an effort to reduce
consumption and ~~industrial~~ emissions by developing ~~efficient~~
　　　　　　　　　　CO₂　　　　　　　　　　　　eco-friendly
technologies or using alternative energy such as solar and wind
power instead of ~~fossil fuels, thereby reducing environmental~~
~~burden on the planet~~. thermal power which can alleviate global
　　　　　　　　　　　　environmental degradation

　Secondly, [③]enhancing consumer confidence is an important
social responsibility that businesses must fulfill, which can be
achieved by engaging in fair trade in accordance ~~to~~ compliance
　　　　　　　　　　　　　　　　　　　　　　　　with
and business ethics. [④]Unethical practices, such as ~~corruption~~,
　　　　　　　　　　　　　　　　　　　　　　bribery
embezzlement, and money laundering, will damage corporate
reputation, resulting in sales decrease. [⑤]Employers also have a
duty to manage human resources well by treating their employees
as valuable assets with respect rather than exploiting them.

　Finally, [⑥]~~discharging social obligations~~ helps alleviate poverty in
　　　　　　charity
developing countries. In addition to making corporate donations to
international charitable ~~institutions~~, [⑦]~~business~~ need to create jobs
　　　　　　　　　　　organizations　　businesses
with good wages and fringe benefits in poverty-stricken
communities. This creation enables needy people not only ∧ lead
　　　　　　　　　　　　　　　　　　　　　　　　　　　to

a better life but also reduce poverty and income disparity in those ~~areas~~.
countries

⑧~~In conclusion, I believe that CSRs make a huge difference to benefiting the common good for these three reasons.~~
in

■ 添削解説

イントロ（第1段落）の1文目（①）に、いつ（Nowadays）、どこで（in the world）という情報を付け加えると、さらによくなります。

1つ目の理由を述べている②では、helpful（有用だ）を用いていますが、表現として弱いので、次のように very important を使った文に変えましょう。

> environmental protection efforts by companies are very important for the preservation of the global environment.
> （企業による環境保護努力は、地球環境の保全のためにたいへん重要である）

また倫理的にわかりにくいので、CSR の一環である企業の環境保護努力が global warming などの脅威から地球環境を守る上で不可欠である点を述べます。

③の consumer confidence とは、「経済が好調であると消費者が見なすこと」を意味します。CSR との関係性がわかりにくいです。企業責任との関連性をはっきりさせるために、product safety（製品の安全性）をポイントにし、「消費者を protect する義務がある」と主張を展開しましょう。

④では「会社の評判を傷つける」「売上が減少する」など、企業にとって不利益になると述べるだけで、社会的責任に触れていません。加えて、such as corruption, embezzlement, and money laundering 部分ですが、corruption（汚職）の中に embezzlement（横領）も money laundering も含まれるので、内容が重複しています。corruption は bribery（贈賄行為）などに変える必要があります。

⑤の「従業員の人権を守る」は、言及すべき企業責任のひとつです。しかし、このパラグラフのテーマ consumer confidence とはズレているので、ここで言及するのは不適切です。言及するのであれば、段落を分けて、独立したポイントとして扱うのがいいでしょう。

⑥の discharging social obligations（社会的責任を果たすこと）では具体性に欠けます。ここは、CSR の1つとしてわかりやすい charity を主語にします。これはかつて途上国を搾取（exploitation）して現在の繁栄を築いたとするとその意義が強くなってきます。

⑦部分は charity からテーマがそれており、サポートになっていません。

⑧の結論部分は、ほかのパラグラフとのバランスを考えて、もう少し長くしましょう。3つ

の理由を句の形にして、もう一度述べるとわかりやすくなります。

　以上からエッセイの評価をすると、語彙に関する問題点が3つ、文法面が1つ、内容に関する問題点が5つ、構成面に関するものが1つで、得点は……

エッセイの評価

24点／32点満点
内容 … 5点　**構成** … 6点　**語彙** … 6点　**文法** … 7点

こう攻略しよう

　CSRが社会にとって重要ではないという立場 (反対の立場) で、主張を展開するのは難しいものがあります。

　厳しい経済状況が続くなか、コストダウンを余儀なくされている企業が多くあります。そうした企業にとっては、CSR活動は経営の負担です。ですから、CSRを重視することで、倒産や失業が増加し、経済が悪化すると主張することもできなくはないですが、説得力に欠けます。

　逆に、そのような企業こそ、CSR活動に注力すべきだと主張したほうが、力強いエッセイになります。なぜなら、CSR活動によって消費者の注目を集めることができ、それが人材の獲得、ひいては業績悪化の回避につながるからです。事実CSRは、就職または転職先、投資先を探している人々にとって、必須の情報となっています。

→ **賛成意見！**

1. Environmental protection efforts by companies are very important for the preservation of the global environment.

▷ 地球環境保全のため、企業は環境保護に努めるべきであるという強い主張です。

2. Manufactures must ensure product safety to protect consumers from troubles caused by defective products.

▷ 欠陥商品が原因の事故から消費者を守るために、製品の安全性を確保するべきであるという主張です。

3. Companies should address the growing problem of worker exploitation.

▷ 利益重視になりがちな企業は、従業員からの搾取という問題に当然取り組むべきです。従業員の権利を守るための重要な意見です。

ではモデルエッセイを見てみましょう。

→ 賛成意見

Nowadays, there is a growing awareness in the world about the importance of corporate social responsibility, or CSR, often focused on protection of the environment, consumers, and workers. Personally, I think that this duty is of great importance to society for the following three reasons.

Firstly, environmental protection efforts by companies are very important for the preservation of the global environment. With a growing threat of global warming, they should make more efficient use of energy and reduce CO_2 emissions by developing eco-friendly technologies, which can greatly decrease environmental burden on the planet.

Secondly, manufacturers must ensure product safety to protect consumers from injuries and illnesses caused by defective products. Considering the problem of product liability, companies need to perform a thorough quality control to avoid harm to consumers in accordance with regulations on quality management, safety control, and labeling.

Finally, companies should address the growing problem of worker exploitation. Businesses tend to take advantage of cheap labor to make a profit by imposing miserable working conditions on their employees. However, companies have a moral and legal obligation to protect their workers' rights to health and safety as well as protect workers from abuse and discrimination in the workplace.

In conclusion, for the above-mentioned three reasons, environmental preservation and protection of consumers' and workers' rights, CSR is crucial for the common good of society.

218 words

□ **step up their environmental protection efforts** 環境保護の努力を強化する

※ ほかに step up one's efforts to do（〜することに一層の努力をする）、Local police should step up their efforts to monitor and control such illegal actions.（地元警察はそのような不法行為の監視や取り締まりを一層強化するべきだ）など。

□ **make more efficient use of 〜** 〜をより効率的に使う

※ ほかに make the most efficient use of 〜（〜をできるだけ有効利用する）など

□ **ensure product safety** 製品の安全性を確保する

※ ほかに ensure safety of children at schools（学校での子供の安全を保証する）など。

□ **product liability** 製造物責任

※ Product Liability Law（PL 法、製造物責任法）は、欠陥製品による被害から消費者を保護する目的で、アメリカでは 1960 年代、日本では 1995 年に施行された法律。

□ **in accordance with regulations** 規則・法令に従って

※ ほかに peacefully resolve disputes in accordance with international law（紛争を国際法に基づき平和的に解決する）など

□ **worker exploitation** 労働者の搾取

※ ほかに the exploitation of natural resources（天然資源の利用）など。

□ **the common good of society** 社会に共通の利益

[訳] 企業の社会的責任は社会にとって重要か？

　　今日、企業の社会的責任（CSR）の重要性に対する認識が世界中で高まっており、主に環境、労働者、消費者の保護に焦点があてられている。個人的に以下の 3 つの理由から、この責務は社会にとって非常に重要であると、私は考えている。

　　第 1 に、地球環境保全のために、企業の環境保護努力は重要である。地球温暖化の脅威が高まるにつれて、環境に優しい技術開発を推進することでより効率的にエネルギーを使用し二酸化炭素排出量を減らすべきであり、それによって地球環境への負荷を大幅に低減することができる。

　　第 2 に、欠陥製品が原因の怪我や病気から消費者を守るため、企業は製品の安全性を確保するべきである。製造物責任の問題を考慮して、企業は品質管理、安全管理、または表示における法令を遵守して、消費者への危害をなくすために徹底した品質管理を行う必要がある。

　　最後に、企業は深刻化している労働者搾取の問題に取り組まなければならない。企業は、従業員に劣悪な労働条件を課し、安い労働力を利用して利益を得ようとする傾向がある。しかし、企業には、労働者の健康と安全、または職場における虐待や差別から労働者を守る道徳的・法的義務がある。

　　結論として、環境保護、そして消費者および労働者の権利の保護という上記の 3 つの理由から、CSR は社会に共通の利益をもたらすために極めて重要である。

解説

　このエッセイでは特に日本の CSR の特徴である、protect（守る）タイプの CSR の重要性について述べています。

　1つ目の理由は「環境を守る」ことの重要性です。地球温暖化の進行を遅らせるために、二酸化炭素の排出を抑えることは、企業の責務であると国際的にも考えられています。人々の環境意識が高まってきている今日では、環境に優しい技術開発は社会にとってとても重要です。

　2つ目の理由は「消費者を守る」ことです。経済発展の過程において、利益を偏重するあまり欠陥製品が生まれ、消費者に不利益をもたらす事故が多発した時期があります。その結果 PL 法（製造物責任法）が成立しましたが、未だトラブルはなくなりません。企業には一層の品質管理が求められています。消費者に害をおよぼすことがないように、製品の安全性を確保することは極めて重要であると主張しています。

　最後は、「労働者を守る」ことの重要性です。キーワードは「労働者の搾取」です。企業側としては、安い賃金で長時間働いてもらった方が利益は上がります。しかし、労働者の人権を無視した労働を強いることは問題です。特に年少者や移民、またこれからは高齢者からの搾取を撲滅するために、CSR は非常に重要となるでしょう。

満点突破攻略法

主張は１パラグラフに
１つのポイントが鉄則！
トピックからそれずに
強いポイントで主張する！

05 再生可能エネルギーは
いずれ化石燃料に取って代わるか？

■ ワンポイントレクチャー

　人類の目覚ましい発展を支えているのは、大量のエネルギー消費です。近年、環境問題が悪化したことで、先進国において省エネルギー化 (energy conservation) が進み、エネルギー消費の伸び率は鈍化しました。しかし、その一方で、世界人口の爆発的な増加 (exponential growth in the world population)、途上国の経済成長によって、世界のエネルギー消費量 (energy consumption) 自体は年々増加しています。特に2000年代以降は、中国やインドなど、アジアを中心とした新興国 (emerging countries) が消費を牽引。2040年までに、エネルギー消費量は現在の約1.3倍になると予測されています。

　現在、われわれの生活を支える主なエネルギー源は、化石燃料 (fossil fuels) です。しかし、現在確認されている可採年数 (reserve-production ratio) は、石炭 (coal) とウラン (uranium) が100年超、石油、天然ガスは約50年と言われています。この可採年数は採掘技術 (extraction technology) の進歩や新たな資源開発によって変動するものの、再生可能エネルギーへの移行が急務であることに疑問の余地はありません。

　再生可能エネルギーとは、非化石エネルギー源のうち、永続的利用が可能な資源のことです。「枯渇しない」、「どこにでも存在する」、「CO_2 を排出しない」という3つの特徴を有します。具体的には、太陽光 (sunlight)、風力 (wind power)、水力 (hydropower)、地熱 (geothermal energy)、太陽熱 (solar heat)、大気中の熱その他の自然界に存する熱、バイオマス (動植物に由来する有機物：biomass energy) が定められており、化石燃料や原子力などの枯渇性エネルギー (exhaustible energy) に代わるものとして各国で開発が進められています。

　日本はエネルギー供給のうち、化石燃料が8割以上を占めており、かつ、そのほとんどを外国からの輸入に頼っています (rely excessively on imports from other countries)。特に石油や石炭は政情の不安定な (politically unstable) 中東地域に依存。価格変動の影響を受けやすいうえに、安定供給 (stable supply) への不安は否めません。

　経済産業省のデータでは、日本の今の電源構成における再生可能エネルギーの比率

は約 16% (accounts for about 16%)。これはドイツやイギリスなどの諸外国と比べて低い水準にあります。再生可能エネルギーは国産のエネルギー源なので、エネルギー自給率 (energy sufficiency rate) の改善のためにも今後ますます推進していく必要があります。

問題 5

English Composition

- ● Write an essay on the given TOPIC.
- ● Give THREE reasons to support your answer.
- ● Structure: introduction, main body, and conclusion
- ● Suggested length: 200—240 words
- ● Write your essay in the space provided on Side B of your answer sheet. Any writing outside the space will not be graded.

TOPIC
Will renewable energy sources eventually replace fossil fuels?

MEMO

■ エッセイの添削

→ 賛成意見

With a ∧concern about global warming and ①depleting fossil fuels,
　　　growing　　　　　　　　　　　　　　exhaustion of

promotion of sustainable energy is one of the most pressing tasks
in the world. I think that renewable energy sources will eventually
replace fossil fuels for∧following three reasons.
　　　　　　　　　　the

First, ②fossil fuels are limited natural ~~resource~~, ③which make it
　　　　　　　　　　　　　　　　　　　resources

essential for many countries to develop and utilize renewable
energy. It ~~estimates~~ that fossil fuels such as oil and coal will ~~exhaust~~
　　　is estimated　　　　　　　　　　　　　　　　　be exhausted

in the foreseeable future. ∧Renewable energy should replace fossil
　　　　　　　　　Consequently,

fuels as a leading source of energy for its enduring sustainability.

Secondly, ④a growing threat of global warming will reduce fossil
fuels. Greenhouse gas emissions are ~~attribute~~ to burning fossil
　　　　　　　　　　　　　　　attributed

fuels such as oil and coal for industrial activities. ∧It is urgent to
　　　　　　　　　　　　　　　　　　　Thus,

promote sustainable energy to address ~~with~~ environmental problems
caused by global warming.　　　　　（削除）

Finally, ⑤governments are speeding up the development of
sustainable energy. For example, costs of generating solar and
wind power have been decreasing ~~with~~ 75% and 25% respectively.
　　　　　　　　　　　　　　by

∧⑥Renewable energy will become competitive ~~and~~ replace fossil
At this rate,　　　　　　　　　　　　　enough to

fuels in the future.

In conclusion, I think that renewable energy sources will
eventually replace fossil fuels for these three reasons: limited
reserves of fossil fuels, a growing threat of global warming, and
~~a growing competitive edge of renewable energy.~~
increasing efficiency of renewable power generation

■ 添削解説

　①の deplete は「〜を減少させる」（≒ redace、diminish）を意味します。ここでは「枯渇」を意味する exhaustion を用います。

　②では、fossil fuels のことを natural resources と表現していますが、これには鉱物なども含まれるため範囲が広すぎます。また、それが limited（限られた、わずかな）と述べても、深刻度が伝わりにくいので、次のようにしましょう。

> the earth is running out of fossil fuels,
> （地球は化石燃料を使い果たそうとしている）

run out of 〜（〜を使い果たす）で、ことの重大さを伝えています。さらに、③「再生利用可能エネルギーの開発と利用が重要である」とするより、次のように「再生利用可能エネルギーへの移行は必然である」としたほうが力強い主張になります。

> which will necessitate a shift from the use of nonrenewable to renewable energy.

　2つ目の理由を述べている④「地球温暖化の脅威が化石燃料を減らす」は、論理がおかしいので、次のように「地球温暖化の脅威が広まっており、温室効果ガスを減らす必要がある」とします。

> with a growing threat of global warming, it is necessary to reduce greenhouse gas emissions, which are attributed to the burning of fossil fuels such as oil and coal for industrial activities.

　⑤「政府が持続可能エネルギーの開発を急いでいる」ですが、これは再生可能エネルギーが化石燃料に取って代わると主張する根拠として不十分です。「急いでいる」だけでは、実際開発されるのかどうかわからないからです。ここは次のようにするのがいいでしょう。

> the development of more cost-effective technologies for renewable energy will greatly decrease the use of fossil fuels.
> （再生可能エネルギーの費用対効果の高まりによって、化石燃料の使用が激減する）

　また⑥は At this rate,（このペースだと）を入れることで、取って代わるにつながって行きます。

　以上からエッセイの評価をすると、文法・語法の面では、estimate、exhaust、address の使い方に示されるように、自動詞と他動詞の誤用が見られます。内容面ではアーギュメントの問題点が4つ、構成上、つまり cohesion（文と文とのつながり）の問題点が3つなので、得点は……

23点／32点満点
内容 … 5点　構成 … 6点　語彙 … 6点　文法 … 6点

こう攻略しよう

→ 賛成意見！

1. The earth is running out of unsustainable fossil fuels.

▶ 化石燃料が枯渇し始めているという事実は、将来的に再生可能エネルギーへの移行が必須であることを明確に示しています。説得力のある主張です。

2. With a growing threat of global warming, it is becoming increasingly urgent to reduce greenhouse gas emissions.

▶ 化石燃料の使用から発生する温室効果ガスが、地球温暖化を招いています。その悪影響は、われわれの生活を脅かしており、再生可能エネルギーの必要性を高めています。

3. The development of cost-effective renewable power generation technologies will greatly decrease the use of fossil fuels.

▶ コスト効率改善によって、再生可能エネルギーの競争力がアップし、化石燃料に対抗できるようになってきています。将来的にはもっと活用されるでしょう。

✎ 逆の立場はこう書こう！

　このトピックは、化石燃料の枯渇問題を踏まえると賛成の立場の方が圧倒的に説得力がありますが、反対意見を書く場合には、次のようなキーアイデアが考えられます。

1. Since renewable power generation requires high initial costs, they are far less competitive than fossil fuels.
（再生可能エネルギー発電は高い初期費用が必要なので、化石燃料よりも競争力が低い。）

▶ 再生可能エネルギーは発電コストが化石燃料よりも高くつくため、まだまだ競争力が弱いという主張です。

2. Renewable energy such as solar and wind cannot generate stable, sufficient supply of electricity, which will have a negative impact on economic activities.
（太陽や風力のような再生可能エネルギーは、安定して十分な電力を供給できないので、経済活動にマイナスの影響を及ぼす。）

▶ 再生可能エネルギーを用いた発電は、安定性と供給量の面で、化石燃料に劣ります。それは、産業活動に悪影響を与えます。

ではモデルエッセイを見てみましょう。

高得点ゲット！　モデルエッセイ

→ 賛成意見

With a growing concern about global warming and exhaustion of fossil fuels, it is an urgent task to shift from nonrenewable carbon-based fossil fuels to sustainable energy sources. Under the circumstances, renewable energy sources will eventually replace fossil fuels for the following three reasons.

First, the earth is running out of unsastainable fossil fuels, which will necessitate a shift from the use of nonrenewable to renewable energy. It is estimated that fossil fuels such as oil and natural gas will be exhausted in the foreseeable future. Consequently, renewable energy sources will soon become a leading source of energy and eventually replace fossil fuels.

Secondly, with a growing threat of global warming, it is becoming increasingly urgent to reduce greenhouse gas emissions, which are attributed to the burning of fossil fuels. Disasters associated with global warming includes killer heat waves, wildfires, droughts, and flooding, which demonstrates the vulnerability of humanity to extreme weather and the immediacy of addressing the environmental problems.

Finally, the development of cost-effective renewable power generation technologies will greatly decrease the use of fossil fuels. For example, generation costs for solar and wind power have decreased threefold for the last decades. At this rate, renewable energy will become competitive enough to replace fossil fuels in the future.

In conclusion, for these three reasons, limited reserves of fossil fuels, a growing threat of global warming, and increasing cost-effectiveness of renewable power generation, I think that renewable energy sources will eventually replace fossil fuels.

240 words

□ exhaustion of fossil fuels 化石燃料の枯渇
□ in the foreseeable future 近い将来に
□ greenhouse gas emissions 温室効果ガスの排出
□ be attributed to ~ ~に原因がある
□ killer heat waves 致死的な熱波
□ drought 干ばつ
□ vulnerability of humanity 人類の脆さ
□ extreme weather 異常気象
□ immediacy 緊急性
□ cost-effective コスト効率のよい
□ generation costs 発電コスト
□ at this rate このペースでは、この調子でいけば

[訳] 再生可能エネルギーはいずれ化石燃料に取って代わるか？

　　地球温暖化と化石燃料の枯渇に関する懸念が広まる中、再生不能な炭素系の化石燃料から持続可能エネルギーへの移行は喫緊の課題となっている。このような状況において、以下の3つの理由により、再生可能エネルギー源はやがて化石燃料に取って代わるだろう。

　　第一に、地球は持続不可能な化石燃料を使い果たそうとしており、再生不能エネルギーから再生可能エネルギーの活用へと移行する必要がある。石油や天然ガスなどの化石燃料は、近い将来、枯渇するとされている。したがって、再生可能エネルギー資源はそのうち主力エネルギーとなり、やがては化石燃料に代わるであろう。

　　第二に、地球温暖化の高まる脅威により、温室効果ガスの排出—化石燃料の燃焼に起因する—の削減は、ますます急を要している。地球温暖化に関連する災害には、致死的な熱波、野火、干ばつ、洪水がある。これらは、人類が異常気象にもろい存在であり、環境問題への対応の緊急性を示している。

　　最後に、コスト効率にすぐれた再生可能エネルギーの発電技術は、化石燃料の使用量を大幅に削減するだろう。例えば、太陽光や風力発電のコストは過去数十年で、3分の1にまで減少している。このペースでいけば、再生可能エネルギーは将来的に化石燃料に取って代わるくらいの競争力をもつようになる。

　　結論として、化石燃料の有限性、地球温暖化の広まる脅威、再生可能エネルギーの高まる発電効率という3つの理由により、私は再生可能エネルギー源はやがて化石燃料に取って代わると考える。

解説

　1つ目の理由である「化石燃料の枯渇」ですが、添削前は「化石燃料は有限である」となっていました。しかし、それでは表現として弱いので「枯渇している」と強調しています。

　2つ目の理由「温室効果ガスの削減」では、化石燃料を燃焼することで発生する温室効果ガスと、それが引き起こす地球温暖化について述べています。異常気象や環境破壊と

いった悪影響を取り上げると、再生可能エネルギーの重要性が際立ちます。

3つ目の理由は、添削前は「各国政府が再生可能エネルギーの開発を加速させている」でした。しかし、実際のところ、アメリカや中国など、まだまだ意欲的ではない国も多く、説得力に欠けます。そこで、「再生可能エネルギー発電の費用対効果が高まっており、それが化石燃料依存の減少につながる」に変更。それに関する具体的事実をサポートとして述べています。

満点突破攻略法

トピックに強く関連した
斬れるポイント（incisive argument）
を述べる

巻末付録

　ここでは主に論争になっている社会問題で、1級の英作文問題で出題されそうな重要なトピックを中心にキーアイデアを補足しておきましょう。

■ ロボット・AI のトピックに強くなる

Will AI replace human workers?
(AI は人間の働き手にとって代わるのか?)

→ 賛成意見!

1. AI-equipped humanoid robots can perform work that deals with human beings.

(AI 搭載の人型ロボットは、人に対処する仕事をこなすことができる。)

▶ 接客や介護、カウンセリングにいたるまで人を扱うさまざまな仕事ができるようになると予測されています。

2. AI can process a huge amount of data much more quickly and accurately than humans.

(AI は、人間よりはるかに速く正確に膨大なデータ処理ができる。)

▶ 機械学習により、AI は人間の情報収集能力や分析能力を凌駕し、さらに休憩なしに働くため生産性が高いです。

3. AI-equipped robots can perform dangerous tasks in any harsh environment.

(AI 搭載ロボットはどんなに過酷な環境でも危険な仕事ができる。)

▶ 人間が入っていけない所、例えば高温の場所や海底、宇宙で、AI は作業や人命救助ができます。

→ 反対意見!

1. AI lacks social skills essential for work that deals with human relations.

(AI は、人間関係を扱う仕事で必要とされる社会的スキルを欠いている。)

▶ いくら高度に発達しても人間の複雑な感情は理解できないので、対人の仕事には向いていません。

2. AI will create numerous AI-related jobs which can be handled by only humans.

(AI は人間にしかできない AI 関連の仕事を多数生み出す。)

▶ そもそも AI を制作するのは人間なので、プログラミングや AI 製品の製造など関連事業が生まれます。

3. AI cannot perform creative work as humans do.

(AI は人間ほど創造的にはなりえない。)

▶ AI は、あくまでもすでにあるデータの処理を得意とします。芸術分野では人間を超えられません。

▶ AI が人間を超えるということは当分考えられないので、反対意見のほうが強いと言えます。

Are the potential dangers of artificial intelligence exaggerated?
（AI の潜在的脅威は誇張されているのか？）

■ 環境問題のトピックに強くなる

Agree or disagree: The benefits of nuclear power generation outweigh its disadvantages
（原子力発電の利点は欠点を上回る、という意見に賛成か反対か？）

→ 賛成意見！

1. **Nuclear power is a clean energy with no CO_2 emissions.**
   （原子力は二酸化炭素を排出しないクリーンなエネルギーである。）
   ▶ 原子力は地球温暖化の緩和に貢献する、という主張です。

2. **Nuclear power is a stable energy source, which can meet increasing energy demand of the global community.**
   （原子力は安定したエネルギーで、増え続ける世界のエネルギー需要に応えることができる。）
   ▶ 再生可能エネルギーと比較し、原子力は安定した電力供給が可能です。

3. **Nuclear power generation is more cost-effective than any other form of power generation.**
   （原子力発電はほかの発電方法よりもコスト効率がよい。）
   ▶ ウランは、ほかの燃料に比べ、はるかに大きな熱エネルギーを発生させることができます。具体的には、ウラン１グラムと同量のエネルギーを発生させるには、石炭３トンが必要です。

→ 反対意見！

1. **Radioactive waste generated from nuclear power generation poses a threat to the environment.**
   （原子力発電によって発生する放射性廃棄物は、環境を脅威にさらす。）
   ▶ 放射能の半減期は長期に渡るため、将来的な環境汚染が深刻な問題です。

2. **Nuclear power plants carry a potential risk of causing devastating accidents.**
   （原子力発電所には、壊滅的な事故を引き起こす可能性がある。）
   ▶ チェルノブイリ原子力発電所や福島第一原子力発電所のように、原子力発電は、大規模な放射能汚染を引き起こすリスクを抱えています。

3. Uranium is a finite energy source, which necessitates the promotion of the development of renewable energy.

（ウランは有限の資源であり、再生可能エネルギーの開発を促進する必要がある。）

▶ ウランは無尽蔵ではありません。いずれ枯渇するので、再生可能エネルギーにシフトする必要があります。

▶ どちらのスタンスでも書くことができますが、現在の経済状況からは賛成意見のほうが強くなります。

Is the extinction of some plant and animal species inevitable?
（動植物のある種の絶滅は不可避か？）

→ 賛成意見！

1. A loss of natural habitats of some plants and animals is caused by global warning and human invasion into their habitats.

（地球温暖化と生息地への人間の進入により、動植物の生息地が消滅する。）

▶ 気温上昇や産業化や宅地化、および観光などで、人間が生息地へ進出し、その影響で、生き残れない動物種もでてきます。

2. Invasive species brought by globalization can cause the extinction of some native plant and animal species.

（グローバル化によってもたらされた進入種は、在来種動植物の絶滅を引き起こす可能性がある。）

▶ グローバル化に伴う人や物の流れで流入した新種の動植物により、在来種の生態系に多大な影響を与え、絶滅に追い込まれる種もあります。

3. Overfishing causes the extinction of some marine species.

（魚の乱獲により、ある種の海洋生物の絶滅が起こる。）

▶ 人間の乱獲により 1700 年代に絶滅したステラーカイギュウ (Steller's sea cow) の例にみられるように、乱獲はある種を絶滅させる一因となります。現在では、クロマグロ (blue fine tuna) やチョウザメ (sturgeon) なども、乱獲による絶滅の危機が心配されています。

→ 反対意見！

1. A crackdown on illegal poaching and smuggling can prevent the extinction of some plant and animal species.

（密輸と密猟の取り締まりによって、動植物の種の絶滅は防げる。）

▶ 例えば、象牙をねらった密猟により、象の個体数が激減し、世界的な問題となりました。こうした犯罪行為は取り締まりを強化することで防ぐことができます。

2. The creation of sanctuaries will protect endangered species from extinction.

（自然保護区を作ることで、絶滅危惧種を絶滅から守ることができる。）

▶ 産業開発により生息地を奪われた動植物は、自然保護区を作り保護することができます。

3. Enhancing people's awareness of environmental protection will help prevent some plant and animal species from extinction.
（人々の環境保護への意識を高めることは、動植物の種の絶滅を防ぐ助けとなる。）

  ▶ 教育により、人々の意識を変え、動植物保護を進めることができます。

▶ このトピックは、現状から判断すると賛成意見のほうが強くなります。

✎ そのほかの重要トピック

Are we doing enough to protect the environment?
（われわれは環境を守るのに十分な努力をしているか？）

Are nature-conservation efforts worth the financial costs?
（自然保護活動は経済コストに見合う価値があるか？）

Is government action the key to dealing with climate change?
（政府の活動が気候変動に対処する鍵となるか？）

■ 人権問題のトピックに強くなる

Is Japan making enough efforts to achieve gender equality?
（日本は男女平等の確立に十分な努力をしているか？）

→ 賛成意見！

1. The Equal Employment Opportunity Act for Men and Women guarantees gender equality in working opportunities and conditions.
（男女雇用機会均等法は、労働機会や条件における男女平等を保障している。）

  ▶ 日本には、募集や採用、昇給、退職など、労働上の男女差別を禁止する法律があります。

2. The Child Care and Family Care Leave Act promotes gender equality in care giving for offspring and elderly parents.
（育児・介護休業法は、子供や高齢な親の世話において、男女平等を奨励している。）

  ▶ 女性のみならず男性にも育児休暇や介護休暇を取る権利があります。

→ 反対意見！

1. Average female workers' salaries in Japan are 33% less than those of average male workers'.
（日本の平均的な女性の給料は、男性より33%低い。）

  ▶ 男女雇用機会均等法の効力は弱く、男女間の給料格差は大きいままです。

2. Women in management-level positions account for only 11% of all workers at large companies, the lowest percentage in developed countries.
（大企業における女性の管理職はわずか11%で、先進国で最低の割合である。）

  ▶ 女性の社会進出には、依然として壁が存在します。

3. Only 2% of male workers in Japan take paternity leave, while about 80% of women take maternity leave.

（日本では、約80％の女性が育休を取得する一方で、わずか2％の男性労働者しか育休を取らない。）

▸ 子育ては、その負担のほとんどを女性が担っています。

▸ このトピックは、現状から判断して反対意見のほうが強くなります。

🖍 そのほかの重要トピック

Should more be done to protect minority groups around the world?
（世界の少数派の保護がもっとなされるべきか？）

Can racial discrimination be totally eliminated from society?
（社会から人種差別は完全になくなるか？）

Are senior citizens discriminated against in today's society?
（現代社会において高齢者は差別されているか？）

Is too much attention paid to the human rights of criminals?
（犯罪者の人権に注意を向け過ぎているか？）

■ 科学技術のトピックに強くなる

Agree or disagree: The benefits of human cloning outweigh its disadvantages
（ヒトクローン化の利点は欠点を上回る、という意見に賛成か反対か？）

→ 賛成意見！

1. The technology of human cloning will contribute to the development of medical science.

（ヒトのクローン化技術は医療の発展に貢献する。）

▸ 複製技術の進歩は、再生医療や臓器移植といった医療行為を発達させます。

2. Therapeutic cloning will save the lives of patients with organ failure.

（治療的クローニングは臓器不全の患者の命を救う。）

▸ 臓器提供を受けることができない患者を救うことができます。

3. Human cloning will help infertile couples to have children.

（クローンは不妊の夫婦に子供を授けることができる。）

▸ 無性生殖ができるため、生殖細胞を造る能力の欠損した個人にとって、遺伝上の子孫を残すという観点から従来の不妊治療よりも有用だと言えます。

→ 反対意見！

1. Human cloning constitutes a gross intervention in the natural process of reproduction.

（ヒトのクローン化は自然生殖への人的介入にほかならない。）

▸ 人工的にヒトを生み出す行為は有性生殖の自然の摂理に反し、倫理的問題があります。

2. Human cloning will undermine biological diversity.

（ヒトのクローン化は生物の多様性を損なう。）

▶ 遺伝子操作につながり、多様性から生まれる生物的進化の可能性を損ないます。

3. Cloned humans would be discriminated against or exploited by humans.

（クローン人間は差別や搾取される可能性がある。）

▶ クローンでできた人間に対する差別が生まれる可能性があります。また、時の権力者などに悪用される可能性もあります。

※ ヒトクローンについては 2000 年に「ヒトに関するクローン技術等の規制に関する法律」が公布されました。これによりクローン人間の作製は禁止され、違反した場合には罰則が科されます。

▶ このトピックは therapeutic cloning（治療型クローニング）と reproductive cloning（複製型クローニング）に分かれ、前者なら賛成意見、後者なら反対意見で書くことができます。

🖋 そのほかの重要トピック

Are humans too dependent on science to solve society's problems?
（人類は、社会問題の解決を科学に頼り過ぎているか？）

■ 国際関係・外交のトピックに強くなる

Is technological transfer from developed countries to developing countries the key to the economic development of the latter?

（先進国からの技術移転は、発展途上国の経済発展のカギとなるのか？）

→ 賛成意見！

1. Technological transfer will develop the infrastructure of developing countries, which is the foundation for the nation's economic growth.

（技術移転により、発展途上国の経済成長の基盤となるインフラが発展する。）

▶ 継続的な発展のための土台ができます。

2. Technological transfer will increase efficiency and productivity in developing countries through automation and computerization.

（技術移転により自動化とコンピューター化が進み、発展途上国の効率と生産性が向上する。）

▶ 技術を身に付けた人による製造で作業効率があがり、経済活性化につながります。

3. Technological transfer will contribute to creation of new business and new markets in developing countries.

（技術移転は発展途上国における新しいビジネスや市場構築の一助となる。）

▶ 技術支援により発展し、ゆくゆくは先進国の新しい市場となれば、双方の経済発展につながります。

1. Technological development through technological transfer can decrease the need for human workers, thus causing unemployment in recipient countries.
   （技術移転によって技術が向上することで、人手が少なくてすむようになり、被支援国での失業を招く。）
   ▶ 技術発展により効率化が進めば、人員削減が起き、人々の仕事がなくなるという主張です。

2. Technological transfer can be hampered by cultural differences between donor and recipient countries.
   （支援国と被支援国の文化の違いから技術移転が受け入れられないことがある。）
   ▶ 支援国と被支援国の価値観の違いから、必ずしも指導がうまくいくとは限りません。

3. Technological transfer can decrease the export of products from the donor countries to recipient countries, thus undermining the economy in donor countries.
   （技術移転により、支援国から被支援国への製品輸出が減り、支援国の経済が悪化する。）
   ▶ 被支援国の技術力が高まると輸入の必要性が無くなり、支援国は貿易利益が減ることになります。

▶ このトピックは明らかに賛成意見のほうが強いと言えます。

✎ そのほかの重要トピック

Should Japan participate in UN peace-keeping activities?
（日本は国連平和維持活動に参加すべきか？）

Will the 21st century be the Asian Century?
（21世紀はアジアの世紀になるのか？）

Should the government prioritize domestic issues over international issues?
（政府は国際問題よりも国内問題を優先すべきか？）

■ 政治のトピックに強くなる

Should democracy be promoted to other countries?
（民主主義は他国にもすすめるべきか？）

→ 賛成意見！

1. Democracy protects fundamental human rights from government oppression.
   （民主主義は政府の抑圧による基本的人権の侵害を防ぐ。）
   ▶ 独裁者による政治と異なり、人々は自由を享受し個々の意見が尊重されます。

2. Democracy can facilitate political reform through popular vote.
   （民主主義では一般投票により政治改革を容易に進めることができる。）
   ▶ 国民が主権者なので、選挙によって政治に声を上げることができます。

3. Democracy contributes to technological development through free exchange of ideas and information.

（民主主義は技術の発展を進める一助となる。）

▶ 自由な意見交換の中から新しいアイデアが生まれ、さらに国の発展につながります。

→ 反対意見！

1. Political intervention from other countries may cause political instability in the countries.

（他国からの政治介入は、その国の政治を不安定にしかねない。）

▶ それぞれ事情が違うのだから、他国がイデオロギーを押し付けると、混乱を招きます。

2. Democracy can lead to mobocracy unless voters are educated.

（有権者が教育されていないと、民主主義は、衆愚政治に陥る可能性がある。）

▶ 民主主義は国を正しい方向へ導くことが難しい場合もあります。特に国民の教育レベルが低く、正しい判断をすることが難しい場合にはそうなります。

3. Democracy tends to overlook minority opinions and rights.

（民主主義は少数派の意見や権利を見過ごしがちである。）

▶ 声の大きな多数派の意見が優遇されるので、少数民族を含む国では、必ずしも平等が実現されるとは限りません。また、自己の利益を優先する近視眼的な多数派は、危機に直面した際、過激なリーダーに投票する傾向があります。(A short-sighted, self-seeking majority tend to vote for extremist leaders during times of crisis.)

▶ 世界情勢から考えると賛成意見のほうがベターです。

✎ そのほかの重要トピック

Is Japan democratic?
（日本は民主主義か？）

Should celebrities stay out of politics?
（有名人は政治に関わるべきではないのか？）

Have people today lost interest in politics?
（現在の人々は政治への関心を失ってしまったのか？）

Should there be more emphasis on politics in school curriculum?
（学校の教育課程において、政治にさらに重点を置くべきか？）

Is terraforming feasible in the foreseeable future?
（近い将来、惑星の地球化は実現できるか？）

→ 反対意見！

1. Terraforming is a remote possibility because it is far beyond existing technologies.

（惑星の地球化は、現代技術では遠く及ばないことなので、実現可能性は薄い。）

▸ 居住条件を満たす大気、水、適温を作り出す技術は100年以内には実現不可能だと言われています。

2. Terraforming will entail enormous costs which are not worth the investment.

（惑星の地球化には巨額のコストがかかるが、それに見合う価値がない。）

▸ 膨大な費用を少子高齢化問題など、現実的な問題を解決するために使うべきです。

3. Terraforming may jeopardize the lives of human beings living in non-earth environments.

（惑星の地球化は人命を危険に晒す。）

▸ そもそも人間は地球外居住に適していません。さらに、ほかの惑星までの道中も様々な危険を伴います。

▸ テラフォーミングの実現は、少なくともここ100年は難しいとされています。ゆえに、賛成意見は説得力に欠けます。3つの理由を挙げなければならない1級の英作文問題では反対意見で書きましょう。

✎ そのほかの重要トピック

Can the costs of space exploration be justified?
（宇宙開発に費やされる費用は正当化されるか？）

Do you think there is life elsewhere in the universe?
（宇宙のどこかに生物が存在すると思うか？）

■ 学校・教育のトピックに強くなる

Do the benefits of school uniforms outweigh their disadvantages?
（制服の利点は欠点を上回るか？）

→ 賛成意見！

1. School uniforms will help raise students' academic abilities by encouraging students to concentrate on schoolwork.

（制服は生徒が学業に集中するのを助けることで、生徒の学力向上につながる。）

▸ 私服通学だとファッションに気を取られ、学業の妨げになるという主張です。

2. School uniforms can save family expenses.

（制服は家計に優しい。）

　▶ 制服は耐久性が高く、長く着用できるので経済的です。

3. School uniforms will instill in students a sense of pride and belonging to their school.

（制服は、学校に対する誇りや帰属意識を学生に植え付ける。）

　▶ 制服を着用することで、学校に対する愛着が生まれ、連帯意識が芽生えます。

→ 反対意見！

1. School uniforms can undermine the development of students' individuality and creativity.

（制服は生徒の個性や創造力の発達を損なう。）

　▶ 制服は順応性を育む一方で、自主性や個性を生まれにくくする一因になります。

2. School uniforms give discomfort to students because of their lack of adaptability to temperature change.

（制服は生徒に不快感を与える。）

　▶ 制服は季節の変化や気温に対応できないので、暑過ぎたり寒過ぎたりします。

3. School uniforms are a waste of money because they are rarely worn outside the school environment.

（制服は、学校の外ではめったに着用されないのでお金の無駄だ。）

　▶ 制服があっても日常生活には私服も必要なので、大きな出費となります。

▶ 個性や創造性を伸ばすことの重要性が叫ばれているなか、このトピックはやはり、反対意見のほうが有力でしょう。

Agree or disagree: The benefits of corporal punishment at school outweigh its disadvantages

（学校での体罰の利点は欠点を上回る、という意見に賛成か反対か？）

→ 賛成意見！

1. Corporal punishment can effectively make students realize the seriousness of their delinquent behaviors.

（体罰は、生徒に自身の非行の深刻さを理解させるのに効果的である。）

　▶ 言い聞かせてもわからない生徒に、自身が犯した過ちについて気づかせることができます。

2. Corporal punishment can deter students from delinquent behaviors.

（体罰は、生徒の非行を抑止できる。）

　▶ 生徒の悪事を未然に防ぐ効果があります。

3. Corporal punishment can help maintain classroom order.

（体罰は、教室の秩序を保つのに役立つ。）

　▶ 教師の権威を示し、教室を運営しやすくします。

1. Corporal punishment can hurt students both physically and mentally.

（体罰は、精神と肉体の両面で生徒を傷つける可能性がある。）

    ▶ 限度を超えた体罰は、生徒に怪我をさせたり、トラウマを植え付けたりします。

2. Corporal punishment can damage the relationships between teachers and students.

（体罰は、教師と生徒の人間関係を壊しかねない。）

    ▶ 理不尽な体罰は信頼関係を損ないます。

3. Corporal punishment can make students violent and less sensitive to violence.

（体罰は、生徒を暴力的にし、暴力に対して鈍感にする。）

    ▶ 体罰の正当化は、生徒に暴力を奨励しているのと同じです。

※ 注意したいのは、体罰（corporal punishment）とは「殴る蹴る」のみではないことです。いわゆるシゴキなどを含む肉体的苦痛を与えることや、指導のために生徒の身体に触れること全般を指します。

▶ もちろんこのトピックは反対の主張が優勢です。

Agree or disagree: The benefits of grade-skipping in Japan outweigh its disadvantages
（日本において飛び級の利点は欠点を上回る、という意見に賛成か反対か？）

→ 賛成意見！

1. Grade-skipping will maximize the potential of gifted students by enhancing their learning effectiveness.

（飛び級は、才能ある生徒の学習効率を高め、潜在能力を最大限に引き出す。）

    ▶ レベルの合わない授業は、才能ある生徒の学習意欲をそいでしまいます。自分の能力に見合ったクラスで授業を受けることで、才能を開花させることができます。

2. Gifted grade-skippers will make a great contribution to society as they have a huge potential to become distinguished scientists, inventors, and artists.

（才能ある飛び級経験者は、傑出した科学者や発明家、芸術家になる可能性を秘めており、社会に多大な貢献をするだろう。）

    ▶ 公民権運動のキング牧師、宇宙飛行士のアームストロング船長、ソフトバンク創業者の孫正義氏など、各界で活躍する飛び級経験者を例として挙げることができれば、説得力が増します。

3. Grade-skipping will facilitate teaching by relieving teachers of the burden of taking care of high and low achievers at the same time.

（飛び級は、できのよい生徒と悪い生徒の面倒を同時に見る教師の負担を減らし、教育しやすくする。）

    ▶ 通常のクラスでは、教師は優秀な生徒を気遣いつつ、成績不振の生徒にも対応する必要があります。それは教師の大きな負担となるため、教育の質が低下する可能性があります。

→ 反対意見！

1. Grade-skipping will cause great emotional stress to grade-skipping students who may have difficulty interacting with their older classmates.
(年上の同級生との交流に困難を感じる飛び級学生には、感情面でのストレスを課すことになる。)

   ▶ 特に小学校では、身体的な発育差が大きく、話題が合わないことも多いでしょう。それにより孤立したり、いじめ合ったりして、多大なストレスとなる可能性があります。

2. Grade-skipping will undermine the balance between IQ and EQ development.
(飛び級は、知能指数と感情指数のバランスを損なう。)

   ▶ 子どもの健やかな成長には、知能だけでなく心の発育も重要です。

3. It runs counter to the current education system of Japan that values egalitarian education.
(飛び級は、平等主義を重んじる今の日本の教育システムに反する。)

   ▶ 平等性を重視する日本では、飛び級制度認可後も導入が進まない現状があります。

▶ このトピックは日本の場合に限っているので、どちらのスタンスでも書くことができます。

Agree or disagree: The advantages of teacher evaluation by students at high school outweigh its disadvantages
(高校生による教師評価の利点は欠点を上回る、という意見に賛成か反対か?)

→ 賛成意見！

1. It will encourage teachers to improve their teaching, thus enhancing the quality of education.
(教師に教授法の向上を促し、教育の質が高まる。)

   ▶ 生徒のフィードバックにより、教師は自分の教え方をより客観的に見ることができます。それがより効果的な教授法につながるはずです。

2. Students' feedback facilitates communication between students and teachers, making teachers more aware of students' needs and performance.
(生徒のフィードバックは、生徒と教師のコミュニケーションを促進し、教師が生徒のニーズや成績をより意識するようになる。)

   ▶ 一方通行になりがちな教授現場に、このシステムを取り入れることで、教師は生徒の考えを理解できるようになるでしょう。そして、相互の密なコミュニケーションが生まれる布石となります。

3. It provides high schools with information necessary for the performance appraisal of their teachers.
(教師の勤務評定に必要な情報を高校に提供する。)

   ▶ 生徒による教師評価制度を取り入れることで、学校側も教師の質を見極め、しかるべき対策を打てるようになります。

1. High school students are not mature enough to evaluate their teachers properly.

（高校生は教師を適切に評価できるほど成熟していない。）

▶ 高校生は未熟なため、教師の資質を多角的に検証し、客観的な評価を下すことは難しいでしょう。

2. Teacher evaluation is not reliable as it often leads to popularity contests.

（人気投票になりがちで、信頼性に欠ける。）

▶ 生徒に甘い先生に評価が集まる可能性があります。そしてそれは、教師が生徒に媚を売り、指導において不必要な妥協をすることにつながります。

3. Teacher evaluation by students undermine teachers' authority over students, which is necessary to discipline them.

（生徒による教師評価は、生徒に規律を守らせるために必要な教師の威信を損ないます。）

▶ 評価する側とされる側が逆転することで、教師の権威を弱める可能性があります。

▶ このトピックは賛成意見のほうが強く、トレンド的にもその方向に向かっています。

Agree or disagree: People should have a college education
（人々は、大学教育を受けるべきである、という意見に賛成か反対か？）

→ 賛成意見！

1. College education contributes to economic growth by enhancing people's job skills and productivity.

（大学教育は仕事のスキルと生産性を高め、経済成長に貢献する。）

▶ 大学教育により国民全員の仕事の生産性が上がり、国の経済活性化につながります。

2. College education will increase people's job opportunities in an information-oriented society.

（大学教育は情報化社会での雇用機会を高める。）

▶ IT 化が進んだ社会では、IT 関連の知識に対応できないと、雇用の機会を失います。

3. College education is beneficial for companies by producing much-needed knowledge workers.

（大学教育は、待望の知識労働者を輩出することで、企業に利益をもたらす。）

▶ AI やオートメーション化が進んだ社会で求められる人材は、肉体労働者ではなく知識労働者であり、大学教育はその輩出に貢献しています。

→ 反対意見！

1. A college education will not necessarily realize people's individual goals.

（大学教育は必ずしも個人の目標達成に役立たない。）

▶ スポーツや芸術分野でみられるように、大学教育が個人の目標実現に必須でない場合もあります。

2. On-the-job training can be more valuable and practical for a future career than a college education.

（大学教育よりも実地訓練の方が、将来のキャリアにとって、より価値があり、実践的である。）

- ▶ 現場で必要とされるスキルをすぐに学べる実地訓練の方が、理論のレクチャーばかり行う大学教育より、有益であるとサポートします。

3. A college education does not always help increase employment opportunity.

（大学教育は必ずしも雇用機会を高めるとは限らない。）

- ▶ 現在は、大学を出ても就職できず、フリーターやパラサイトシングルになっているケースも多い、とサポートします。

▶ 大学教育の実用性が疑問視されるなか、反対意見のほうが強くなります。

✏ そのほかの重要トピック

Should schools encourage more individuality in students?
（学校は生徒の個性をもっと伸ばすべきか？）

Do school curricula have well-balanced content?
（学校の教育課程は、バランスのとれた内容になっているか？）

Should school teachers share the responsibility of parenting?
（学校の教師は親の役目の責任を負うべきか？）

Is the study of philosophy[art / literature / science / history] important in modern society?
（現代社会で哲学［芸術／文学／科学／歴史］の研究は重要か？）

Is liberal arts education still important in today's society?
（一般教養教育は今日の社会でもなお重要か？）

Is the Japanese education systems a good model for other countries?
（日本の教育システムはほかの国にとってよいモデルとなっているか？）

Is praise more effective than punishment in educating children?
（褒めるほうが叱るよりも子供の教育に効果的か？）

Agree or disagree: The benefits of SNSs outweigh their disadvantages

（SNS の利点は欠点を上回る、という意見に賛成か反対か？）

→ 賛成意見！

1. SNSs will promote social relationships by increasing interactions between people.

（人々の交流を増加させることで、SNS は社会の人間関係を改善する。）

▶ 写真や動画を使いながら、手軽に連絡を取り合えるので、コミュニケーションが促進されます。そして、それは人々の相互理解につながります。

2. SNSs spread useful information among users.

（SNS は、ユーザー間での有益な情報の拡散を可能にする。）

▶ 商品の口コミや災害時の緊急情報など、ユーザーは必要に応じた情報を入手できます。

3. SNSs can serve as effective marketing tools to promote new products.

（SNS は、新商品を売り込む効果的なマーケティングツールとなる。）

▶ 消費者の嗜好やトレンドを把握して、ピンポイントの販売促進を可能にします。

→ 反対意見！

1. SNSs can increase cybercrimes such as online fraud and identity theft.

（SNS は、オンライン詐欺や個人情報の盗難などのネット犯罪を増加させる。）

▶ SNS の普及に伴い、巧みに人を騙して金銭を請求したり、サイトからカード番号を盗んだりするオンライン犯罪が急増しています。

2. Users may suffer from an invasion of their privacy.

（ユーザーはプライバシーの侵害を被る可能性がある。）

▶ SNS のプロフィール情報や、投稿内容から個人情報が流出することによって、プライバシーが侵害される可能性があります。

3. Users tend to waste time that would otherwise be spent on something more productive.

（ユーザーは、もっと生産的なことに使える時間を無駄にしてしまう。）

▶ SNS の利用に貴重な時間を奪われてしまうという問題が発生しています。

▶ さまざまなデメリットがありますが、それでも賛成意見のほうが強い主張です。

✐ そのほかの重要トピック

Is enough being done to stop cyber-bullying in Japan?

（日本ではネットいじめをなくす努力を十分行っているか？）

Does the mass media play a positive role in society?
（マスメディアは社会において有益な役割を果たしているか？）

→ 賛成意見！

1. The mass media promotes and protects the right to freedom of speech and expression.
（マスメディアは、言論と表現の自由を守り、促進する。）

▶ 自由に意見を述べる権利は、民主主義の根幹です。マスメディアはそれを守る象徴的な役割を担っています。

2. The mass media contributes to the protection of human lives by providing up-to-the-minute news about emergency.
（最新の緊急ニュースを提供することで、マスメディアは人々の命を守る。）

▶ いち早く情報を提供することで、自然災害などによる損害を防ぐことができます。

3. The mass media stimulates economic development by boosting consumption.
（マスメディアは、消費意欲を高めて、経済成長を活性化する。）

▶ 広告などを通して人々の購買意欲を高め、経済活動を活発にします。

→ 反対意見！

1. The mass media often provides biased coverage of world events and affairs.
（マスメディアの世界の出来事の報道はしばしばバイアスがかかっている。）

▶ 発信される情報に多かれ少なかれ組織や発信者のバイアスや利害が反映されることが多いようです。権力者がマスメディアを利用して、都合よく大衆を導こうとすることもありえます。

2. The mass media often provides unreliable information.
（マスメディアの情報には、信用できないものもある。）

▶ 特にインターネット上には、信頼の置けないソースの情報があふれており、問題となっています。

3. The mass media would cause moral degeneration by providing low-quality shows and news programs to a mass audience.
（大衆向けの低品質の番組やニュースを流すことで、マスメディアはモラルを低下させる。）

▶ マスメディアは、大衆受けを狙い、刺激的または低俗な内容を扱いがちです。

※インターネットは元来はマスメディアには分類されていませんでしたが、普及率の高まりと共に不特定多数への伝達ができる媒体へと変化したことより、今ではマスメディアのカテゴリーに入れられるようになりました。

▶ メディアも SNS と同様、デメリットはあっても全体的にプラスの役割を果たしています。

Does the future of e-media look more promising than printed media?

(電子メディアの方が紙媒体より将来性があるか？)

→ 賛成意見！

1. E-media can meet the needs of information-oriented society.

(電子メディアは、情報化社会のニーズを満たすことができる。)

▶ 電子メディアは紙媒体と比べてはるかに情報量が多く、動画や音声を提供することもできます。

2. Electronic media contributes to environmental conservation.

(電子メディアは、環境保全に貢献する。)

▶ 紙を消費しないことに加え、輸送や在庫スペースを必要としないので、環境に優しいと言えます。

3. Electronic media is less expensive than printed media.

(電子メディアの方が紙媒体よりも安い。)

▶ 電子メディアの方が量産コストが安く、輸送費用もかかりません。

→ 反対意見！

1. Printed media facilitates the memorization of information more than electric media.

(紙媒体の方が、電子メディアよりも情報を記憶しやすい。)

▶ 脳は、ページの位置情報を把握できる紙媒体の情報の方が記憶しやすいという研究があります。

2. Printed media has an aesthetic and tangible asset value.

(紙媒体には、美的価値や有形財価値がある。)

▶ 紙の本はカバーのデザインや質感、造本に魅力があります。部屋に置いておくだけで、知的な空間が生まれます。

3. E-media has more health risks such as eyestrain and stiff shoulders.

(電子メディアの方が、眼精疲労や肩こりといった健康被害が多い。)

▶ 目に負担のかかる画面を見続けることで、健康に悪影響を及ぼします。

▶ このトピックは電子メディアのポテンシャルから賛成意見の方が強い主張です。

Agree or disagree: The benefits of stricter advertising control outweigh its disadvantages

(厳しい広告規制の利点は欠点を上回る、という意見に賛成か反対か？)

→ 賛成意見！

1. Stricter advertising control will reduce false advertisements.

(より厳しい広告規制は、虚偽の広告を減少させる。)

▶ 規制により、消費者を惑わすような嘘の広告を減らすことができます。

2. Stricter advertising control can protect people's health from the harm of smoking and drinking.

（厳しい広告規制は、喫煙や飲酒の害から人々の健康を守ることができる。）

▶ 若者を誘惑するタバコやお酒の広告を減らすことで、非行を防止できます。

3. Stricter advertising control will reduce impulse purchases.

（より厳しい広告規制は、衝動買いを減らす。）

▶ 消費者を扇動する誇大広告を規制できるので、衝動買いのような無駄な消費を減らすことができます。

→ 反対意見！

1. Stricter advertising control will undermine economic growth.

（より厳しい広告規制は、経済成長を損なう。）

▶ 規制によって商品の売上に影響が出るため、景気が冷え込む可能性があります。

2. Stricter advertising control will infringe on freedom of expression.

（より厳しい広告規制は、言論の自由に反する。）

▶ 自由な発想や表現が規制によって抑圧されます。

3. Stricter advertising control will decrease entertainment such as sponsored sports events and TV programs.

（より厳しい広告規制によりスポンサー付のスポーツイベントやテレビ番組などのエンタメが減る。）

▶ 広告に規制がかかると、宣伝効果を期待できなくなるため、企業は各種イベントやテレビ番組のスポンサーにおよび腰となるでしょう。

▶ このトピックはどちらのスタンスでも書けますが、より厳しい広告規制は困難を伴い、経済に打撃を与えるので、反対意見の方が書きやすいです。

🖊 そのほかの重要トピック

Should cigarette advertisements be banned?
（タバコの広告は禁止されるべきか？）

Does the media sensationalize crime?
（メディアは犯罪をセンセーショナルに報道しているか？）

Should the news media be more accountable for what it reports?
（ニュースメディアは報道することにもっと責任を持つべきか？）

Does the media sensationalize the dangers of climate change?
（メディアは気候変動の危険性をセンセーショナルに報道しているか？）

Does the mass media shape or reflect public opinion?
（マスメディアは世論を形成または反映しているか？）

Has the quality of journalism declined in the digital age?

（デジタル時代に、ジャーナリズムの質は下がったか？）

→ 賛成意見！

1. Online platforms where anybody can upload their opinions has compromised the quality of journalism.

（誰でもネット上のプラットフォームに自分の意見を掲載できることで、ジャーナリズムの質が損なわれている。）

▶ 誰もが自由に情報や考えを発信できるため、情報の信憑性が低下しています。

2. The fast pace of news circulation has degraded the quality of journalism.

（ニュース報道のスピードの速さがジャーナリズムの質を下げている。）

▶ インターネットの影響で、最近はニュースをいち早く報道しなくてはならず、そのため事実確認が十分に行われなくなっています。

3. The anonymous nature of the Internet has compromised the quality of journalism.

（ネットの匿名性により、ジャーナリズムの質が低下している。）

▶ 誰でも匿名で好きなように情報を流せるので、情報の質が低下しています。

▶ ネット情報の信用性を監視する watchdog（監視団体）の存在もあるのですが、このトピックについては賛成意見の方が圧倒的に強く、反対のエッセイを書くのは難しいでしょう。

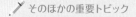 そのほかの重要トピック

Are printed books and newspapers destined to die out?

（紙の本や新聞は無くなる運命にあるか？）

Are TV news programs still relevant in the age of the Internet?

（テレビのニュース番組は、ネット時代おいて依然としてふさわしいか？）

Agree or disagree: The news media should be regulated by the government

（ニュースメディアは政府によって規制されるべき、という意見に賛成か反対か？）

Agree or disagree: The benefits of euthanasia outweigh its disadvantages
（安楽死の利点は欠点を上回る、という意見に賛成か反対か?）

→ 賛成意見！

1. Euthanasia can eliminate excruciating pain of terminally-ill patients with no hope of recovery.
（安楽死は、回復の見込みのない末期患者の激しい苦痛を取り除くことができる。）

▶ ただ死ぬのを待つ患者の苦しみを無くし、尊厳死を迎える権利を与えます。

2. Mercy-killing can reduce a financial burden on patients, their family members, and the government.
（安楽死は患者やその家族、政府の医療費負担を減らす。）

▶ 回復する見込みが薄いにも関わらず、延命治療を施すことは、医療費の増大を招き、国の財政を圧迫します。

3. Euthanasia can allow patients to make the most of their remaining period of their life.
（安楽死により、患者は人生の残された時間を最大限に活用できる。）

▶ 限られた時間を思い残すことなく過ごすことができます。

→ 反対意見！

1. Euthanasia runs counter to the medical ethics.
（安楽死は医学の倫理に反するものである。）

▶ 医師は患者の命を奪うのではなく救う義務があり、医療倫理に反するという主張です。

2. Euthanasia will undermine the development of medical science.
（安楽死は医学の発展の妨げとなる。）

▶ 安楽死の実施は、緩和医療や、難病の治療法の開発を阻害しかねません。

3. Mercy-killing will become a tremendous psychological burden on doctors and the patient's family members.
（安楽死は医師や患者の家族に多大な心理的負担をかける。）

▶ 安楽死は殺人との線引きが難しく、精神的苦痛を与えかねないとの懸念があります。

▶ これはディープなトピックで、賛成意見は実利的、反対意見は倫理的見方になります。多くの国ではまだ反対意見の方が強いです。

Overmedication: Are people relying too much on medicines?

(過剰医療：人は薬に頼り過ぎているか?)

→ 賛成意見！

1. Most doctors tend to prescribe more-than-necessary drugs for their patients for monetary gains.

   (ほとんどの医者は収益を上げるため、患者に必要以上の薬を処方する。)

   ▶ 利益追求のために過剰な薬が処方されている現実を指摘します。

2. Most people in modern society consult doctors or take some kind of medicine for a quick recovery.

   (現代社会のほとんどの人は、早く回復しようと医者に診てもらったり、何らかの薬を飲む。)

   ▶ みな忙しく働いており、体調が悪くても仕事を休めません。そのため、すぐ薬に頼る傾向があります。

3. The healthcare system favorable to elderly people encourages them to receive more medical treatment than necessary.

   (高齢者に有利な医療制度が、高齢者に必要以上の薬物療法を受けることを促す。)

   ▶ 高齢化が進む中、医療制度の後押しによりこの傾向はますます高まっています。

→ 反対意見！

1. A growing number of health-conscious people are depending more on alternative medicine than Western medicine.

   (健康意識の高い人が増え、西洋医学より代替医療に頼るようになっている。)

   ▶ 健康意識が高まる中、運動したり、食事に気をつけたり、日頃から体調に気を配る人が増えています。

2. Many people have regular health checkups or thorough physical examinations as a preventive measure for health problems.

   (多くの人が、健康問題の予防策として定期健診を受けたり、人間ドックに入ったりしている。)

   ▶ 多くの人が予防医学を実践し、医療に頼らず生活できるよう健康チェックを受けています。

3. The increased availability of health supplements has promoted preventive medicine.

   (店頭で買えるサプリメントが多く、予防医療が広まっている。)

   ▶ ビタミン剤や栄養補助食品が普及し、気軽に健康管理ができるようになっています。

▶ 予防医学の重要性が叫ばれているなか、このトピックは賛成意見の方が強いと言えます。

Is prevention more important than cure in healthcare?
（健康管理において、治療よりも予防の方が重要か？）

→ 賛成意見！

1. Preventive healthcare will reduce nations' healthcare costs.
（予防医療は国の医療費負担を削減できる。）

▶ 病気にならないように予防するので、病院にかかる患者数を減らすことができます。そして、それは国の医療費負担の抑制につながります。

2. Preventive healthcare will enhance the quality of people's lives by promoting their health.
（予防医療は健康増進により人々の生活の質を高める。）

▶ 投薬や手術などの治療も、体への負担を強います。病気を予防できれば、そうした無用な負担を避けることができます。

3. Preventive healthcare will extend people's healthspans.
（予防医療は健康寿命を延ばす。）

▶ 予防医療は健康的なライフスタイルに結びつくので、健康寿命が延び、生活の質（quality of life）を高めることができます。

▶ 予防医学の重要性が叫ばれる中このトピックは賛成の方が断然書きやすいでしょう。

🖋 そのほかの重要トピック

Is alcohol more damaging to society than tobacco?
（アルコールはタバコよりも社会に打撃を与えているか？）

Is medical care too expensive in Japan?
（日本の医療費は高すぎるか？）

Should organ transplants be made more available in Japan?
（臓器移植は日本でもっと広まるべきか？）

Do the benefits of hosting the Olympic games outweigh the disadvantages?
（オリンピック開催の利点は欠点を上回るか？）

→ 賛成意見！

1. Hosting the Olympics can boost the domestic economy through increased tourism and investment in infrastructure.
   （オリンピック開催は、観光業の発展やインフラへの投資によって、国内経済を活性化する。）
   ▶ 観光客の増加や大会設備の建設は、大きな経済効果を生みます。

2. The improvement of infrastructure will bring benefits to the host cities, enhancing the quality of life of the local people.
   （インフラの整備は、住民の生活の質を高め、開催都市に恩恵をもたらす。）
   ▶ 交通機関や宿泊施設など、社会基盤が充実するという利点があります。

3. Hosting the Olympics raises the international stature of the host countries and gives them an opportunity to showcase their culture.
   （オリンピックを主催することは、開催国の国際的評価を高め、その文化を紹介する機会になる。）
   ▶ 世界各国の報道を通じて、開催国への関心が高まり、その文化への理解も促進されます。

→ 反対意見！

1. The high construction and maintenance costs for the Olympic venues can impose a great economic burden on the host countries.
   （オリンピック会場の建設、維持するための莫大な費用が、開催国に大きな経済的負担を与える。）
   ▶ 経済負担が大きすぎるあまり、オリンピック開催後に経済不振に陥る国もあります。

2. The host countries draw worldwide attention, which could make them likely to be the target of terrorism.
   （開催国は世界の注目を集めるので、テロのターゲットになりやすくなる。）
   ▶ テロリストにとって、開催都市は格好の標的になります。

3. Hosting the Olympics can cause environmental degradation through increased waste and pollution.
   （オリンピックの開催は、ゴミや汚染の増加により、環境悪化を引き起こす。）
   ▶ 観光客や交通利用の増加によって、地域環境を傷つけることもあります。

▶ 賛成意見のほうが強いですが、とくに放映権料、スポンサー、協賛金収入などで大会黒字化を図り、公的資金を使わずに成功した1984年のロサンゼルス大会以降、賛成の色彩が濃くなってきました。

✎ そのほかの重要トピック

Have the Olympics become too commercialized?
（オリンピックは商業主義に走り過ぎているか？）

Should animal rights be protected?
（動物は保護されるべきか?）

→ 賛成意見!

1. Animals play an important role in maintaining the health of an ecosystem.
（動物は健全な生態系を維持する重要な役割を担う。）
▶ 動物保護は生物多様性を守るために大切です。

2. Animals have equal rights to life and should not be sacrificed for the benefits of human beings.
（動物は人間と同様に生きる権利を持ち、人間の利益の犠牲になるべきではない。）
▶ 動物にも人間と同じように生きる権利があります。

→ 反対意見!

1. Human beings, at the top of the food chain, have greater intrinsic value than animals.
（食物連鎖の頂点に君臨する人間には、動物よりも高い価値がある。）
▶ 種の生存に関わる場合は、動物よりも人間の生きる権利が優先されるという考えです。

2. Animal testing is essential for the development of medical science.
（動物実験は医学の発展に大きく貢献する。）
▶ 動物実験は医学の発展につながります。

3. Animal testing will boost the economy by promoting the medical industry.
（動物実験は製薬産業を発展させることで経済を活性化する。）
▶ 新薬の販売には大きな経済効果があります。そして、その新薬の開発に動物実験は欠かせません。

▶ これは賛否両論にわかれる哲学的な論争トピックです。3つのキーアイデアを作る必要のある英作文問題では反対の方が書きやすいでしょう。

Is it important to maintain biodiversity?
（生物多様性は重要か?）

→ 賛成意見!

1. Biodiversity is vital to maintaining healthy ecosystems that support the coexistence of various species.
（生物多様性は、多様な種が共存するために欠かせない健全なエコシステムを維持するために不可欠である。）
▶ 植物や動物は共存共栄の関係にあります。多様な動植物の種が生き残るためには生物多様性によるバランスの取れたエコシステムが必要です。

2. Biodiversity plays a vital role in the economic development by providing various kinds of natural resources.

（生物多様性は、消費や製品の生産に必要な多様な種類の天然資源を与えてくれ、人間の経済発展に重要な役割を果たしている。）

▶ 農業や漁業、林業などの人間の経済発展を支えているのは豊富な天然資源です。

3. Biodiversity offers an abundance of ecological data that will help humans understand the natural world and its origins.

（生物多様性は、自然界とその起源を理解する助けとなるような生態に関する豊富なデータを人間に提供している。）

▶ 生物多様性はや遺伝子工学や、環境保全、絶滅危惧種の保護などの研究に欠かせません。

▶「生物多様性の維持は重要ではない」という意見は、一般的に考えて、支持を得にくい内容なので、このトピックは賛成のエッセイを書きましょう。

✎ そのほかの重要トピック

Can the use of animals for medical research be justified?
（医学研究に動物を使うことは正当化されるのか？）

Can the consumption of meat be morally justified?
（肉の消費は道徳的に正当化されるのか？）

Can the hunting of animals for sport be justified?
（スポーツとしての狩りは正当化されるのか？）

■ 文化のトピックに強くなる

Does U.S. culture have too much influence on the world?
（アメリカ文化は世界に多大な影響を及ぼしているか？）

→ 賛成意見！

1. The IT industry in the U.S. has a profound influence on communications in the world.

（アメリカの IT 産業は世界のコミュニケーションに多大な影響を及ぼしている。）

▶ アメリカ生まれの Facebook や Twitter などの SNS は、世界中で利用されています。

2. Show business in the U.S. has a profound influence on entertainment in the world.

（アメリカのショービジネスは世界のエンターテイメントに大きな影響を及ぼしている。）

▶ 映画や音楽など、アメリカ発のエンタメが世界中で人気を博しています。

3. The fast food industry in the U.S. has a great influence on eating habits in the world.

（アメリカのファストフード産業は、世界の食習慣に多大な影響を及ぼしている。）

▶ ハンバーガーやピザなど、アメリカ生まれのファストフード店は世界中に支店があります。

4. Prestigious universities in the U.S. have a profound educational and academic influence on the world.

（アメリカの一流大学は、多大な教育的かつ学問的な影響を世界に与えている。）

▶ ハーバード大学やマサチューセッツ工科大学など、世界に貢献する優秀な人材を輩出している大学が多数あります。

▶ アメリカ文化がよくも悪くも世界中に影響を与えていることは、否定できない事実です。このトピックについて、説得力ある反対意見を書くのは難しいでしょう。

✎ そのほかの重要トピック

Is Japan likely to become more multicultural in the future?
（日本は将来もっと多文化的になるか？）

Is globalization reducing cultural diversity?
（グローバリゼーションは文化的多様性を弱めるか？）

Is Japan doing enough to protect its cultural heritage?
（日本は文化財保護を十分に行っているか？）

Is tradition always worth preserving?
（伝統は常に保存する価値があるか？）

■ 犯罪のトピックに強くなる

Should there be an age limitation on the punishment for juvenile crimes?
（少年犯罪への刑罰に年齢制限を加えるべきか？）

→ 賛成意見！

1. It will give corrigible juvenile offenders a chance to reform themselves.

（更生可能な少年犯罪者に改心のチャンスを与える。）

▶ 若者に更生し、社会復帰するチャンスを与えるべきという視点です。

2. The criminal justice system should make allowance for juveniles' lack of moral capacity to understand the consequence of the crimes they have committed.

（犯した罪の結果を理解するだけの善悪の判断能力を少年が欠いていることを、刑事司法制度は考慮すべきである。）

▶ 若者の未熟さを情状酌量すべきという視点です。

3. Juveniles can be abused by dangerous adult criminals in a prison.

（少年は、刑務所内で成人犯罪者に虐待される可能性がある。）

▶ 刑務所において、少年は暴力や性的虐待を受ける可能性があります。

1. No age limitation on the juvenile punishment can protect law-abiding citizens from vicious teenage criminals.

   （少年の処罰に年齢制限を設けないことで、凶悪な十代の犯罪者から、法を順守する市民を守ることができる。）

   ▶ 年齢に関係なく、凶悪な犯罪から市民を守るべきという視点です。

2. Punishing juvenile criminals in the same way as adult criminals can serve as a deterrent to serious juvenile crimes.

   （成人した犯罪者と同じように少年を罰することで、凶悪な青少年犯罪への抑止となる。）

   ▶ 少年犯罪を未然に防ぐという視点です。

3. Justice should be done to brutal [atrocious] criminals regardless of their age.

   （残忍な犯罪者には、年齢にかかわらず、処罰を与えるべきである。）

   ▶ 子どもであっても、凶悪な犯罪者には、正義をもたらす (bring justice) べきという考え方です。

▶ 少年犯罪が凶悪化しているとはいえ、反対意見のように成人と同等に扱うのは、まだまだ難しいでしょう。

✎ そのほかの重要トピック

Should capital punishment be abolished?
（死刑は廃止すべきか？）

Does the death penalty deter people from committing crimes?
（死刑は犯罪を抑止するか？）

Are the police doing enough to combat crime?
（警察は十分に犯罪撲滅に取り組んでいるか。）

Is reducing poverty the best way to tackle crime?
（貧困をなくすことが犯罪に取り組む最善策か。）

■ ビジネスのトピックに強くなる

Should companies in financial trouble receive government support?
（経営不振の企業は政府の救済措置を受けるべきか？）

→ 賛成意見！

1. Bailing out financially troubled too-big-to-fail companies is necessary to keep the economy going.

   （あまりにも大きくて潰せない会社を救済することは経済を維持するのに必要である。）

   ▶ 大手銀行など破綻させられない会社を救済することは、経済を動かし景気回復につながります。

2. Immediate government bailouts for failing companies are less costly to taxpayers in the long run.
（経営不振の会社への政府のすばやい救済措置は、長期的には納税者の負担が少なくて済む。）

▶ いったん経済が崩壊してしまうと、立て直すには、納税者により大きな負担をかけることになります。

3. Government bailouts require companies to make radical corporate reforms.
（政府による救済は、企業に厳格な条件を課し、抜本的な改革を促す。）

▶ 政府は、無償で企業を救済するわけではありません。救済と引き換えに、経営を厳しく規制する条件を課して、企業に改革を求めます。

→ 反対意見！

1. It is too heavy a burden for taxpayers to pay for the public debt as a result of government bailouts.
（政府の救済措置のために生じた公的負債を納税者が払うのは、負担が大きすぎて難しい。）

▶ リーマンショックやユーロ危機の際、アメリカや EU 諸国は、大企業を救済するために国債が膨れ上がりました。

2. Government bailouts can create moral hazards, leading to economic downturn.
（政府の救済措置は、モラルハザードを引き起こし、景気低迷を招く。）

▶ 政府の救済を期待して、故意に無謀なリスクを冒す企業が増える可能性があります。

3. Government bailouts are unjust and unfair in the capitalist world.
（政府の救済措置は資本主義社会において不当で不公平である。）

▶ 誤った判断で経営難に陥ったにも関わらず、企業には支援金が支払われるのは資本主義の原則から見て正しいとは言えません。

▶ 賛成の主張も弱く、基本的に資本主義社会では反対意見の方が強くなります。

Are labor unions necessary in the modern workplace?
（労働組合は現代の職場に必要か？）

→ 賛成意見！

1. Labor unions can improve poor working conditions through negotiations with the management.
（労働組合には、交渉により労働条件を改善することができる。）

▶ 賃上げ、福利厚生、職場環境の改善など、労働者の要求を会社に伝えて改善する力があります。

2. Labor unions are necessary to ensure job security for employees.
（労働組合は、従業員の職の安定を守るために必要である。）

▶ 会社が簡単に従業員を解雇したりできないようにするために労働組合は必要です。

3. Labor unions can help improve company cohesiveness by building cooperative relationships between management and employees.

（労働組合は、経営陣と従業員の協力的な関係を築くことで、会社の結束を強くする助けにもなる。）

▸ 職場の意思を経営側に的確に伝えることによって、問題が起こっても解決し易くなります。また、一致団結して会社の活力も高まります。

→ 反対意見！

1. Labor unions are costly to both the companies and member employees.

（労働組合は、企業にとっても組合員にとってもコストがかかりすぎる。）

▸ 会社側はもちろん賃上げに応じなければならないし、組合員も毎月組合費を給料から差し引かれます。

2. Labor unions can weaken the companies' competitiveness by making it harder to create a more productive and efficient workforce.

（労働組合は、より生産的で効率的な労働力を生み出しにくくし、企業の競争力を弱める。）

▸ 従業員を解雇しにくくなるので、仕事に不適格な者が増えて優れた人材が育ちにくくなります。

3. Labor unions can create a hostile environment in a workplace.

（労働組合は、職場に敵対的な環境を作り出します。）

▸ 従業員と経営陣の関係が悪くなりがちです。また組合員の中でも少数派を多数派の意見に従わせようとする事で不和が生じ、会社の団結力が弱まります。

▸ 労働者を守る労働組合については、やはり賛成意見の方が説得力があります。

■ 仕事・雇用のトピックに強くなる

The benefits of the performance-based pay system outweigh its disadvantages?

（能力給の利点は欠点を上回るか？）

→ 賛成意見！

1. The performance-based pay system will enhance workers' productivity, by enhancing their motivation for work.

（能力給制度は、従業員のモチベーションをアップさせ、生産性を高める。）

▸ 社員の生産性を伸ばす、ひいては会社の利益を向上させます。

2. The performance-based pay system can attract excellent human resources.

（能力給制度は、優秀な人材を集めることができる。）

▸ 年齢に関係なく能力を評価すれば、自ずと優れた技術や知識を持つ人材が集まってきます。

3. The performance-based pay system would promote innovation in sales promotion, management, and product development.

（能力給制度は、販売促進、経営、商品開発でのイノベーションを生む。）

▸ 従業員は成果を出した分だけ評価されるので、より一層努力をします。それが業務革新につながります。

→ 反対意見！

1. The performance-based pay system will undermine team spirit among workers.

（能力給制度は、従業員間の協力精神を損なう。）

▶ 社内での競争激化と、公平な評価を下すことの困難さとが相まって、社員が協力し合う雰囲気が醸成されません。結果、組織力が弱まります。

2. The performance-based pay system will widen income disparity.

（能力給制度は所得格差を押し広げる。）

▶ 中間所得層が減り、低所得者層が増大します。格差社会を助長し、不安定な社会を生み出します。

3. The performance-based pay system can undermine the economy by decreasing consumption.

（能力給制度は消費を減退させ、経済を悪化させます。）

▶ 所得が安定しないので、住宅購入などの高額消費が難しくなり、経済の悪化につながります。

▶ 概して賛成意見のほうが強いですが、国によっても異なり、日本の場合はうまく機能しにくいでしょう。

✎ そのほかの重要トピック

Is lifetime employment no longer practical in modern society?
（現代社会では終身雇用はもはや実用的ではないのか？）

Should job promotions be based on performance or on seniority?
（昇進は、能力と年齢のどちらに基づくべきか？）

■ 社会問題のトピックに強くなる

Agree or disagree: The benefits of urbanization outweigh its disadvantages

（都市化の利点は欠点を上回る、という意見に賛成か反対か？）

→ 賛成意見！

1. Urbanization contributes to the national economy.

（都市化は国の経済に貢献する。）

▶ 都市化によって、さまざまな産業が発展して国家の経済発展がもたらされます。

2. Urbanization increase job opportunities and stimulate the regional economy.

（工業化することで、地方の経済発展が期待できる。）

▶ 都市化により就業機会が増え、地方経済が活性化します。

3. Urbanization enhances the quality of people's lives by bringing convenience to people.

（都市化により便利になり、生活の質が向上する。）

▶ インフラが整備されて、通勤、通学、買い物など、日常生活を便利で効率よく過ごせます。

→ 反対意見！

1. Urbanization can lead to environmental degradation.

（都市化は環境の悪化につながる。）

▶ 都市に人が集まることで、渋滞やゴミの大量排出に起因する環境汚染は避けられません。

2. Urbanization can raise the cost of living causing financial difficulty to many people.

（都市化により生活費が高くなり、多くの人は生活が苦しくなる。）

▶ 人口が多いとそれだけ地価や物価が上昇し、生活に困窮する貧困層が生まれます。

3. Urbanization can increase crime rates by widening social inequalities.

（都市化は社会的格差を大きくすることで犯罪率を高める。）

▶ 社会的格差から不満を持つ者が現れ、犯罪率が高まります。

▶ 都市化は、環境汚染や犯罪率増加などの問題を引き起こすものの、それ以上のメリットを期待できます。

Can world hunger ever be eliminated?

（世界の飢餓をなくすことはできるか？）

→ 賛成意見！

1. Increased international food aid will eliminate world hunger.

（国際的食糧援助を増やすことで、世界の飢餓は根絶できる。）

▶ 政府開発援助（ODA）などを使って、先進国が協力しながら支援すれば、食糧不足を解決できるはずです。

2. The advancement of science and technologies will eliminate world hunger.

（科学技術の発展で世界の飢餓は根絶できる。）

▶ 遺伝子組み換え作物などのバイオテクノロジーや、ロボットの導入で効率よく食糧を生産できるようになれば、飢餓を根絶できます。

3. The promotion of a proper trading system will eradicate world hunger.

（適切な貿易の仕組みを振興することで、世界の飢餓は根絶できる。）

▶ 植民地時代に強いられた換金作物のみの生産といった不公平な貿易を改善することで、途上国が自力で食糧を確保できるようになります。

→ 反対意見！

1. Inereasing environmental degradation due to global warming makes it difficult to produce enough food.

（地球温暖化による環境の悪化が進行し、十分な食糧生産が難しくなっている。）

▶ 気候変動により、農地の砂漠化などが起きています。作物を生育できない土地が増えており、状況は悪化しています。

2. The increasing world population will lead to a chronic food shortage.
（人口が増え続けているので慢性的な食糧不足になる。）

▸ 特に発展途上国では人口が増え続けているので、食糧の絶対量が足りない状況です。

3. Endless religious and ideological conflicts will seriously affect food security.
（宗教対立や領土紛争が食糧の確保を妨げている。）

▸ 戦争により、土地を追われ、避難生活を余儀なくされる人々が発生します。そうした人々は収入が無くなるため、食糧を得られません。

▸ このトピックは、世界の現状から考えて、反対意見のほうが強いと言えます。

✎ そのほかの重要トピック

Can Japan's rural communities be revitalized?
（日本の農村地域は活性化できるか？）

Should people have the right to own firearms for self-defense?
（人々には自衛のために銃を持つ権利があるべきか。）

■ 宗教のトピックに強くなる

Is religion necessary for society?
（宗教は社会に必要か？）

→ 賛成意見！

1. Religion serves as an anchor to people.
（宗教は、人々の心の拠り所になる。）

▸ 苦しい時もそうでない時も、宗教は人々の心の支えとなり精神を安定させます。

2. Religion contributes to social cohesion and stability.
（宗教は、社会の結びつきと安定に寄与する。）

▸ 人との繋がりができ、治安向上にも貢献します。

3. Religion generates religious culture and enriches human society.
（宗教は、宗教的文化を生み出し社会を豊かにする。）

▸ 絵画や音楽などが発達する土壌になります。

4. Religion vitalizes the economy through religious events.
（宗教は、宗教行事で経済効果を上げる。）

▸ クリスマスや初詣など人が集まり、商業活動の機会を作ります。

→ 反対意見！

1. Religion can cause conflicts among people with different religions.
（宗教は、異なる信仰を持つ人々の間で争いを引き起こすことがある。）

▸ 信仰心が強いほど排他的になりがちです。その結果として、狂信主義が広まると、テロの可能性が生まれます。

2. Religion can undermine the rational thinking ability of human beings.

（宗教は、人類の合理的な思考を妨げることがある。）

▶ 例えば進化論を学ぶことを禁じるなど、自由な発想を妨げ、科学技術の発展に支障をきたすこともあります。

3. Religion is often misused for monetary gains.

（宗教は、お金儲けのために悪用されることが多い。）

▶ 脱税や霊感商法など、宗教が悪用されるケースは多々あります。

▶ このトピックは、宗教のマイナス面を考慮しても、歴史的に見てメリットが大きいので、賛成意見のほうが強くなります。

Agree or disagree: Religious confrontation is inevitable

（宗教対立は避けられない、という意見に賛成か反対か？）

→ 賛成意見！

1. Deep-rooted religious antagonism discourages different religious groups from resolving their conflicts.

（宗教間の根深い対立のせいで和解できない。）

▶ 宗教によって価値観は大きく異なります。その深い溝を埋めることはできません。

2. Poverty, which breeds religious confrontation, cannot be eradicated in the world.

（貧困は宗教対立を引き起こし、世界で根絶することはできない。）

▶ 貧しければ貧しいほど、人は宗教に心の拠り所を求めます。そして、自らの宗教を信じるあまり、排他的になりがちです。

3. Religion is often used by politicians to gain power, which can cause religious confrontations.

（宗教は政治家が権力を得るためによく利用され、その結果、宗教対立が引き起こされる。）

▶ 宗教は一種の組織でもあるので権力者はそれを利用し、他宗教との対立をあおります。

→ 反対意見！

1. Education makes people aware of religious differences, developing tolerance for other religions.

（教育により、人々は宗教の多様性を理解し寛容になる。）

▶ 対立は他者への無知から生まれます。教育によって相互理解を深めれば対立はなくなります。

2. International corporations can serve as mediation between different religions.

（国際団体が異なる宗教の仲介をできる。）

▶ 国連や赤十字など国際組織が、「第三者」として仲介役になることで対立を防ぐことができます。

3. Alleviating poverty and other plights can prevent religious confrontation.

（貧困やそのほかの悪状況を和らげることで、宗教対立も防ぐことができる。）

▷ 人は窮地に陥ると宗教に心の拠り所を求め、排他的になりがちです。それが他宗教への不寛容に
つながっているので、窮地に陥らないように対策をすることが重要です。

▷ 世界情勢から考えて、今後、宗教対立がなくなるとは言いがたいので、賛成意見の方が書きやす
いトピックです。

■ 戦争と平和のトピックに強くなる

Is there a justifiable war?
（正当な戦争は存在するのか？）

→ 賛成意見！

1. War can be justified if it is waged in the cause of self-defense.
（正当防衛のために起こされたものであるなら、戦争は正当化できる。）
▷ 他国から侵略された場合、国民を守るために軍事的に反応するのは国家の義務です。

2. War can be justified to stop human rights violations.
（人権侵害を阻止するための戦争は正当化できる。）
▷ 1999 年、セルビア人武装勢力によるアルバニア系住民の虐殺を止めるため、北大西洋条約機構
（NATO）によるユーゴスラビアのコソボへの空爆が行われました。

3. War is justifiable when considered as a last resort after every means of diplomacy conflict resolution fails.
（紛争解決のためのあらゆる外交手段のあと、最終手段とみなされる時には、戦争は正当化できる。）
▷ 近代史における大きな戦争は、外交的努力が成功しなかった結果、起きています。

→ 反対意見！

1. War creates an endless vicious circle of violence and hatred.
（戦争は暴力や憎しみの終わりなき悪循環を引き起こす。）
▷ 対テロ戦争は、新たなテロを呼び起こし、暴力に終わりがありません。

2. Wars are always too costly in terms of lost lives and serious injuries.
（戦争は人命を奪い、重傷を負わせるという点で、多大な犠牲を伴う。）
▷ 戦争では常に多くの死傷者が生まれ、多大な損失を被ります。

3. Even seemingly justifiable wars are often the result of questionable or even criminal political dealings.
（一見正当に見える戦争でさえも、いかがわしい、あるいは非合法の政治活動の所産であることが多い。）
▷ イラク戦争では、テロ対策とうたって戦争を始めましたが、結局は大量破壊兵器が見つからず、政
治家の利権がらみであったと懸念されています。

▷ これは深淵なトピックで、両方のスタンスで書くことができます。しかし、戦争は多大な犠牲をと
もなうので、反対意見で書くほうが説得力があります。

Is world peace a remote possibility?
（世界平和の実現の可能性は低いのか？）

→ 賛成意見！

1. Human beings have an uncontrollable desire to dominate others.

（人間には他人を支配したいという抑えられない欲求がある。）

　▶ その欲求が領土拡大や紛争に発展する可能性は決してなくならない、という主張です。

2. Religious and ideological differences can often cause diplomatic conflicts.

（宗教や思想の相違がしばしば外交の失敗を招く。）

　▶ 国や民族によって、宗教や思想は異なります。その相違が軍事衝突へとエスカレートします。歴史がそれを示しています。

3. Indignation about the widening income gaps between the haves and have-nots drives people in needy countries into aggression.

（持つものと持たざるものの収入格差が広がり続けていることへの怒りが、貧困国の人を攻撃へと駆り立てる。）

　▶ 貧困国の若者は洗脳されやすく、やり場のない怒りをテロ活動に向けやすいと言われています。

→ 反対意見！

1. The human qualities of conscience and morality can control destructive human instincts.

（人としての良心や道徳性は、破壊衝動を制御することができる。）

　▶ 教育によって良心や道徳観などの人間性を育むことができれば、本能を抑えることができます。

2. The United Nations play a vital role in the promotion of world peace.

（国連は世界平和を促進する上で重要な役割を担っている。）

　▶ 国連は紛争について話し合い、解決するための場を提供しています。

3. Increasing economic interdependence in the world has made global conflicts far less likely to happen.

（グローバル化による経済的な相互依存関係によって、戦争が起こりにくくなっている。）

　▶ 大切な商取引相手を攻撃するようなことはない、という主張です。

▶世界情勢から考えて、世界平和の実現は遠い道のりです。賛成意見の方が説得力があります。

✎ そのほかの重要トピック

Is war avoidable or is it simply a part of human nature?
（戦争は避けられるのか、それとも人間の性なのか？）

編著者・著者・プロフィール

植田 一三 編著 (Ichay Ueda)

英語の最高峰資格 8 冠突破・英才教育 & 英語教育書ライター養成校「アクエアリーズ」学長。英語の勉強を通して、人間力を鍛え、自己啓発と自己実現を目指す「英悟道」、Let's enjoy the process!(陽は必ず昇る) をモットーに、36 年間の指導歴で、英検 1 級合格者を約 2400 名、資格 5 冠 (英検 1 級・通訳案内士・TOEIC L&R テスト 980 点・国連英検特 A 級・工業英検 1 級) 突破者を約 120 名育てる。ノースウェスタン大学院修了後、テキサス大学博士課程に留学し、同大学で異文化間コミュニケーションを指導。主な著書に『英検 1 級・準 1 級 大特訓シリーズ』(アスク出版/ベレ出版/J リサーチ出版)、『16000 語レベル 最強ボキャブラリービルディング』、『英語で意見を論理的に述べる技術とトレーニング』(ベレ出版) などがある。

Michy 里中 著 (Michy Satonaka)

アクエアリーズ英検 1 級・英検準 1 級・通訳案内士・TOEIC L&R テスト満点講座講師。ビジネス会議通訳者。ロサンゼルスで長期にわたりショー・ビジネス通訳業務に携わり、アパレル業界の通訳・翻訳業にも 10 年以上携わるバイリンガル。主な著書に『英検準 1 級ライティング大特訓』(アスク出版)、『英会話フレーズ大特訓ビジネス編』『英検 1 級・準 1 級・2 級面接大特訓シリーズ』(J リサーチ出版)、『英検準 1 級 100 時間大特訓』『発信型英語 類語使い分けマップ』(ベレ出版) などがある。

上田 敏子 著 (Toshiko Ueda)

アクエアリーズ英検 1 級・通訳案内士・工業英検 1 級講座講師。バーミンガム大学院 (翻訳学) 修了。通訳案内士国家資格、英検 1 級、TOEIC 満点、工業英検 1 級 (文部科学大臣賞)、国連英検特 A 級取得。鋭い異文化洞察と芸術的鑑識眼を備えた英語教育界のワンダーウーマン。主な著書に『英検 1 級・準 1 級・2 級・準 2 級・3 級ライティング大特訓シリーズ』(アスク出版)、『英検 1 級・準 1 級・2 級・準 2 級・3 級面接大特訓シリーズ』『英語でガイド！外国人がいちばん知りたい和食のお作法』(J リサーチ出版)、『英語で経済・政治・社会を討論する技術と表現』(ベレ出版)、『英語で説明する日本の文化シリーズ』(語研) などがある。

中坂 あき子 著 (Akiko Nakasaka)

アクエアリーズ英語教育書 & 教材制作・翻訳部門の主力メンバー。英検 1 級を取得。トロント大学に留学後、名門府立高校で 20 年間、英語講師を務めると同時に、アクエアリーズで英検 1 級、工業英検 1 級講座などの教材制作を担当。美学と音楽に造詣が深く、高い芸術性を教材作りとティーチングに活かした新時代のエジュケーショナルアーチスト。主な著書に『8 日間で一気に合格！シリーズ 英検準 1 級・英検 2 級』(明日香出版社)、『日本人についての質問に論理的に答える発信型英語トレーニング』(ベレ出版) 等がある。

山下 澄子 著 (Sumiko Yamashita)

アクエアリーズ横浜校英検 1 級 & 英検準 1 級突破講座講師。大学入試予備校で医歯薬入試英語対策指導を行うと同時に、英検 1 級・通訳案内士・TOEIC L&R テスト 900 点突破教材の執筆を行う。海外赴任地サウジアラビア滞在中、現地でスキューバダイビングのインストラクターを務め、英語でその講義と実践指導経験を持つ。主な著書に『英検準 1 級ライティング大特訓』(アスク出版)、『英検 1 級面接大特訓』(J リサーチ出版) がある。

Aquaries School of Communication

アクエアリーズは 1984 年 1 月発足のボキャブラリー・各種英語資格検定試験対策・時事英語世界情勢・日本文化比較文化の教育研究機関で、英検 1 級合格者を約 2400 名輩出している。

■ 詳しくはウェブサイトをご覧ください

http://www.aquaries-school.com/
e-mail: info@aquaries-school.com

※ 問い合わせ・申し込み：フリーダイヤル 0120-858-994

アスク ユーザーサポートのご案内

乱丁、落丁、音声の不具合がございましたら、アスク出版ユーザーサポートまでご連絡ください。

E-MAIL　support@ask-digital.co.jp
Webサイト　https://www.ask-books.com/support/

英検 1 級 ライティング大特訓

2019 年 12 月 15 日　初版　第 1 刷発行
2024 年 5 月 30 日　　　　第 6 刷発行

編著者	植田一三
著　者	Michy 里中、上田敏子、中坂あき子、山下澄子
発行人	天谷修身
装　丁	清水裕久 (Pesco Paint)
発行所	株式会社アスク
	〒 162-8558 東京都新宿区下宮比町 2-6
	電話 03-3267-6864 (営業)
	FAX 03-3267-6867
印刷所	日経印刷株式会社

ISBN 978-4-86639-306-3　　　Printed in Japan